# Staats- und socialwissenschaftliche Forschungen

herausgegeben

von

**Gustav Schmoller.**

Dreizehnter Band. Viertes Heft.

(Der ganzen Reihe achtundfünfzigstes Heft.)

F. Lohmann, Vauban, seine Stellung in der Geschichte der Nationalökonomie und sein Reformplan.

**Leipzig,**
Verlag von Duncker & Humblot.
1895.

# Vauban,

seine Stellung

in der Geschichte der Nationalökonomie

und

# sein Reformplan.


Von

**Dr. Friedrich Lohmann.**



Leipzig,

Verlag von Duncker & Humblot.

1895.

Meinem Vater

gewidmet.

# Inhalt.

# Einleitung.

Seitdem eine tiefer dringende litterargeschichtliche Forschung nachgewiesen hatte, dafs die althergebrachte Dreiteilung: Merkantilismus, Physiokratie und Smithianismus sich mit dem wirklichen Entwickelungsgange der nationalökonomischen Wissenschaft nicht decke, suchte man eine natürlichere Systematik dadurch zu gewinnen, dafs man zwischen die drei Hauptstadien noch Übergangsstufen, Mittelglieder einfügte: so Turgot zwischen die Physiokraten und Adam Smith; und zwischen jene und den Merkantilismus die grofse Gruppe der englischen und französischen „Vorläufer der liberalen Nationalökonomie". Wir finden in den Darstellungen der Geschichte unserer Wissenschaft allgemein den Gedanken ent wickelt: Längst ehe Quesnay auftrat, hatte in Frankreich der Kampf gegen Colbert und für neue epochemachende Ideen bereits begonnen und so dem Begründer der Physiokratie das Feld geebnet.

Als die beiden Führer in diesem Kampfe, als Vorläufer Quesnays werden Vauban und Boisguillebert genannt; dieser als Verfasser einer ganzen Reihe von Schriften, jener nur auf Grund Eines Werkes, der „Dîme royale".

Über Boisguillebert[1] existieren bereits seit 25 Jahren vier Monographieen. Diese Specialforschungen haben aber an dem schon vor ihnen bestehenden Urteil im wesentlichen nichts geändert. Sie haben nur im einzelnen bestätigen können, dafs der Autor sowohl durch seine Angriffe auf das System Colberts, wie durch seine positiven neuen Ideen der bedeutendste Vorläufer Quesnays geworden ist.

[1] Horn, L'économie politique avant les Physiocrates. Preisgekrönt von der Akademie, Paris 1867. (Behandelt nur Boisguillebert und nebenbei Vauban). — Cadet, Pierre de Boisguillebert. Preisgekrönt, Paris 1871. — Gustav Cohn, Pierre de Boisguillebert. Zeitschr. für die ges. Staatsw. 1869, S. 360—407. — Skarzynski, Pierre de Boisguillebert etc. Berliner Philos. Dissertation 1873.

Ganz anders verhält es sich mit dem Verfasser der Dîme royale. Erst über 20 Jahre später als seinem Zeitgenossen ist ihm eine besondere Untersuchung gewidmet worden, welche bislang auch noch die einzige geblieben ist: die Schrift „Vauban économiste“ par G. Michel et A. Liesse (Paris 1891). Die Verfasser bringen durch ihr Resultat, zu dem sie auf Grund von bisher nicht berücksichtigten Schriften des Marschalls gelangen, das hergebrachte Urteil der Litteraturgeschichte ins Wanken. Da sie jedoch an die Stelle der eingebürgerten Auffassung nur eine Summe von sich widersprechenden, oft unklaren und zum Teil auch unrichtigen Aussagen gesetzt, auch nur einen Teil des vorhandenen Materials benutzt haben — so kann ihre Schrift nicht entfernt als eine abschliefsende Untersuchung betrachtet werden[1]. Die wichtigsten und eigentlich interessanten Fragen bleiben in der Schwebe: sind entweder garnicht gestellt oder doch nur unvollkommen gelöst; und es ist nicht zu viel gesagt, wenn man behauptet, dafs da, wo bisher kaum ein Problem vorhanden schien, ein solches jetzt infolge der unzureichenden Lösung desselben, erst wirklich geschaffen ist.

Die vorliegende Untersuchung bezweckt einerseits die ältere Auffassung der Litteraturgeschichte, andererseits die Resultate der neuen Monographie zu prüfen und zu ergänzen und alsdann (im zweiten Teile) eine positive Darstellung der politischen Reformbestrebungen Vaubans folgen zu lassen.

---

[1] Für die Begründung dieses Urteils verweise ich auf Kapitel II. Dafs die Schrift — ganz abgesehen von den Vorzügen der äufseren Darstellung — wegen vieler zutreffender Bemerkungen, besonders was die Auffassung der Persönlichkeit Vaubans betrifft, wertvoll ist, soll keineswegs geleugnet werden. Die Mängel der Schrift beruhen in der unklaren Erfassung des litterarhistorischen Problems — das aber ist die Hauptsache!

# Erster Teil.

## Die Stellung des Marschalls Vauban in der Geschichte der Nationalökonomie.

# Erstes Kapitel.

Ich gebe zunächst einen kurzen Uberblick über die Aussagen der älteren Auffassung [1].

Schon ehe die „Dîme royale“ [2] durch Aufnahme in Daires Collection des principaux économistes [3] weiteren Kreisen bekannt wurde, hatte Blanqui in seiner Geschichte der Nationalökonomie auf Boisguillebert und Vauban als auf zwei „vergessene“ Männer hingewiesen und sie als Vorläufer der Wissenschaft gefeiert. Von Vauban heifst es [4]: obgleich in der Steuerpolitik ein Erbe der Ideen Colberts (im „guten“ Sinne), sei er doch ein aufgeklärter „économiste“ gewesen und sein noch wenig bekanntes Werk enthalte „les principales bases de la science économique . . .“

Dieses Schlufsurteil Blanquis hat dann Eug. Daire [5] in der kritisch-biographischen Einleitung zur Dîme royale zu dem seinigen gemacht und es dadurch näher zu begründen versucht, dafs er eine lange Reihe von Sätzen aufstellt, welche die in der „Dîme“ enthaltenen „Grundwahrheiten“ wiedergeben sollen [6]. Der Leser mufs aus jener Aufzählung in der That den Eindruck gewinnen, dafs Vauban in seinem Werk bereits die Fundamentalideen der liberalen Nationalökonomie ausgesprochen habe, und wird in dieser Annahme auch noch bestärkt durch

---

[1] Hinsichtlich der Auswahl der in dieser Übersicht erwähnten Kritiker mufs bemerkt werden, dafs es sich nur um die allgemeine Stellung Vaubans in der Geschichte der Nationalökonomie handelt, dafs daher die Kritiker, welche sich nur mit seiner Steuerreform befafst haben, hier nicht zu Worte kommen.

[2] Ich citiere nach der neusten Ausgabe der „Dîme royale“ von G. Michel, Paris o. J. (Guillaumin's „Petite Bibliothèque économique française et étrangère“.)

[3] Band I, Paris 1843, 2. Aufl. 1851.

[4] Histoire de l'économie polit. II. S. 12.

[5] Collection des principaux économistes Band I, 2. Aufl. S. 26.

[6] Ebd. S. 25.

Daires Versicherung, der Marschall sei „bien supérieur à son siècle“ [1], nicht nur ein Verteidiger der Volksrechte gegen die Übergriffe der Monarchie, ein Vertreter der politischen Doktrin von der bürgerlichen Gleichheit [2], einer der gröfsten socialen Denker seiner Zeit [3] und der Begründer der Statistik gewesen — sondern habe auch die Grundlagen gelegt zu der Wissenschaft, welche lehre „que l'industrie est le seul fondement durable de la puissance des Etats“ [4].

Die Auffassung Daires hat die Verfasser der beiden gelesensten Litteraturgeschichten entscheidend beeinflufst: Kautz und Ingram übernehmen jene Aufzählung der „Grundwahrheiten“ fast wörtlich (und gerade in den Hauptstücken unverändert) in ihre nur kurzen Darstellungen von Vaubans Ideen.

Daire hatte noch nicht ausdrücklich einen Gegensatz zwischen Vauban und dem Colbertismus konstatiert, ihn aber wohl stillschweigend angenommen, indem er den Marschall als Vorkämpfer liberaler Ideen feiert.

Jener Gegensatz wird nun aber in den jüngeren Darstellungen skrupellos als erwiesen vorausgesetzt. Kautz bespricht die „Dîme“ in dem Kapitel „Reaktion gegen den Merkantilismus in Frankreich, Italien, Spanien“ — nennt Boisguillebert (mit Berufung auf Daire) [5] als bedeutendsten „Begründer der rationelleren Wissenschaftsrichtung“, als „würdigen Vorläufer eines Smith, Say, Ricardo, Rossi“ — als den „ersten volkswirtschaftlichen Theoretiker Frankreichs“ — und fährt dann fort [6]: In vielfach ähnlichem Sinne und in verwandter Richtung finden wir den berühmten Zeitgenossen des eben genannten Nationalökonomen, den Marschall Vauban . . .“ Es folgt dann die Wiederholung des Daire'schen Résumés und dazu noch einige eigene Bemerkungen des Verfassers, aus denen hervorgeht, dafs Vauban in der That ein „Vorläufer der Physiokraten“ gewesen zu sein scheint. Als Gesinnungsgenossen Vaubans werden Choisy, Fénélon, St. Pierre, Racine genannt.

In welcher Beleuchtung Ingram [7] den Verfasser der „Dîme“ gesehen wissen will, erkennt man daraus, dafs er ihn noch über die „gemäfsigten Merkantilisten“ stellt und, von jenen [8] abgesondert, in dem Kapitel „System der natürlichen Freiheit“

[1] Ebd. S. 10.
[2] Ebd. S. 11.
[3] Ebd. S. 16.
[4] Ebd. S. 19.
[5] Kautz, Die geschichtliche Entwickelung der Nationalökonomie. Wien 1860, S. 324.
[6] Ebd. S. 327.
[7] Geschichte der Volkswirtschaftslehre, übersetzt von E. Roschlau. Tübingen 1890.
[8] Es sind Child, Temple, Davenant, Petty, North, Locke; — ebd. S. 63—71.

den direkten Vorläufern der liberalen Nationalökonomie zuzählt, als deren kennzeichnende Eigentümlichkeiten er nennt[1]: Verneinende Haltung gegen die historisch entstandenen Formen von Staat und Gesellschaft, Kampf gegen die Einmischung des Staates in das wirtschaftliche Leben und Hinneigung zu den naturrechtlichen Ideen der „verneinenden" englischen Philosophie. Nachdem er dann Boisguillebert als bedeutendsten Vorkämpfer der liberalen Opposition gegen Colbert behandelt hat[2], geht Ingram, ganz ähnlich wie Kautz, zu Vauban über mit den Worten[3]: „Derselbe allgemeine Gedankengang, wie wir ihn bei Boisguillebert finden, wurde von dem Marschall Vauban in seinen volkswirtschaftlichen Abhandlungen verfolgt ...." worauf alsdann das Dairesche Résumé ohne weitere Zusätze folgt.

Auf sehr viel selbständigerer Forschung fufst anscheinend die Darstellung Dührings[4]. Nachdem er in seiner bekannten skeptischen Weise die Grenzen abgesteckt hat, innerhalb deren überhaupt von einer „Vorgängerschaft" im wissenschaftlichen Sinne gesprochen werden dürfe[5], nennt er Petty, Locke, Boisguillebert und Vauban[6] (und zwar die beiden letzteren vornehmlich!) als „die einzigen, bei denen die Vorgängerschaft in eigentlich nationalökonomischen Ideen noch allenfalls ein Gegenstand der Erörterung und Kritik werden kann ...." Die beiden Franzosen bezeichnet er als „ein einigermafsen zusammengehöriges Paar"[7] und stellt, ohne auf die eigentlich volkswirtschaftlichen Elemente der „Dîme" näher einzugehen, nur im allgemeinen fest[8], dafs Vauban ebenso wie sein Zeitgenosse schon durch die „blofse Natürlichkeit der Auffassung" in einen Gegensatz zum Merkantilismus getreten sei. Soweit es nötig erscheint, komme ich auf die einzelnen Aussagen Dührings später noch zurück.

Endlich sei noch erwähnt, dafs auch Espinas[9], der Verfasser der neuesten Litteraturgeschichte, Vauban als Vorläufer der Physiokraten in einer Linie mit Boisguillebert, Petty, Locke, Cantillon, Tucker und Gournay nennt, und diese Auffassung besonders durch den Hinweis auf seine antimerkantilistische Reichtumstheorie begründet[10].

---

[1] Ebd. S. 73.
[2] Ebd. S. 76—78.
[3] Ebd. S. 78—79.
[4] Kritische Geschichte der Nationalökonomie und des Socialismus. Dritte Aufl. Leipzig 1879, S. 83—86.
[5] Ebd. S. 49 ff.
[6] Ebd. S. 51.
[7] Ebd. S. 53.
[8] Ebd. S. 86.
[9] Histoire des doctrines économiques, Paris 1891. Kapitel II.
[10] In die „Geschichte der Nationalökonomie" von Eisenhart — sowie in die Darstellung v. Scheels in Schönbergs „Handbuch" Bd. I —

Die Verfasser der vier Monographieen über Boisguillebert gehen sämtlich von der nicht weiter bezweifelten Annahme aus, daſs Boisguillebert und Vauban in allen wesentlichen Stücken übereinstimmen und vor allem in den Motiven und Zielen kaum unterschieden seien. Indem sie nun Boisguillebert als den ersten und bedeutendsten Gegner Colberts und Vorläufer Quesnays feiern, weisen sie damit auch Vauban seine Stellung an.

Ich fasse nun noch einmal zusammen, was wir als das geltende Urteil der Litteraturgeschichte über Vauban anzusehen haben. Trotz der mannigfachen Differenzen, welche zwischen den Darstellungen der verschiedenen Autoren bestehen, kommen sie doch alle darin überein: Vauban ist als ein Boisguillebert naheverwandter Geist Gegner des Merkantilismus, und, entweder schon allein durch diese Negation, oder aber auch wegen der positiven Bestandteile seiner Schrift, ein Vorläufer der liberalen Nationalökonomie.

Schon vor dem Erscheinen der Monographie von Michel et Liesse, andererseits aber auch schon vor Ingram und Espinas, sind Stimmen laut geworden, welche Vauban die ihm bis dahin eingeräumte Stellung in der Geschichte der Wissenschaft streitig machten. Es sind dies Robert Meyer[1], Fournier de Flaix[2] und August Oncken[3].

Meyer nennt die „Dîme royale“ ein „rein finanzielles“ Werk, dessen Verfasser keineswegs physiokratische volkswirtschaftliche Ideen vertreten habe. Allerdings sei die Neugestaltung der Finanzwissenschaft auf Vauban zurückzuführen: für die Volkswirtschaftslehre dagegen beginne erst mit Quesnay eine neue Epoche.

Die Ausführungen von Fournier de Flaix sind insofern bemerkenswert, als hier zuerst auf die groſse Verschiedenheit der angeblich so nahe verwandten beiden Männer Vauban und Boisguillebert hingewiesen wird. Es heiſst dort (S. 118 ff.): Vauban ist der Freund und Zeitgenosse Boisguilleberts, „mais c'est un tout autre esprit. Boisguillebert est déjà un physiocrate: c'est l'économiste, c'est le prédécesseur direct de Quesnay et de Turgot; Vauban appartient encore au siècle

ist Vauban nicht aufgenommen. Knies hat sich in seiner „Politischen Ökonomie“ über die ökonomische Stellung Vaubans nicht entschieden geäuſsert. (Vergl. d. kurzen Bemerkungen daselbst 2. Aufl. 1883 S. 259 Anmerkung und S. 260.)

[1] Die Principien der gerechten Besteuerung etc. Berlin 1884, S. 9—12.

[2] La réforme de l'impôt en France, Band I. Les théories fiscales et les impôts en France et en Europe aux XVII et XVIII siècles; Paris 1885.

[3] Die Maxime Laissez faire et laissez passer, ihr Ursprung, ihr Werden. Bern 1886, S. 49—54.

du Roi." — Trotzdem wird dann aber behauptet, Vauban befinde sich bereits „sur la voie des principales vérités que les sciences économiques allaient établir[1]". — Fournier de Flaix hat also von der Verschiedenheit der beiden Autoren nicht auf die geschichtliche Stellung Vaubans geschlossen.

Diesen Schlufs zieht aber Oncken, wenn er sagt: „Die Bestrebungen Vaubans sind mit denen Boisguilleberts verwandt, sie sind keineswegs die nämlichen[2]." Schon die ganz verschiedene Haltung beider gegenüber dem Staate, dann aber insbesondere die Äufserungen des Marschalls über den Handel[3] liefsen erkennen, wie nahe er dem System Colberts stehe. „Auf Grund dieser Anschauungen, welche an vielen Stellen des Buches durchbrechen, würde sich ein ganzes merkantilistisches Lehrgebäude aufbauen lassen[4]."

Ohne also von Vauban andere Schriften zu kennen als die Dîme royale, haben die drei zuletzt genannten Autoren doch schon eine Auffassung vertreten, welche sowohl der älteren, sich bis Espinas fortpflanzenden Tradition, als auch den Aussagen der Darsteller Boisguilleberts in wesentlichen Punkten widerspricht.

Sehen wir nun zu, welche Resultate sich ergaben, als die Dîme royale nebst anderen Schriften des Verfassers zum Gegenstand einer ersten Specialuntersuchung gemacht wurden.

---

1 Ebd. S. 125.
2 a. a. O. S. 49 ff.
3 Oncken citiert S. 52 den Passus der Dîme royale über die Besteuerung des Handels (Dîme royale, S. 70).
4 Ebd. S. 53.

# Zweites Kapitel.

Nachdem die Pariser Akademie die Forschung über Boisguillebert durch ihr Preisausschreiben in so wirksamer Weise angeregt hatte, lag es nahe, den gleichen Preis („Prix Léon Faucher“) nun auch für eine Arbeit über Vauban auszusetzen[1], der denn auch Michel und Liesse zuerteilt worden ist. Die Untersuchung der Schriften dieses zweiten „Vorläufers der modernen liberalen Nationalökonomie“ hat nun aber ein Resultat erbracht, das, anscheinend ganz wider der Verfasser und ihres Beurteilers Léon Say eigenes Erwarten, mit der bisherigen allgemeinen Auffassung völlig kontrastierte. Denn so sehr jene es auch zu bemänteln und abzuschwächen suchen, so können sie doch mit dem Urteil nicht zurückhalten, dafs der berühmte Marschall, den man vordem als einen Geistesverwandten Boisguilleberts, als Gegner des Merkantilismus, als Vorläufer der liberalen Nationalökonomie anzusehen gewohnt war — dafs dieser Mann, kurz gesagt, selbst ein Merkantilist gewesen sei!

Von dem ersteren der beiden Verfasser, Georges Michel, besitzen wir eine vorzügliche Biographie Vaubans[2], und ein Auszug aus dieser älteren Schrift bildet den „Ersten Teil“ der Monographie; der dritte bietet eine Darstellung der französischen Finanzverfassung und -Verwaltung zur Zeit Vaubans; der zweite und vierte Teil enthalten die Ideen des Marschalls,

[1] Um so mehr, als man inzwischen auf die bis dahin unbeachteten Memoiren des Marschalls aufmerksam geworden war, wohl durch einen Hinweis von Baude im 45. Bande der Comptes rendus de l'Académie des sciences 1858.

[2] Histoire de Vauban, Paris 1879. Diese Darstellung stützt sich auf Archivstudien und ist besonders wertvoll dadurch, dafs sie den ausgedehnten Briefwechsel des Marschalls mit Colbert und Louvois mit Erfolg für das Verständnis des Mannes verwertet hat. — Ein kürzerer biographischer Abrifs ist von Michel auch der neuesten Ausgabe der Dîme royale beigegeben worden.

und zwar so, dafs im letzteren eine Analyse der Steuerreform unter der Überschrift „La Dîme royale“ — im ersteren aber eine Zusammenfassung der eigentlich volkswirtschaftlichen Ansichten, als „idées économiques de Vauban“ gegeben werden. Dieses zuletzt genannte Kapitel ist nicht nur (auch nach dem Urteile Says)[1] der wertvollste, sondern auch für uns der interessanteste Bestandteil des Buches, da es sich ja in ihm um Vaubans Stellung in der Geschichte der Wissenschaft handelt — oder vielmehr handeln sollte. Die Verfasser untersuchen dort den Inhalt eines Teiles der bisher unbeachteten Denkschriften des Marschalls und kommen zu folgendem Resultat[2]:

Eine Reihe von Belegstellen aus jenen Memoiren beweisen, dafs Vauban sich ganz und gar der bekannten merkantilistischen Auffassung vom Wert der edlen Metalle und der volkswirtschaftlichen Bedeutung einer günstigen Handelsbilanz angeschlossen hat. Er glaubte an diese „théorie erronnée, qui plaçait la richesse dans l'or et l'argent“[3]. — „. . . . Vauban est en ce point entièrement Colbertiste“[4] „. . . . complètement imbu des idées Colbertistes“[5] — Ideen[6], die sich fast auf jeder Seite seiner Schriften fänden.

Diese Reichtumstheorie hat dann sein übriges volkswirtschaftliches Denken stark beeinflufst. Seine Forderung, dafs Frankreich sich wirtschaftlich vom Ausland emancipieren solle[7], und gleichfalls die Überzeugung, der Staat müsse die gewerbliche Arbeit nach seinen Zwecken leiten — beides sind nur Konsequenzen der „théorie fausse qu'il accepte, sans l'approfondir, sur la richesse“[8].

Vauban ist also Merkantilist. Aber dieses Resultat war allem Anschein nach eine unangenehme Überraschung. Man mufs sich vergegenwärtigen, dafs, vom Standpunkte der Verfasser aus gesehen, zwischen Merkantilismus oder (!) Protektionismus auf der einen, und wissenschaftlichem Denken, Intelligenz, Humanität, Freiheit etc. auf der andren Seite eine tiefe Kluft besteht. Man hatte Vauban bisher diesseits derselben, im eigenen Lager geglaubt, als einen Geistesverwandten Boisguilleberts, dessen Ideen soeben erst als mit denen der Klassischen Nationalökonomie übereinstimmend anerkannt waren. Nun aber schien es, als sollte der gefeierte Marschall für immer dem Merkantilismus verfallen sein. Und das haben offenbar

---

[1] Michel et Liesse, Vauban économiste, S. VII.
[2] Vgl. ebd. S. 25—57, besonders das Résumé S. 55 und 56.
[3] Ebd. S. 30.
[4] Ebd. S. 33.
[5] Ebd. S. 44.
[6] Ebd. S. 48.
[7] Ebd. S. 36.
[8] Ebd. S. 37.

weder die Verfasser noch Léon Say zugeben wollen. So haben sie denn nichts unversucht gelassen, um an Vauban eine Art Ehrenrettung vorzunehmen und ihn wieder, so gut es ging, für den Liberalismus, für Intelligenz, Freiheit und Humanität, zu gewinnen. Das geschieht auf folgende Weise: Man konstruierte sich von Vauban das Bild eines volksfreundlichen, vielleicht sogar demokratischen, socialen Reformators, mit modernen liberalen Tendenzen[1]. Die Beweise dafür finden die Verfasser hauptsächlich in der „Steuertheorie“ und in der Sympathie für die unteren Klassen. Und nun zeigt es sich (nach dem Urteil der Verfasser), dafs auch sein speciell wirtschaftliches Denken trotz jener Colbertistischen Grundanschauung eine Tendenz zum Liberalismus nicht verleugnen kann, und dieser Tendenz bald nachgiebt, bald widerstrebt. Zwar sein mifstrauisches Verhalten gegenüber dem Auslande „arrête chez lui l'extension de la théorie de la liberté qu'il trouve à chaque pas, à mesure qu'il cherche des rémèdes aux maux de la société“[2]. — Deshalb ist er gegen die internationale Handelsfreiheit. Aber die liberale Tendenz verhilft ihm auch zu „Lichtblicken“, zu einer tieferen Einsicht in das Wesen der Volkswirtschaft, und dieser Einsicht entsprang sein Interesse für Erleichterungen des Verkehrswesens, und seine Forderung, die Binnenzölle aufzuheben, die Grenzzölle herabzusetzen[3].

So lautet denn das Schlufsurteil über Vauban als Nationalökonom[4]: Er ist kein „novateur en théorie économique“, aber er ist auch nicht völliger Colbertist; in manchen Stücken ist er über den Merkantilismus hinausgekommen, „néanmoins il se trouve arrêté dans le développement de ses idées libérales par le principe faux que la richesse consiste pour une grande part, dans la possession des métaux précieux“. Was aber Vauban in seinem volkswirtschaftlichen Denken an Wissenschaftlichkeit vermissen läfst, das ersetzt er durch seine „Steuertheorie“, die nach dem Urteil der Verfasser wissenschaftlich über der Boisguilleberts steht[5] und als die „erste Steuerthorie“ überhaupt bezeichnet werden mufs[6].

Wir sehen also, wie Vauban doch nicht so völlig verloren gegeben wird. Er ist nicht der krasse Merkantilist, der er zuerst zu sein schien, und die ältere Auffassung behält so bis zu einem gewissen Grade Recht.

Es ist nun interessant, zu beobachten, wie die Ehrenrettung Vaubans sich im Anschlufs an die Monographie weiter

---

[1] Ebd. S. 42.
[2] Ebd. S. 42.
[3] Ebd. S. 55.
[4] Ebd. S. 55 und 56.
[5] Ebd. S. 57.
[6] Ebd. S. 94.

fortgesponnen hat. Schon Say legt darauf in seiner Einleitung zu jener Schrift grofsen Wert. Sein Urteil über Vauban lautet zunächst: „Il n'y a rien d'économique dans ce système, car il est exclusif de la liberté du travail ... qui est le premier besoin de l'économie politique[1]" — „... il est absolument imbu des idées du système mercantile[2]". — „Sur tous ces points Vauban paraît donc à l'antipode des vérités économiques". Aber hier wird gleich die „Rettung" angeschlossen: „... cependant nul ne peut nier, qu'il n'ait exercé une influence considérable sur le progrès de la science économique"[3].

Also der eingefleischte Merkantilist, in dessen System „nichts ökonomisches" enthalten ist, dessen Ideen die „Antipoden" der ökonomischen Wahrheiten sind, konnte trotzdem einen grofsen Einflufs auf die Entwickelung einer Lehre ausüben, welche grade aus dem Kampf gegen den Merkantilismus hervorging! Wie war das möglich? — Say giebt die Erklärung[4]: Obgleich Vauban als Colbertist alle private Initiative der Staatsgewalt unterwarf, so hatte er doch „une horreur naturelle de la tyrannie". Die Sympathie für das Volk war die „idée maîtresse" seines Denkens: nimmt man dazu das lebhafte Interesse für die Verbesserung des Verkehrswesens, so findet man in seinem Geist „le germe d'une économie politique, qui contrebalancera sa tendance au système restrictif ..."[5]. Und da Say nun auch noch die „Steuerreform" zu Hülfe nimmt, so ist Vauban bald wieder in seine alte Stellung eingesetzt: „ce plan de réforme de l'assiette et du recouvrement de l'impôt ... en a fait le précurseur des économistes financiers du dix-huitième siècle"[6]. Boisguillebert und Vauban seien anzusehen „comme supérieurs à leur temps et comme précurseurs de cette ère nouvelle ..." Da aber der erstere anerkanntermafsen ein wirklicher „Vorläufer" eben der liberalen Nationalökonomie ist, so hat Say auch Vauban wieder zu einem solchen gemacht — auch allem Anschein nach machen wollen! Und dies, nachdem doch Michel und Liesse ausdrücklich zugegeben hatten, dafs sich Vauban in seiner volkswirtschaftlichen Anschauung sehr weit von dem Zeitgenossen entferne[7].

Der erstere der beiden Verfasser, Michel, hat die Resultate der Monographie ohne wesentliche Veränderung noch an zwei anderen Stellen wiederholt: in dem Artikel „Vauban" in Says

1 Ebd. S. VIII.
2 Ebd. S. IX.
3 Ebd. S. X.
4 Ebd. S. X.
5 Ebd. S. XI.
6 Ebd. S. III.
7 Ebd. S. 32.

Dictionnaire d'Economie politique (1892) und in der „Introduction" zur Neuausgabe der Dîme royale. Die erstere Darstellung giebt zu, dafs der Marschall „profondément imbu des idées du système mercantile" gewesen sei: aber wegen seiner liberalen Ideen, seiner Humanität müsse er doch als Vorläufer „de l'école économique utilitaire" bezeichnet werden. Und in der zweiten Abhandlung heifst es: Die Dîme royale bedeute eine Epoche in der Geschichte der politischen Ökonomie durch die in ihr angewandte wissenschaftliche Methode [1]. Auf ihren demokratischen Grundprincipien beruhe das moderne Finanzsystem, deshalb sei der Autor sowohl in der Nationalökonomie wie in der Finanzwissenschaft ein „Vorläufer" gewesen — der Schöpfer einer neuen Methode und der Entdecker einer bis dahin unerkannten Ordnung der Dinge [2].

Ist nun Vauban ein Merkantilist oder nicht? — Hat die ältere Auffassung, welche in ihm einen der ersten Gegner der Colbertschen Wirtschaftspolitik und Vorkämpfer der neuen Lehren erblickte, Recht oder Unrecht? — Die klare unzweideutige Antwort auf diese Frage sind uns die französischen Verfasser schuldig geblieben. Zuerst stellen sie als unwiderleglich fest: der Marschall war ein Anhänger der „falschen" Lehre: was sie dann aber selbst gegen ihre erste Behauptung vorbringen, ist nicht stichhaltig. Denn, wie später noch genauer zu erörtern sein wird: Die Forderung, die inneren Zollschranken aufzuheben, die Verkehrsmittel zu verbessern, überhaupt den Staat wirtschaftlich zusammenzuschweifsen, war keineswegs antimerkantilistisch, sondern im Gegenteil ganz im Sinne Colberts. Auch weifs jeder, der einen Blick in Colberts Memoiren und Ordonnanzen geworfen hat, wie unzulässig es ist, in der „Sympathie für das Volk" ein Symptom für die gegen jenen Staatsmann gerichtete liberale Opposition erkennen zu wollen. In der „Steuerreform" endlich, wie in finanziellen Bestrebungen überhaupt, hat bisher noch niemand das Feld gesehen, auf dem jener Kampf ausgefochten wurde: dies war vielmehr die eigentliche Wirtschaftspolitik — zunächst die Getreidehandelspolitik. Und aufserdem haben die neueren Veröffentlichungen über Colbert hinlänglich bewiesen, dafs dieser selbst ein Finanz- und Steuerreformator ersten Ranges war!

Es heifst das wahre Wesen des Merkantilismus verkennen, wenn man mit solchen Argumenten Vauban eine Opposition gegen jenes System oder gar eine Hinneigung zur liberalen Nationalökonomie andichten will.

Aber noch ein zweiter Vorwurf ist dem französischen Verfasserpaar zu machen. Sie haben es für unnötig befunden,

---

[1] Michel, Dime royale S. XXX.
[2] Ebd. S. XXXI—XXXII.

zu den vielen, wenn auch nur skizzenhaften Darstellungen, welche bereits ihrem Autor gewidmet waren, irgendwie Stellung zu nehmen. So entging ihnen auch, daſs es ihre eigentliche Aufgabe war, das Urteil, welches bisher allein auf Grund der Dîme royale über Vauban gefällt war, mit Hülfe der neuentdeckten Schriften und einer erneuten Prüfung des wirklichen Inhalts des genannten Hauptwerks zu berichtigen. Statt dessen stützen sie sich für die Darstellung der „ökonomischen Ideen Vaubans“ allein auf die Memoiren — benutzen also sie allein als Material für die Frage nach der Stellung des Autors in der Geschichte der Wissenschaft — und würdigen dann, gesondert davon, die Dîme royale nur als Steuerplan[1], ohne zu bedenken, daſs alle älteren Beurteiler in diesem Werk viel mehr als ein solches Steuerprojekt gesehen haben, eine auch nationalökonomisch bedeutsame Schrift, aus der sie ihr Urteil über Vauban als Nationalökonom ableiteten, ohne von andren Schriften Vaubans etwas zu wissen. Somit ist nicht entschieden, ob die früheren Aussagen über die Dîme royale deren wirklichem Inhalt entsprechen oder nicht; es bleibt die Frage offen, ob etwa Vauban in dem Hauptwerk ein Gegner, in den andren Memoiren aber ein Anhänger Colberts gewesen sei — oder ob ein solcher Zwiespalt in dem selben Manne unwahrscheinlich und daher das hergebrachte Urteil der Litteraturgeschichte falsch sei. Eins von beiden ist nur möglich, weil die Dîme royale chronologisch[2] in der Reihe der Memoiren mitten inne steht und somit auch nicht der Ausweg bleibt, der Marschall habe vielleicht in späteren Jahren (was freilich schon psychologisch nicht sehr wahrscheinlich wäre!) seinen Standpunkt geändert.

Um nun hier Klarheit zu schaffen, untersuche ich zunächst den Inhalt der Memoiren, um das Urteil „Vauban ist

---

[1] Die Verfasser bezeichnen die Dîme royale ausdrücklich als ein „Système particulier d'impôt, im Gegensatz zum „Détail de la France“ Boisguilleberts als einem „oeuvre d'ensemble“. (Vaub. écon. S. 89.)

[2] Die Schrift, welche im Dezember 1706 gedruckt und in den ersten Wochen des folgenden Jahres vom Verfasser persönlich an eine Anzahl von Freunden verteilt wurde (sie erschien nicht im Buchhandel!) ist bereits 1699 als Manuskript, und um mehrere Kapitel vermehrt noch einmal 1704 dem Könige und dem Minister Chamillart überreicht worden. Daſs das „Gros“ des Werkes bereits 1698 geschrieben ist, bemerkt Vauban selbst in einer Anmerkung Dîme royale (Michel éd.) S. 1: „Cette préface et le gros de cet ouvrage ont été faits en l'année 1698 immédiatement après le traité de Riswick“ und ebenso S. 27 Anmerkung: „Ceci a été composé incontinent après la paix de Riswick, en 1698“. Aus andren Stellen in Text und Anmerkungen ergiebt sich, daſs weitere (aber weniger wichtige) Teile etwa 1699 und wieder andre zwischen 1701 und 1704 hinzugefügt sind: letztere jedoch nur innerhalb der „Seconde Partie“. Der Leser findet die nötigen Daten über die äuſsere Geschichte der Dîme bei Michel, Histoire de Vauban Kap. XV.

Von den „Memoiren“ Vaubans sind mehrere nach der ersten Redaktion der Dîme verfaſst.

Merkantilist", welches Michel und Liesse auf Grund dieser Schriften abgeben, zu prüfen — und erledige alsdann die Aufgabe, die Aussagen der im Kap. I genannten Autoren über die Dîme royale zu berichtigen, um so ein geschlossenes Bild von der volkswirtschaftlichen Denkweise Vaubans zu gewinnen.

Das Resultat der Untersuchung dieses „Ersten Teils" wird lauten:

1. Die sämtlichen Denkschriften Vaubans, welche für unsre Frage überhaupt in Betracht kommen, beweisen, dafs der Marschall überall da, wo er volkswirtschaftliche Probleme berührt, durchaus merkantilistisch dachte, und die alten Grundsätze Colberts verfocht.

2. Wenn man auf Grund der Dîme royale früher annahm, der Autor sei ein Gegner Colberts und Vorkämpfer liberaler politischer und wirtschaftlicher Ideen, ein Geistesverwandter Boisguilleberts und der Physiokraten, so beruhte diese Auffassung auf ungenauer Kenntnis jener Schrift.

# Drittes Kapitel.

## I.

Bevor ich es unternehme, den „Merkantilismus“ Vaubans aus seinen früher unberücksichtigten Memoiren zu erweisen, mufs ich, um nicht irreführende Vorstellungen aufkommen zu lassen, folgendes bemerken:

Die betreffenden Schriften bilden den Inhalt der beiden Bände „Oisivetés de M. de Vauban“[1], welche alles enthalten, was von den zwölf Manuskriptenbänden, die Vauban selbst unter dem Gesamttitel „Oisivetés“ hinterlassen hat, nicht verloren gegangen oder in Sonderausgaben (als rein militärische Werke) schon vorher im Druck erschienen ist[2].

Es ist dies eine Sammlung von Schriften, vierzehn an der Zahl, so verschiedenen und mannigfaltigen Inhalts, dafs es nicht möglich ist, für sie eine andere Kollektivbezeichnung zu finden, als eben die, welche ihr Verfasser — „stolz-bescheiden“ — selbst wählte: Oisivetés! Keine dieser Arbeiten ist für ein grofses Publikum bestimmt gewesen[3]; einige, etwa die Hälfte, lassen sich als Denkschriften für den König oder einen Minister erkennen: sind auch zum Teil wirklich in deren Hände gelangt und haben nachhaltig auf die Praxis eingewirkt; die übrigen scheint ihr Verfasser als reine Privatbeschäftigungen betrachtet zu haben. Doch auch sie tragen den Charakter von „Denkschriften“: sie sind zeitgemäfse Vorschläge

[1] Oisivetés de M. de Vauban, Paris 1842 u. 43, 2 Bde.; herausgegeben von dem militärischen Verlag J. Corréard; mit Anmerkungen von Oberstlieutenant Augoyat.

[2] Über Vaubans litterarischen Nachlafs vergleiche man die Angaben Rochas in seinem Aufsatz: „Pensées et Mémoires politiques inédits de Vauban;“ Journal des Economistes, Bd. 18 (1882), S. 176 ff.

[3] Der Marschall hat überhaupt nichts selbst veröffentlicht: selbst die Dîme royale nur für einen kleinen, gewählten Leserkreis bestimmt.

eines erfahrenen Praktikers für die Verwaltung der inneren und äufseren Politik, der Staatswirtschaft und der häuslichen Ökonomie.

Um den Leser erkennen zu lassen, um was es sich in diesen Schriften handelt, versuche ich, so gut es ohne Willkür angeht, den Inhalt durch folgende Kategorien zu kennzeichnen: Auswärtige Politik, Strategie, Finanzpolitik, Kolonialpolitik, Innere Verwaltung (Forstwirtschaft, Flufschiffahrt, Kanal- und Strafsenbau), Statistik, Hauswirtschaft.

Aber kein einziges dieser Gebiete bildet als solches, in seiner Allgemeinheit, den Inhalt eines Memoires. Der Marschall behandelt stets nur einzelne, konkrete und engbegrenzte Tagesfragen aus jenen Gebieten und geht auf allgemeine Probleme nur soweit ein, als die specielle Aufgabe es erfordert, und als die Vielseitigkeit seiner Interessen, seiner Kenntnisse, seiner Erfahrung es unwillkürlich mit sich bringt: gelegentlich, nicht systematisch. Schon hierdurch ist Vorsicht geboten, wo es sich, wie in unserem Falle, darum handelt, das Allgemeine in der Vielheit der Anschauungen und Vorstellungen festzustellen.

Ferner ersieht man aus der obigen Aufzählung, dafs eben die Gebiete, welche uns am meisten interessieren müssen: Handelspolitik, Gewerbepolitik, Agrarpolitik — d. h. die Gebiete, in denen das, was wir Merkantilismus zu nennen pflegen und in denen auch die Opposition gegen ihn zu Tage trat — gerade nicht vertreten sind. Eigentlich wirtschaftspolitische Fragen hat der Marschall so gut wie garnicht ex professo behandelt: „theoretische“ Betrachtungen über die Natur der wirtschaftlichen Erscheinungen sind vollends garnicht zu finden und scheinen auch gänzlich aufserhalb seines sonst so weiten Gesichtskreises gelegen zu haben.

Wir sind also für unsere Zwecke angewiesen auf die gelegentlichen Äufserungen und — soweit eine solche erkennbar ist — auf die allgemeine Grundtendenz der einzelnen Bestrebungen. Es liegt daher auf der Hand, dafs, trotz der Menge der Schriften und der Riesenfülle der in ihnen aufgehäuften Details, dennoch von einem breiten Material nicht die Rede sein kann. Gleichwohl sind die verhältnismäfsig wenigen Stellen, über die wir als Belegstellen verfügen, doch so prägnant und, bei der militärisch-präcisen Ausdrucksweise des Marschalls so unzweideutig, dafs sie eine vollauf genügende Beweiskraft besitzen. Sie beweisen, was für uns hinreicht: dafs Vauban da, wo er sich auf das volkswirtschaftliche Gebiet begiebt, die dort schwebenden Fragen im Sinne des Merkantilismus löste, und dafs ihm eine entgegengesetzte Denkweise gänzlich fern lag.

Aufser diesen „Oisivetés“ lege ich der folgenden Untersuchung noch vier von Rochas[1] veröffentlichte Memoiren zu Grunde, die von Michel und Liesse nicht berücksichtigt worden sind. Dieselben behandeln Fragen der äufseren und inneren Politik.

## II.

Der Satz: der Reichtum eines Staates beruht auf der Menge des innerhalb seiner Grenzen umlaufenden baren Geldes — ist von jeher mit Recht als Losung und Merkmal des Merkantilismus bezeichnet worden. Denn wenn auch die neueren, unbefangeneren historischen Forschungen nach der Natur jenes „Systems“ gezeigt haben, dafs es unvergleichlich viel mehr bedeutete, als einen blofsen ökonomischen „Irrtum“ über das Wesen des Geldes und des Reichtums — dafs daher jener Satz nicht entfernt den geschichtlichen Kern des Merkantilismus ausmacht — so ist doch wiederum nicht zu leugnen, dafs nun einmal das genannte Axiom von allen Publizisten und Politikern jener Tage unermüdlich als höchste Weisheit verkündet ist, und grade in dem wirtschaftspolitischen Programm Colberts den Mittelpunkt der Betrachtung bildet. Ich meine das wichtige Memoire, welches der Minister im Jahre 1664 aus Anlafs der Eröffnung des Handelsrates dem Könige vorlegte[2]. Es geschah in dem Augenblick, wo die Finanzreform im wesentlichen beendigt war und es sich nun darum handelte, die Grundsätze zu stabilieren, nach denen, durch eine rationelle Handels- und Gewerbepolitik, die „abondance“ in das ausgesogene Land zurückgeführt werden sollte. — Nach einem geschichtlichen Überblick über die Entwickelung und den gegenwärtigen Stand des französischen Handels unternimmt es Colbert, die „Vorteile“ des Handels und der Manufakturen auseinanderzusetzen und leitet deren Aufzählung ein mit dem charakteristischen Satz: „Je crois que l'on demeurera facilement d'accord de ce principe, qu'il n'y a que l'abondance de l'argent dans un Etat, qui fasse la différence de sa grandeur et de sa puissance[3].“ — Das bare Geld, so sagt er an anderer Stelle[4], ist „en un mot le seul but du commerce et le seul moyen d'augmenter la grandeur et la puissance de cet Estat“.

Unter den neueren Litteraturhistorikern hat Dühring, der im übrigen den Merkantilismus keineswegs mit der „falschen Theorie vom Reichtum“ identifiziert, diese Richtung dennoch

---

[1] Journal des Econ. Bd. 18 (1882), S. 182—195 und S. 328—342.

[2] Es findet sich im Wortlaut abgedruckt bei Neymarck, Colbert et son temps, Band I. Paris 1877, S. 345-361. Ich kenne kein andres Dokument, das so wie dieses die ganze Wirtschaftspolitik des Mannes mit ihren Motiven kurz, programmatisch zusammenfafste.

[3] Ebd. S. 365.

[4] Ebd. S. 354.

so definiert: „Der Besitz der edlen Metalle als Wirkung und als Ursache, als Erfolg und als Anregung der wirtschaftlichen Thätigkeit unter der Leitung des Handels: — dies ist, soweit überhaupt ein paar Worte zur Kennzeichnung genügen können, die leitende Idee des Merkantilismus gewesen. Die genaue Bestimmung des merkantilistischen Irrtums kann nur erfolgen, wenn man erwägt, daſs der Fehlgriff auf der bloſsen Abwesenheit einer freieren und mehr unmittelbaren Betrachtung der Wohlstandsquellen beruht. Man bewegte seine Gedanken am Leitfaden des Geldes .... Der Gegensatz dieser beschränkten Auffassungsart der ökonomischen Vorgänge besteht in demjenigen Verhalten, welches man die Naturalbetrachtung nennen könnte." Dühring sieht deren Eigentümlichkeit darin, daſs sie von der „Dazwischenkunft des Geldes" im wirtschaftlichen Verkehr absehe: „Die starken Seiten in dem wirtschaftlichen Denken Adam Smiths beruhten auf dem Absehen von dieser Dazwischenkunft[1]." — Da ich mich diesem Urteil nur anschlieſsen kann, so glaube ich nicht irre zu gehen, wenn ich, um Vaubans merkantilistische Vorstellungsweise aufzudecken, jenes „sich fortbewegen am Leitfaden des Geldes" als Kriterium betrachte. Dabei wird sich dann freilich hinsichtlich Vaubans ein Resultat ergeben, das dem eigenen Urteil Dührings[2] über jenen Autor grade entgegengesetzt ist: daſs nämlich die „Naturalbetrachtung" dem Marschall noch ganz fern liegt.

## III.

Ging man von der Ansicht aus, daſs der Mehrwert der Ausfuhr inländischer Produkte über die Einfuhr ausländischer Waren in barem Gelde verkörpert sein müsse, so ergaben sich daraus als praktische Aufgaben der Regierung: Verbot der Ausfuhr von Edelmetallen, Förderung des inländischen Bergbaus auf solche Metalle, staatliche Leitung, Anregung und Unterstützung der Industrien, deren Erzeugnisse durch den Export das „bare Geld" der andern Staaten ins Land ziehen konnten, Verbot der Einfuhr von Fabrikaten, Beförderung des Exporthandels durch Compagnien, Verträge, nötigenfalls durch Handelskriege — schlieſslich möglichst durchgreifende wirtschaftliche Emancipation vom Auslande und planmäſsige Unterdrückung der konkurrierenden Staaten.

Alle diese Bestrebungen lassen sich, die einen mehr, die andern weniger deutlich, in Vaubans Denkschriften wiedererkennen.

Über die Bedeutung des Handels, in dem Colbert eine der Quellen erblickte, „d'où les peuples tirent de l'argent" —

---

[1] Dühring a. a. O. S. 34–35.
[2] wie er es, ebenda, S. 85 abgiebt.

hat sich der Marschall verhältnismäſsig ausführlich in einem besonderen Exkurs „Du commerce en général“ ausgesprochen: und zwar in der Schrift „Mémoire sur le Canal de Languedoc, contenant ses défauts et ses avantages; les moyens de corriger les uns et d'augmenter les autres en le rendant capable de porter des bâteaux de mer .... qui passeront d'une mer à l'autre sans rompre charge ....[1]“. Er macht dort eine scharfe Scheidung zwischen Binnenhandel und auswärtigem Handel[2]. Während der erstere unter allen Umständen von unschätzbarem Wert und unbedingt von der Regierung zu begünstigen ist, muſs man bei dem letzteren folgende Unterscheidung machen[3]: dient er dazu, notwendige Lebensmittel, Kleidungsbedarf der groſsen Masse, Arzeneien etc. und solche Rohstoffe für die einheimischen Manufakturen einzuführen, die Frankreich nicht selbst besitzt, so ist er von Nutzen, und also erlaubt. Zu verbieten ist dagegen[4] alle Einfuhr von Manufakturen und Luxuswaren, weil dadurch mehr Geld auſser Landes geht als hereinkommt. Derartige Waren dürfen nur dann importiert werden, wenn sie zur Wiederausfuhr bestimmt sind. Jede Art von Handel aber, welche den Barvorrat des Staates vermehren kann, ist eifrigst zu befördern.

Das ist, wie man sieht, die bekannte Doktrin von der Handelsbilanz in schärfster Fassung.

Vauban war mit dem, was bisher von der Regierung zu Gunsten des Handels gethan war, noch keineswegs zufrieden; er fordert energisch „qu'on pourrait faire plusieurs ménagements en France sur le commerce, qu'on néglige, et à mon avis très mal à propos[5]“.

Schon Colbert hatte, um den Handel heben und einheitlich leiten zu können, den König dazu vermocht, einen besonderen „Handelsrat“ zu errichten, der dann bei der Zollreform thätig mitwirkte. Vauban fordert nun einen weiteren Schritt auf diesem Wege: eine chambre de commerce et de manufactures[6].

---

[1] Oisivetés I, S. 65 ff.

[2] Ebd. S. 82.

[3] Ebd. S. 83.

[4] Il doit être défendu, quand pour des marchandises qui ne regardent le luxe et les modes, il sort plus d'argent qu'il n'y en apporte; mais celui qui nous peut apporter nouveau argent, ne saurait être recherché avec trop de soin.

[5] Oisivetés I, S. 83.

[6] In der „Description géographique de l'élection de Vézelay ...“ Janvier 1696. Oisiv. I, 201 ff. Diese interessante Schrift enthält eine von groſsen Gesichtspunkten ausgehende Beschreibung von Vaubans Heimat, mit einem Anhang, welcher zunächst für diesen Bezirk, dann aber auch für das ganze Reich, ein groſses Programm von Reformvorschlägen enthält und speciell auch einen Teil des in der Dîme royale entwickelten Finanzprojektes. Daselbst S. 214 auch der Vorschlag der „chambre“.

Ihre einzige Aufgabe sollte sein „de diriger le dit commerce, l'accroître, le protéger et maintenir“. Diese Behörde, ein Kollegium von Staatsräten und Finanzbeamten, soll sich mit den angesehensten Kaufherren aller Städte des Landes, auch mit dem Auslande in Verbindung setzen, um ihre Ratschläge zu hören.

Ängstlich ist der Marschall besorgt, dafs dem Handel nicht durch ungeschickte Eingriffe der Steuerbehörden Abbruch gethan werde. Die Kaufleute sollen milder als andere besteuert werden, „parce qu'on ne saurait trop favoriser le commerce!“ (Projet d'une Capitation, Oisiv. I, S. 176, vergl. auch ‚Dîme‘ S. 72.)

Die Voraussetzung für einen in solcher Weise „nützlichen“ Handel war die künstliche Förderung einer Exportindustrie. Auch sie hat Vauban eifrig befürwortet[1]. — Im Memoire „Canal“ sagt er, es sei noch viel zu thun übrig, um die Staatseinkünfte und die Bevölkerung zu vermehren: so vor allem „une infinité de manufactures, qu'il n'y aurait qu'à établier à propos, en y faisant quelques dépenses de la part du roi dans les commencements pour les mettre en train“.

Während er in seinem Finanzprojekt die Binnenzölle abschafft, behält er die Grenzzölle bei „à cause des marchandises étrangères[2]“, d. h. also um deren Einfuhr zu erschweren. Doch empfiehlt er ein noch besseres Mittel, sich die ausländische Konkurrenz vom Halse zu schaffen[3]: anstatt die Holländer dadurch zu chicanieren, dafs man ihren Luxusartikeln die Einfuhr verbietet, solle man lieber versuchen, durch Wettbewerb ihre Industrie zu ersticken. Zu dem Zwecke müsse der Staat auf eigene Kosten dieselben Gewerbszweige ins Leben rufen, aber so, dafs sie billiger und geschmackvoller arbeiten als jene. Daran knüpft Vauban die wichtige allgemeine Bemerkung: so solle die Regierung allen Waren gegenüber verfahren „qui n'entrent chez nous que pour nous tirer plus d'argent qu'elles n'y en apportent“.

Die grofsen Erfolge, welche Colbert mit der Schöpfung der Lyoner Seidenindustrie erzielt hatte, genügen dem Marschall noch nicht. Denn, so klagt er[4], noch immer importiert das Land „une prodigieuse quantité de soie des pays étrangers“ — und läfst dafür Riesensummen ins Ausland gehen. Daher müsse die Seidenraupenzucht in den Provinzen des Südens

---

[1] Es existiert von ihm ein noch unveröffentlichtes Memoire: „Mémoire double concernant les manufactures, Juli 1696. (Vergl. Rochas a. a. O. S. 176.)

[2] Oisiv. I. 179.

[3] „Canal“ Oisiv. I. 84.

[4] Ebd. S. 85.

intensiv verstärkt und möglichst viel Seide in Frankreich selbst erzeugt werden.

Das gleiche gilt vom Porzellan. Schon hat man in Rouen verstanden, es selbst herzustellen [1], und dennoch hört der Import nicht auf. Die Regierung müsse daher die betreffenden Unternehmer in jener Stadt mit allen Mitteln dazu bringen, ihr Geheimnis zu verkaufen, sodafs eine hinreichende Menge, sowohl für den eigenen Bedarf des Staates, wie für den Export hergestellt werden könne.

Von jener Erfindung sagt Vauban, sie sei „de la nature de celles qui méritent des récompenses honoraires et utiles [2]“. Ganz im Sinne Colberts empfiehlt er staatliche Auszeichnungen für die Erfinder. In seiner Denkschrift über die Reorganisation des Adels [3] rät er dem König u. a., den Adelstitel als Belohnung auszusetzen „pour avoir inventé quelque art ou manufacture très utile à l'État [4]“. — Ich erwähne hier gleich verwandte Vorschläge derselben Schrift: Gleichfalls geadelt sollen werden: die Entdecker einer „excellente mine d'or ou d'argent dans le royaume . . .“ — ferner ein Geschäftsmann, der durch ehrlichen Erwerb 200 000 Thaler verdient hat, unter der Bedingung, dafs er sein Geschäft nicht aufgiebt; endlich alle, welche dem Staate in schwierigen Lagen grofse Summen schenken oder ihm testamentarisch vermachen [5].

## IV.

In welchem Mafse Vauban überall auf dem Gebiet volkswirtschaftlicher Fragen sich am „Leitfaden des Geldes“ bewegte, mag noch aus einigen anderen Stellen ersehen werden.

In der ersten Denkschrift über die Hugenottenfrage [6] weist er nach (S. 3), dafs die Zwangsbekehrungen aufser zwei militärischen noch drei wirtschaftliche Folgen gehabt haben. Erstens haben 80—100 000 Menschen das Reich verlassen und mit ihnen sind 30 Mill. „de l'argent le plus comptant“ ins Land der Feinde gegangen.

Zweitens sind verloren für den Staat „nos arts et manufactures particuliers, la plupart inconnues aux étrangers qui attiraient en France un argent très considérable de toutes les contrées de l'Europe.“

---

[1] Ebd. S. 84—85.

[2] Ebd. S. 84.

[3] Idée d'une excellente noblesse et des moyens de la distinguer par les générations. Oisiv. I, 139—147, mit einer angehängten „Réflexion“ 147—151 (ohne Jahr).

[4] Ebd. S. 144

[5] Ebd. S. 143 u. 144.

[6] Mémoire pour le rappel des Hugenots, adressé à feu M. de Louvois, en décembre 1689. Oisiv. I, S. 1—18.

Drittens aber „la ruine de la plus censidérable partie du commerce“.

Die Summen, welche alljährlich für importierte Gewürze ins Ausland gehen, nennt er[1] „autant d'argent perdu pour le royaume par notre faute“ — angesichts der Möglichkeit, diese Gewürze auch innerhalb der Staatsgrenzen (d. h. in den französischen Kolonien!) zu gewinnen, wenn nur die Regierung durch ihre „Ingenieure“ die Anleitung geben und aus Staatsmitteln das Anlagekapital vorschiefsen wollte.

Anstatt wegen der Geldausfuhr den Kaffeekonsum zu verbieten, solle der Staat es lieber unternehmen, in den südlichen Provinzen selbst Kaffee zu bauen[2]. „Cela enricherait ces provinces et empêcherait l'argent de sortir du royaume.“

Desgleichen könne der Staat durch planvolle Beförderung der Bienenzucht verhindern, dafs noch immer Riesensummen für Wachs ins Ausland gehen[3].

Über die kläglichen Erfolge des ostindischen Handels urteilt Vauban mit den Worten[4]: „Le commerce des Indes orientales est inutile et très pernicieux en ce qu'il ne fait que les affaires de peu de particuliers, ne fournit que ce qui peut servir au luxe, en sortant beaucoup d'argent du royaume et n'y rapportent pas une pistole“.

In der Denkschrift über den staatlich zu organisierenden Seeraub[5] empfiehlt er, die gekaperten Schiffe zu verkaufen, „puisque c'est un moyen de faire entrer de l'argent dans le royaume qui n'est pas à négliger!“ —

Wie Colbert wünschte auch Vauban den Bergbau zu befördern: in den Kolonien auf die edlen Metalle[6], in Frankreich auf Eisen und Kohlen. Das Anlagekapital, welches der Staat vorschiefsen müsse, sei nicht verlorenes Geld — weil das „argent du royaume en serait augmenté[7] . . . .“.

Die sonst noch vorhandenen Stellen gleichen Inhalts aufzuführen, scheint nicht erforderlich, da die vorliegenden schon zur Genüge beweisen, dafs das „argent comptant“ in der That

---

[1] Oisiv. I, S. 86.

[2] Ebd. S. 85—86.

[3] Oisiv. I, 87.

[4] In der Sentenzen-Sammlung „Pensées d'un homme qui n'avait pas grand chose à faire“. Veröffentlicht von Rochas a. a. O. S. 182 ff. Das Citat S. 188. Die Sammlung stammt aus den letzten Lebensjahren Vaubans (vergl. darüber Rochas, S. 172).

[5] Mémoire concernant caprerie, la course et les privilèges dont elle a besoin pour se pouvoir établir, les moyens de la faire avec succès sans hasarder d'affaires générales et sans qu'il en puisse coûter que très peu de chose à Sa. Majesté. 30. November 1695. Oisiv. IV, 157 ff. Das Citat S. 174.

[6] Moyen de rétablir nos colonies de l'Amérique et de les accroître en peu de temps. 28. Avril 1699 (Oisiv. IV, S. 26).

[7] „Canal“ Oisiv. I, S. 94.

eine dominierende Stellung in Vaubans Vorstellungkreise einnimmt: eine Thatsache, die allein schon seine merkantilistische Denkweise unzweideutig erkennen läſst[1].

## V.

Ein staatsmännischer Grundsatz Colberts und aller zeitgenössischen Politiker, der von der weltbürgerlich gesinnten freihändlerischen Opposition des XVIII. Jahrhunderts stets bald spöttisch belächelt, bald erbittert bekämpft worden ist, war der: den Staat wirtschaftlich vom Ausland zu emancipieren. „Son principal but,“ so sagt Clément von Colbert[2], „était de ne pas mettre le gouvernement dans la dépendance de l'étranger . . . .“ Oder wie es Neymarck ausdrückt[3]: „Ce que Colbert voulait, ce qu'il a toujours recherché, c'est que la France suffise à elle même“.

Colbert selbst hat diese seine Maxime so in Worte gefaſst: „L'un des plus considérables ouvrages de la paix est le rétablissement de toute sorte de commerce en ce royaume et de le mettre en état de se passer de recourir aux étrangers pour les choses nécessaires à l'usage et à la commodité de nos sujets[4]“. Der bekannte Tarif von 1664 verwirklichte diese Idee.

Der Staat würde, so glaubte Colbert, „sich selbst genügen“ können, sobald alle produktiven Kräfte entfesselt und die räumlich getrennten Produktionsstätten durch Beseitigung der künstlichen und natürlichen Verkehrshindernisse einander genähert wären. Colberts letzte, aber nicht verwirklichte Idee war, den Staat in ein einheitliches Zollgebiet zu verwandeln, innerhalb dessen ein völlig freier Verkehr von Provinz zu Provinz, von Ort zu Ort die gegenseitige Ergänzung aller Landesteile ermöglichen sollte. Über diese Verkehrsfreiheit innerhalb der Staatsgrenzen sagt Colbert in jenem schon erwähnten groſsen Programm von 1664: „Le commerce du dedans du royaume consiste en la liberté de la communication entre tous les sujets du roy.“

Um diese „Freiheit“ herzustellen, wollte er alle inneren Zollschranken, Wegeabgaben etc. möglichst beseitigen, andererseits die natürlichen Verkehrshindernisse durch Erweiterung

---

[1] Ich erwähne bei dieser Gelegenheit, daſs Vauban bereits den Gedanken einer internationalen Münzunion concipiert hat. In „Canal“ Oisiv. I, S. 83 u. 84 macht er ernstlich den Vorschlag: Eine Konferenz von Bevollmächtigten aller Souveräne solle ein Einheitsgeld („une monnaie universelle“) für ganz Europa schaffen.

[2] Lettres, instructions et mémoires de Colbert. Tome II Introduction S. CXXIV.

[3] Neymarck a. a. O. Bd. I 268.

[4] Im Eingang zum Reglement für die Tapisserie-Manufaktur, vergl. Lettres etc. S. CXXVI.

und Verbesserung des Strafsennetzes, durch Hebung der Flufsschiffahrt etc. überwinden.

Die Gedanken, welche Colbert wegen der Kriege und des Widerstandes der provinzialen Gewalten nur zu einem kleinen Teil verwirklichen konnte, finden wir als erneuerte und dringende Wünsche wieder bei Vauban.

Auch er geht bei allen seinen Forderungen und Ratschlägen von der Auffassung aus: Frankreich mufs wirtschaftlich auf sich selbst gestellt sein und sich nach Möglichkeit vom Ausland emancipieren. Wie Colbert sieht er den Wert des Binnenhandels hauptsächlich darin „que les provinces se puissent entrecommuniquer leurs besoins sans être obligées de les aller chercher ailleurs, en quoi la France paraît mieux disposé qu'aucun autre pays[1]" — oder wie es an anderer Stelle heifst „ . . . sans qu'on soit obligé d'avoir recours aux étrangers, qui n'ont de charité pour nous qu'autant que notre argent les accommode[2]". Und in der Dîme royale[3] stellt er eine weitläuftige Berechnung an, um zu erfahren, wieviel Menschen der Staat ernähren könne, „sans être obligé d'avoir recours aux étrangers."

Diese Anschauung ist bei Vauban, der die Ära Colberts bereits hinter sich hat, so eingewurzelt und daher selbstverständlich, dafs er darüber nicht mehr viele Worte verliert. Liest man aber seine Schriften aufmerksam, so erkennt man deutlich, dafs jener Gedanke überall die stillschweigende Voraussetzung ist, und dafs es dem Autor nur darauf ankommt, die Mittel zu seiner Verwirklichung zu finden. Hier hat er sich, wieder ganz den Ideen Colberts folgend, um so ausführlicher geäufsert und die dahingehörigen Pläne nehmen einen breiten Raum in den Memoiren ein.

Er wünscht, und zwar sehr dringend, die volle Freiheit des Verkehrs innerhalb der Staatsgrenzen, und die Forderung, die Provinzialzölle endlich ganz zu beseitigen — also die Wiederaufnahme des Colbertschen Gedankens — bildet einen Hauptpunkt seines Finanzprogramms in der Dîme royale und deren Vorarbeiten. Denn in jenen Abgaben sieht er die Haupthindernisse eines Verkehrs, der alle Teile des Reiches wirtschaftlich verknüpft und so aus dem politisch geeinten Staate auch eine wirtschaftliche, auf sich selbst ruhende, vom Ausland unabhängige Einheit macht. Er sagt von den „douanes intérieures du royaume," sie machen „les sujets étrangers les uns aux autres, et ne sont bonnes qu'à l'empêchement du commerce[4]".

---

[1] Oisiv. I 82.
[2] Ebd. S. 96.
[3] Dîme royale 185.
[4] „Capitation" Oisiv. I, S. 179.

Solche künstliche Trennung der Teile eines Reiches und einer Nation sei „contre les principes de la vraie politique qui conspire toujours à conserver une certaine uniformité entre les sujets, qui les attache plus fortement au prince[1]".

Das Korrelat zu dieser negativen Mafsregel wäre die positive Erleichterung des Verkehrs durch Verbesserung der Verkehrswege gewesen: eine Aufgabe, welcher Vauban allein drei Denkschriften gewidmet, und die er auch sonst noch häufig berührt hat. Schon in dem Memoire „Canal du Languedoc" ist der Plan kurz skizziert, der dann acht Jahre später, in der Schrift „Navigation des rivières", 1699 zu einem grofsen System ausgearbeitet wurde: Ganz Frankreich soll durch das Mittel der Flufskorrektion und durch Kanalbauten mit einem Riesennetz von Wasserstrafsen überzogen werden, das die entlegensten Provinzen miteinander verbindet und so den so verschieden ausgestatteten Landschaften es möglich macht, ihre eigentümlichen Produkte untereinander auszutauschen. Dem gleichen Zwecke sollte die Erweiterung und Verbesserung des Landstrafsensystems dienen, wie der Marschall es in der Denkschrift „Chemins" vorgeschlagen hat, wo es heifst: „Les chemins sont fort négligées dans le royaume ce qui nuit beaucoup au commerce. C'est encore une des parties, qui ont le plus besoin d'une réparation[2]."

„La facilité des voitures est de l'essence du commerce[3]" — so hat Vauban den leitenden Gedanken des ganzen Planes ausgedrückt. Ausdrücklich bemerkt er, dafs der Zweck der Anlage niemals erreicht werden könne, sobald man auch diese neuen Verkehrswege wieder mit Abgaben belaste[4]. Der König und die interessierten Gemeinden sollen zusammen die Kosten der Herstellung tragen.

Im Anhang zu „Vézelay" hat Vauban zwei weitere Reformen gefordert[5], die ebenfalls dazu beitragen sollten, das Reich auch wirtschaftlich zu einigen, die „uniformité" herzustellen: Eine einheitliche Mafs- und Gewichtsordnung[6] und die Beseitigung aller Sonderrechte der Provinzen und Schaffung eines einzigen im ganzen Staat gültigen bürgerlichen Rechts.

Beförderung der eigenen Volkswirtschaft durch möglichst umfassende Befreiung des inneren Güteraustausches und Verbesserung der Verkehrsmittel — aber strenge Abschliefsung gegen das Ausland — das sind zwei korrespondierende

---

[1] Dîme royale S. 26.
[2] Oisiv. IV, S. 148.
[3] Oisiv. IV, S. 42.
[4] Oisiv. IV, S. 96 u. 138.
[5] Oisiv. I S. 213 (Artikel VII und VIII), vergl. auch „Pensées", Rochas a. a. O. 333.
[6] Vauban hinterliefs auch ein Mémoire sur l'uniformité des poids et mesures, vergl. Rochas a. a. O. S. 176.

Tendenzen, die ein und demselben Grundgedanken entstammen. Deshalb ist es falsch, wenn Michel und Liesse[1] darin „Lichtblicke", d. h. Abwendung vom merkantilistischen „Irrtum" erblicken, daſs Vauban die Provinzialzölle beseitigt, die Transportmittel verbessert sehen wollte — und es dann für eine Inkonsequenz erklären, wenn er „trotzdem" von der Solidarität der Interessen der französischen Provinzen nicht schlieſst auf die Notwendigkeit, die Vernünftigkeit des internationalen Freihandels.

Der Gedanke, daſs auch die verschiedenen Nationen ebenso wie die Landesteile eines Staates, sich durch friedlichen Austausch ihrer Produkte besser dienen könnten als durch die ewigen Handelskriege, und daſs die allgütige und allweise Vorsehung die Völker mit Absicht so verschieden ausgestattet habe, damit sie sich ergänzen sollten — diese bei den weltbürgerlich gesinnten Volkswirten der Aufklärungsperiode so beliebte Idee ist dem Marschall Ludwigs XIV. noch gänzlich fremd.

Vaubans reformatorische Ideen (wenn man seine Vorschläge so nennen darf) sind nur dann richtig zu würdigen, wenn man sich vergegenwärtigt, in wie hohem Maſse die Rücksicht auf die „groſse Politik", auf die Beziehungen Frankreichs zu den übrigen Staaten vor und nach dem Frieden von Ryswick (1697) sein politisches Denken bestimmte. Er schreibt gleichsam im Feldlager, mitten unter dem Lärm der Waffen, angesichts der Koalition von fast ganz Europa, von deren gefährlicher Übermacht er — ohne Übertreibung — den Untergang des Staates fürchtete. So kennt er nur Ein Ziel, die französische Monarchie, so wie sie durch ungeheure Opfer von Richelieu, Mazarin und Ludwig zu einer tonangebenden Groſsmacht erhoben war, nun auch mit allen Mitteln in ihrer Stellung zu behaupten. Zu diesen Mitteln gehörte in seiner Vorstellung aber in erster Linie die rücksichtslose und skrupellose Vernichtung der feindlichen Wohlstandsquellen. Und da er in Holland, noch mehr aber in der unter Oraniens Führung kräftig aufstrebenden Macht Englands die drohendste Gefahr für sein Vaterland erblickte[2], so ist es verständlich, wenn man in einer groſsen Zahl seiner Denkschriften ihn auf Mittel sinnen sieht, um die wirtschaftliche Kraft jener beiden Staaten zu brechen, denen sich Frankreich in offener Schlacht mit jedem Jahr weniger gewachsen zeigte. Auch in diesem Punkte sehen wir den Marschall wieder in einer oft überraschenden Über-

[1] a. a. O. S. 72: Auch Say hat sich in der Einleitung zu der citierten Schrift jenem irrigen Urteil angeschlossen. Vergl. ebd. S. VIII.

[2] „Ainsi la France doit considérer les Anglais et les Hollandais comme ses véritables ennemis, qui non contents de la guerroyer ouvertement . . . . lui suscitent tous les autres ennemies, qu'ils peuvent par leur argent . . ." Oisiv. IV 159.

einstimmung mit Colbert, dessen politisches Denken ja für lange Jahre ganz von der ausgesprochenen Absicht beherrscht wurde, Hollands Volkswirtschaft und politische Macht zu ruinieren.

Das Memoire „Caprerie“ bezeugt von allen am schärfsten, wie Vauban auch in wirtschaftlichen Dingen den Standpunkt des Militärs einnimmt[1]. England — so etwa ist der Gedankengang der Schrift — ist die Seele des Widerstandes, dem Frankreich auf allen Seiten begegnet und dem es (1695!) zu unterliegen droht. Warum? — Weil Englands Geld die schon erlahmenden Kräfte der anderen Staaten noch immer wieder zu neuen Anstrengungen befähigt. Woher aber stammen jene unermefslichen Reichtümer? — Es sind die Geldsummen, die der Staat durch den Export seiner Manufakturen ins Land zieht. Er versorgt alle Welt mit Waren, erntet dafür „in aller Herren Länder“ das klingende Geld und ist damit freigiebig gegen alle, die mit ihm bereit sind zum Vernichtungskampfe gegen Ludwig. Die Engländer beherrschen die wirtschaftlichen Kräfte der Welt: „ils se sont rendus les maîtres et dispensateurs de l'argent le plus comptant de l'Europe, dont la meilleure partie et la plus considérable leur demeure bien sûrement entre les mains, ce qui fait toute leur abondance et fournit aux moyens de nous continuer la guerre. C'est en un mot de là que vient tout le mal que nous souffrons, et c'est ce mal qu'il faut combattre et contre lequel il faut employer toute la force et l'industrie possible[2]“ — jedoch — auf schlaue planvolle Art und Weise, fähig „de le pousser à bout“.

Nur Ein Mittel giebt es, jene unerschöpfliche Machtquelle des Feindes zu verstopfen — der gesamte englische Seehandel mufs vernichtet werden! Und da ihm die französische Marine (deren Mängel und schlechte Erfolge Vauban unablässig kritisiert) nichts anzuhaben vermag, so bleibt kein anderes Mittel übrig, als ein staatlich organisierter und vom Könige, als dem „premier armateur“ persönlich unterstützter Seeraub, der, von der Regierung mit allen erdenklichen „Privilegien“ ausgestattet, nicht verfehlen wird, dem Feinde die empfindlichsten Schläge zu versetzen. Der Zweck der Aktion werde unzweifelhaft erreicht werden „ . . . il est impossible qu'ils puissent éviter la ruine de leur commerce . . .“ (161).

Die ganze Haltung des mit ebensoviel Nüchternheit wie leidenschaftlicher Erregung geschriebenen Memoires beweist, dafs es Vauban mit diesem abenteuerlichen, aber grofsartig angelegten Plan völliger Ernst gewesen ist. Er geht sogar

[1] Oisiv. IV S. 160 ff.
[2] Oisiv. IV 160.

soweit, zu verlangen, der gesamte französische überseeische Handel solle während jenes Vernichtungskampfes verboten werden, um das Feld frei zu machen und dem Feinde jede Gelegenheit zu nehmen, sich in gleicher Weise zu rächen.

Denselben nationalen Egoismus offenbart das Memoire „Canal du Languedoc". Vauban hofft von dem Ausbau dieser Wasserstraſse zu einer Verbindung der beiden Meere nicht bloſs eine positive Beförderung des französischen Handels: daneben soll das groſse Werk vielmehr mit dazu helfen, den Handel der Feinde zu vernichten. Der Autor kalkuliert nämlich so[1]: Bisher müssen alle Schiffe, die den Handel der nördlichen und nordwestlichen Staaten mit der Levante vermitteln, den durch Stürme und Korsaren gefährdeten und weiten Umweg um Gibraltar nehmen. Sowohl Frankreich, wie England und Holland erleiden dabei gleiche Verluste. Welche Wendung lieſse sich aber in den Machtverhältnissen herbeiführen, wenn es gelänge, Frankreich die Vorteile dieses Handels ohne seine Nachteile zu verschaffen, und den Feinden doch den Weg zu jenen Vorteilen zu versperren?! Der Kanal wird es möglich machen. Während Englands und Hollands Fahrzeuge auch fernerhin die Gefahren und die groſse Entfernung des alten Weges werden in Kauf nehmen müssen, wird Frankreich alle Vorteile für sich allein genieſsen, die ihm aus der kürzeren und sicheren Verbindungsstraſse erwachsen müssen. Denn so sagt Vauban am Schluſs[2] seiner Schrift von dem Kanal: „je ne tiens pas que l'usage en doive être permis aux étrangers pour quelque cause et occassion que ce soit, son utilité toute entière devant être pour les Français".

Aber Vaubans Absichten gingen noch weiter. Wie in dem Memoire „Navigation des rivières" später noch ausführlicher dargestellt ist, wollte er in dem Canal du Languedoc nur die Basis sehen, auf der sich ein ganzes System von Wasserstraſsen aufbauen sollte: Garonne, Rhone, Saône, Loire, Seine und Rhein dachte er sich so miteinander verbunden, wodurch dann auch eine leichtere Verbindung zwischen den nördlichen und südlichen Küsten hergestellt wäre.

Auch diese Verbindung, obgleich nur für Fluſsschiffahrt gedacht, wollte Vauban für die Unterbindung des Handels der Seestaaten ausgenutzt wissen. Der Handel der Italiener und Spanier, so führt er aus[3], werde durch jenes Unternehmen nicht alteriert werden können, „mais il ne tiendrait qu'à nous, d'anéantir ou du moins fort diminuer celui que les Anglais, Hollandais et autres nations du nord y font, et il est évident que pour peu d'application

[1] Oisiv. I, S. 87.
[2] Oisiv. I, S. 101.
[3] Oisiv. I, S. 95.

qu'on voulût se donner sur cela, tout l'avantage qu'ils en retirent, passerait chez nous, parce que le transport des marchandises se ferait plus promptement, avec bien moins de frais et plus de sûreté".

Auch in der Denkschrift, welche der Reorganisation der nordamerikanischen Kolonien gewidmet ist, spricht sich die charakteristische „Handelseifersucht" gegen die beiden feindlichen Seestaaten aus. Einer der leitenden Gedanken dieser Abhandlung ist, dafs die junge Pflanzung über kurz oder lang von den Feinden annektiert, damit aber auch der Handel Frankreichs mit der Neuen Welt seiner Sicherheit beraubt werden könne, wenn eben keine Änderung des Systems stattfinde.

Die Holländer, deren Begabung für Handel und Kolonisation Vauban oft genug widerwillig Anerkennung zollt, haben schon in Ostindien eine mächtige Position „et il y a beaucoup d'apparence . . . . qu'ils s'y rendront les seuls maîtres du commerce dans la suite au préjudice de tous les autres peuples de l'Europe". Von gröfster Bedeutung sei ihre Kapkolonie: sie werden sich dieser Stellung bedienen „pour traverser le commerce des Indes à ceux qui ne seront pas de leurs amis" — werden aber, wie Vauban sarkastisch hinzufügt, den Kreis ihrer „Freunde" in dieser Beziehung auf ein Minimum beschränken! Die Engländer aber eifern jenen nach und haben schon viel kolonisatorisches Geschick bewiesen[1] — so hat also Frankreich allen Grund, vor zwei so gefährlichen Feinden, die nun auch in Nordamerika Fufs gefafst haben, auf der Hut zu sein, wenn es nicht seine Kolonien verlieren will. „Rien de plus nécessaire, parce que si le roi ne travaille par vigoreusement à l'accroissement de ces Colonies, à la première guerre qu'il aura avec les Anglais et Hollandais (qui s'y rendent de jour en jour plus puissants) nous les perdrons et pour lors nous n'y reviendrons jamais" — mit den Kolonien aber verliert auch der überseeische Handel seinen Stützpunkt und geht auf die Feinde über, und schliefslich wird dann auch die Marine in den allgemeinen Sturz mit hineingezogen: „manquant pour lors d'occupation, tombera d'elle-même et deviendra à rien," Gründe genug, um auch im Frieden die Handels- und Kolonialpolitik so zu leiten, dafs dadurch die feindlichen Nationen ihrer wirtschaftlichen Hülfsquellen möglichst beraubt werden[2].

Um den beiden Seemächten[3] besser gewachsen zu sein, rät er zu einem Bündnis mit Spanien, das ja kein gröfseres

---

[1] Ebd.

[2] Oisiv. IV, S. 31.

[3] vergl. über das Verhältnis zu England noch „Intérêt de la France" Rochas a. a. O., S. 333: „A l'égard de l'Angleterre les intérêts de la France sont de balancer l'autorité du roi et du parlement, de fomenter

Interesse haben könne, als seine indischen Kolonien vor den Angriffen jener Staaten zu schützen. Aber es sei allein nicht dazu imstande, müsse daher „faire alliance perpétuelle avec la France, très étroite, pour leur conservation . . . et pour l'y engager davantage, lui faire quelque avantage dans le commerce de ces pays étrangers[1]".

Es scheint für unseren Zweck nicht notwendig, die Zahl der Belege noch zu vermehren, aus denen hervorgeht, dafs der Marschall sowohl in den allgemeinen Grundgedanken, wie in einzelnen praktischen Forderungen von ganz denselben Voraussetzungen ausging, wie Colbert.

Vauban hat volkswirtschaftliche Fragen freilich zu sehr nebenbei, zu wenig ex professo behandelt, als dafs man ihn einen „merkantilistischen Nationalökonomen" nennen dürfte. Das würde nur eine falsche Vorstellung erwecken. Andererseits übersehe man aber auch nicht, dafs das, was wir jetzt „Merkantilismus" nennen, sich überhaupt weniger in allgemeinen Systemen als in spceiellen Gelegenheitschriften bekundet hat[2]: dafs gerade Frankreich, im Gegensatz zu Deutschland, nennenswerte merkantilistische Systematiker überhaupt nicht aufzuweisen hat. Den französischen Merkantilismus studiert man in den Verordnungen und Rundschreiben Colberts und den Berichten seiner Intendanten. Sehr treffend bemerkt nun Fournier de Flaix[3], der Marschall mache seine Vorschläge „comme un serviteur du roi" — als gehöre er zu der Gruppe von Intendanten, welche 1698 auf Befehl des Königs ihm Denkschriften über die Zustände in den Provinzen mit entsprechenden Vorschlägen für den Thronerben, den Herzog von Burgund, verfafsten. Was hier von der Dîme royale ausgesagt wird, gilt aber in noch höherem Mafse von den anderen Memorien, denen wir unsere Belegstellen entnahmen. Man

---

les jalousies entre les presbytériens et les épiscopaux, de protiger les Hollandais contre eux . . . . et de ruiner leur commerce par la course, quand on sera en guerre avec eux". — Über das Verhältnis zu Holland: ebd. S. 333—334.

[1] In der Schrift „Intérêt présent des Etats de la Chrétienté". (Rochas a. a. O. S. 330.) Diese Mahnung erging kurz vor Ausbruch des spanischen Erbfolgekrieges.

[2] Knies sagt von ihnen: „Die Schriften der Merkantilisten gehen von Einzelfragen des praktischen Lebens aus, behandeln abgesonderte Teile des nationalökonomischen Gebietes und lassen sich ausführlichen Motiven zu Entwürfen für Verwaltungsinstruktionen vergleichen." — Sie seien „ein Abdruck ihrer Zeit, in welcher die nationale Sonderung sich mit Schärfe geltend machte und der internationale Kriegszustand die Regel war". — (Polit. Ök. 260.) Das ist zugleich eine treffende Charakteristik der Memoiren Vaubans!

[3] a. a. O. S. 119.

könnte glauben, ein Beamter Colberts habe sie geschrieben, nicht aber der angebliche Vorläufer der Physiokraten. Das kann aber nur den überraschen, der nicht bedenkt, dafs Vauban ja zwanzig Jahre lang unter Colberts specieller Leitung gearbeitet, sich seiner ganz besonderen Gunst erfreut und von ihm die Anregung zu seinen bedeutendsten Leistungen empfangen hat[1].

Stets fand er in Colbert einen warmen Fürsprecher, einen thatkräftigen Gönner, wo es galt, den Widerstand zu überwinden, auf welchen der geniale Marschall bei seinen Vorgesetzten so oft stiefs, wenn er mit neuen militärischen und technischen Vorschlägen an sie herantrat, die den Männern der Routine unbequem waren.

Vauban mufste es erleben, dafs die Nachfolger Colberts in wichtigen Dingen von den bewährten Grundsätzen des grofsen Ministers abwichen; das eben wurde für ihn die Veranlassung, bei jeder sich darbietenden Gelegenheit, auch wo seine eigentlichen Amtspflichten es nicht erforderten, der Regierung Vorschläge zu machen, die darauf abzielten, dem verarmten und entvölkerten Lande wieder die Pflege angedeihen zu lassen, die es unter Colbert eine kurze Zeit lang genossen hatte.

[1] vergl. Michel, Histoire, Kap. 3 und 6; ferner Rousset, La jeunesse de Vauban; Revue des Deux Mondes, août 1864, S. 680 u. 684.

# Viertes Kapitel.

Die Memoiren, auf welche sich die Untersuchung des vorigen Kapitels stützte, liefsen Vauban als Anhänger des „Colbertismus“ erkennen.

Nur eine der Schriften des Autors wurde dabei mit Absicht unberücksichtigt gelassen — die Dîme royale. In ihr soll Vauban den Standpunkt, welchen er sonst so klar und unzweideutig vertritt, ebenso unverkennbar bekämpft, sich einer ganz neuen, entgegengesetzten Denkweise zugewandt und dadurch den Physiokraten den Weg geebnet haben. So die herrschende Meinung. Nimmt man sie an, so steht man vor einer psychologischen Unwahrscheinlichkeit. Will man sich aber bei dieser nicht beruhigen, so mufs man, ohne Vorurteil, die Dîme royale von neuem prüfen und ihren wirklichen Inhalt mit dem behaupteten Inhalt vergleichen.

Dieser Aufgabe widme ich das folgende Kapitel.

Die Vertreter jener herrschenden Ansicht berufen sich für deren Begründung, wie es ja nicht anders sein kann, nicht auf den eigentlichen Hauptinhalt der „Dîme royale“ — denn der gehört als Finanzkritik und Finanzreform in die Geschichte der Finanzwissenschaft, nicht aber in die der Nationalökonomie. Sie berufen sich vielmehr auf gewisse, angeblich vorhandene Äufserungen ökonomischen Inhalts, und vor allem auf den ganzen Gesamtcharakter der Schrift, ihren Grundton, wenn man damit das allen Einzelheiten zu Grunde liegende, aber nicht näher definierbare Element bezeichen darf.

Bei meiner Untersuchung habe ich daher ebenfalls nicht auf den Steuerplan, d. h. den eigentlichen Inhalt einzugehen, dessen Darstellung ich mir für den zweiten Teil der Schrift vorbehalte. Hier kann es mir nur darauf ankommen, die Aussagen der Litteraturhistoriker über die „volkswirtschaftlichen Ideen“ der Dîme royale auf ihre Richtigkeit zu prüfen.

Das Hauptargument aller dieser Autoren ist folgendes: Boisguillebert ist ein entschiedener Gegner des Merkantilismus und ein sehr beachtenswerter Vorläufer der liberalen Nationalökonomie. Vaubans Dîme royale stimmt aber in allen wesentlichen Punkten mit Boisguilleberts Schriften überein. Damit ist also auch die geschichtliche Stellung des ersteren gekennzeichnet.

Diese geistige Verwandtschaft zwischen Boisguillebert und Vauban wird von allen Kritikern als unbestritten angesehen: wie es scheint mehr auf Grund der Überlieferung als auf Grund wirklicher Vergleichung der beiderseitigen Schriften. Auch Dühring, der im übrigen die überlieferten Urteile sehr kritisch nachzuprüfen pflegt, hat in diesem Punkte keinen Zweifel geäufsert, sondern gerade er behauptet, es sei nicht nötig, auf Vaubans volkswirtschaftliche Äufserungen näher einzugehen, weil man dabei nur das schon über Boisguillebert Gesagte noch einmal sagen müfste. Für die Charakteristik des Marschalls genüge es, ihn als Anhänger Boisguilleberts zu bezeichnen, dem er sich in der Hauptsache anschliefse: in der kritischen Stellungnahme zum Merkantilismus.

Man hätte erwarten können, dafs Michel und Liesse auf Grund ihrer specielleren Untersuchungen zu dieser überlieferten Meinung Stellung nehmen würden. Aber da sie die älteren Aussagen über ihren Autor überhaupt als nicht vorhanden betrachten, so haben sie auch das bestehende Urteil über das Verhältnis Vaubans zu Boisguillebert keiner Kritik unterworfen. Es werden zwar einige Differenzen zwischen beiden hinsichtlich der Handelspolitik konstatiert, aber eine wirkliche Abwägung des Wahren und Falschen an der überkommenen Auffassung erfolgt nicht. Im Gegenteil bemerkt man immer das unklare Bestreben der Verfasser, verwandte Züge zwischen beiden Autoren aufzufinden, ohne dafs sie jedoch dafür hinreichende Quellennachweise erbrächten. So hat der Leser schliefslich den Eindruck, im grofsen und ganzen sei die ihm aus den älteren Darstellungen geläufige Ansicht von der Verwandtschaft Boisguilleberts und Vaubans die richtige.

Es wird sich aber zeigen, dafs von einer Übereinstimmung in den leitenden Gedanken beider Autoren gar keine Rede sein kann. Sie gehen von verschiedenen Grundanschauungen aus und verfolgen verschiedene Ziele. Ähnlich sind nur gewisse Einzelheiten ihres finanzpolitischen Programms, hingegen weichen sie gänzlich von einander ab, wo es sich um die Beurteilung volkswirtschaftlicher Erscheinungen und wirtschaftspolitischer Bestrebungen handelt.

Über die Stellung, welche Boisguillebert in der Geschichte der politischen Ökonomie anzuweisen ist, besteht jetzt kein Zweifel mehr. Je mehr seine Schriften studiert und mit denen Quesnays und der gesamten liberalen Schule verglichen wurden, desto gröfser erschien seine wissenschaftliche Bedeutung, desto mehr erkannte man in ihm einen sehr beachtenswerten Theoretiker und Mitbegründer der liberalen Nationalökonomie.

Besonders Felix Cadet hat m. E. überzeugend nachgewiesen, dafs zwischen Boisguillebert und Quesnay nicht nur eine überraschend grofse Verwandtschaft der wissenschaftlichen Anschauung thatsächlich besteht, sondern auch auf eine wirkliche Anregung zurückzuführen ist, die der Jüngere gerade in den entscheidenden Punkten seiner wirtschaftlichen (nicht politischen!) Theorie aus den Schriften des älteren empfangen hat. Quesnays Forschungen sind teilweise eine unmittelbare Fortsetzung derjenigen Boisguilleberts.

Gegenüber manchen Übertreibungen und einseitigen Deutungen der französischen Beurteiler (Daire, Horn, Cadet) haben deutsche Forscher darauf aufmerksam gemacht, Boisguillebert sei doch keineswegs ein so radikaler Freihändler wie Bastiat und J. B. Say, mit denen man ihn verglichen hatte: vielmehr stehe er auf einem ganz einseitigen agrarischen Standpunkte[1], und in manchen Stücken, wie in der Theorie vom Einkommen, vom Reichtum, in seiner Auffassung von der Bedeutung der Staatsgewalt für die Volkswirtschaft — habe er wiederum die Einseitigkeiten der Physiokraten vermieden und nähere sich bereits der neueren Auffassung[2].

Der erste Einwand ist berechtigt; der zweite scheint mir auf einem Mifsverständnis zu beruhen.

Es sei mir gestattet, den Eindruck wiederzugeben, den ich selbst aus Boisguilleberts Schriften empfangen habe. Ihr Verfasser ist in vier entscheidenden Punkten der direkte Vorläufer Quesnays und wie man ohne Übertreibung sagen kann, der Begründer der französischen Nationalökonomie.

Der Grundsatz, auf den sich alle merkantilistische Praxis berief, dafs der Reichtum eines Landes in barem Gelde bestehe, wird von Boisguillebert zum erstenmale wissenschaftlich, d. h. durch eine wenn auch einseitige, so doch geschickte Analyse des Geldbegriffes widerlegt; die Natur des Geldes als Tauschmittels wird klargestellt, und von der Natur des Reichtums scharf geschieden.

Zweitens ist der einseitig agrarische Parteistandpunkt, der die einen der beiden Hauptquellen der physiokratischen Bewegung bildet, von Boisguillebert zum erstenmale im bewufsten Gegensatze zu der gewerbefreundlichen Praxis Colberts

---

[1] So die Meinung von Cohn a. a. O. S. 380; Dühring a. a. O. S. 74; Skarzynski a. a. O. S. 129; Lexis im Artikel „Physiokratie“ im „Handwörterbuch etc.“ V S. 152; Oncken a. a. O. S. 46.

[2] Diese Ansicht vertreten Cohn a. a. O. S. 402; Skarzynski a. a. O. S. 45—46 und S. 50 ff.

und seiner Nachfolger geltend gemacht, und ebenfalls theoretisch begründet worden. Die bezüglichen Untersuchungen gipfeln in der Forderung der freien Getreideausfuhr als des einzigen Mittels, um der Landwirtschaft dauernd zu helfen.

Aus der Kritik der merkantilistischen Reichtumsdoktrin und aus der Vertretung der landwirtschaftlichen Interessen erwuchs bei den Physiokraten eine positive Theorie vom Wesen des Reichtums und den Gesetzen des Verkehrs. Auch in diesem dritten Punkte hat bereits Boisguillebert die ersten Schritte gethan. Er fragt nach dem wahren Wesen des Reichtums und sucht die Erscheinungen des Wirtschaftslebens aus Ursachen zu erklären. Aber seine Stärke liegt mehr in der Kritik, und seiner geistreichen Geldtheorie steht keine ebenbürtige Theorie vom „Reichtum“ und seiner Erschaffung gegenüber.

Die zweite Hauptquelle der physiokratischen Bewegung ist die streng individualistische Beurteilung der gesellschaftlichen Zustände und des Verhältnisses zwischen Staat und Individuum, wie sie sich in der Forderung der freien Konkurrenz am sichtbarsten offenbart hat. Das ist das vierte Element, welches Boisguillebert mit den Physiokraten verbindet. Er glaubt an eine „natürliche“, von einer gütigen Vorsehung geschaffene Ordnung des gesellschaftlichen und wirtschaftlichen Lebens, der durch die Eingriffe des Staates Gewalt angethan, und die sich erst offenbaren wird, wenn „die Freiheit zu kaufen und zu verkaufen“ allen Individuen gesichert, und „le seul désir de profit“ die treibende Kraft des wirtschaftlichen Verkehrs geworden ist.

Aber wenn auch Quesnay in vielen Stücken hinsichtlich des sachlichen Inhaltes seiner Schriften nur die Leistungen von Vorgängern und Zeitgenossen verwertet hat, so bleibt ihm doch das ganz besondere Verdienst, mit Hülfe seiner philosophischen Schulung zum erstenmale ein System geschaffen zu haben, indem gewisse Grundgedanken streng logisch bis in ihre letzten Konsequenzen verfolgt werden. In dieser formalen Leistung liegt seine Originalität. (Lexis.) Hierin konnte er auch von Boisguillebert nichts lernen, der nichts weniger als ein Systematiker und Philosoph war. Man hat den Eindruck, als ob dieser Mangel an philosophischem Wissen und philosophischer Methode zu einem grofsen Teile der Grund sei, weshalb Boisguillebert bei allen seinen geistreichen Einfällen und trotz aller Schärfe in der Kritik, dennoch zu keiner Gesamtanschauung von der Volkswirtschaft gelangt. Seine Theorie vom Reichtum ist ein Beweis dafür: er schwankt beständig zwischen der modernen Vorstellung, dafs der Reichtum Verfügungsmacht sei, und einer andren, seinem agrarischen Standpunkt entsprechenden, die in der naturalen Stoffmasse der landwirtschaftlichen Erträge den Reichtum erblickt. Und zwischen diesen beiden Extremen finden wir dann noch eine Reihe andrer Vorstellungen, die alle mit demselben Begriff verbunden werden; die Definitionen lösen sich je nach dem Zusammenhang ab und widersprechen sich fortwährend. Man kann daher nur sagen dafs Boisguillebert den Reichtum als etwas darzustellen sucht, dessen Existenz mit der Landwirtschaft steht und fällt.

Die Einseitigkeit der Physiokraten hat Boisguillebert nur deshalb nicht erreicht, weil er nicht so konsequent dachte wie sie: seine Voraussetzungen sind dieselben! Was auf den ersten Blick als tiefere Einsicht erscheint, ist nur Inkonsequenz. So verhält es sich auch mit seiner Lehre vom Einkommen und von der Konsumtion, in der seine Erklärer ebenfalls eine Überwindung der physiokratischen Ansicht sehen wollen. Aber in Wirklichkeit hat der Satz[1] „consommation et revenu est une seule et même chose“, wie der Zusammenhang ergiebt, einen andren Sinn. Unter „Konsumtion“ versteht Boisguillebert stets den Absatz landwirtschaftlicher Produkte, und revenu bedeutet Einkommen des Königs, also Staatseinkommen. Er will nachweisen, dafs der Staat ein Interesse daran habe, der Landwirtschaft einen reichlichen Absatz (durch freie Ausfuhr!) zu verschaffen, und er führt diesen Nachweis, indem er einfach behauptet: das Einkommen der Landwirte ist identisch mit dem Volkseinkommen, von dem das Staatseinkommen nur ein Teil ist. Ob jenes Einkommen der Landwirte nun aber die Geldrenten oder die Ernteerträge bedeuten soll, ist nirgends klar zu ersehen. Wie man sieht, ist von hier nur noch ein Schritt zur Lehre vom „produit net“! Jener berührte Satz bezeichnet also nicht einen höheren Standpunkt. So wie hier, befindet sich Boisguillebert überall auf dem Wege zu Quesnay, aber er erreicht ihn nicht.

Damit ist in Kürze der Standpunkt und der Ideenkreis desjenigen Autors bezeichnet, dem Vauban nach der allgemeinen Ansicht so besonders nahe gestanden haben soll, und den man daher kennen mufs, wenn man über die geschichtliche Stellung Vaubans ein Urteil gewinnen will.

Die Mehrzahl der hier in Betracht kommenden Litteraturhistoriker hat sich jedoch mit diesem allgemeinen Hinweis auf die Verwandtschaft mit Boisguillebert nicht begnügt, sondern einzelne angebliche Ideen des Marschalls besonders hervorgehoben, als solche, welche jene Verwandtschaft und überhaupt den wissenschaftlichen Standpunkt des Autors näher kennzeichnen sollten. Bei Daire[2], Kautz[3] und Ingram[4]

---

[1] Daire a. a. O. S. 183.
[2] a. a. O. S. 25.
[3] a. a. O. S. 327—28.
[4] a. a. O. S. 79.

findet sich fast übereinstimmend folgendes kurze Résumé der volkswirtschaftlichen Ideen Vaubans: Die Arbeit ist die Grundlage des Reichtums; die eigentlich Reichtum schaffende Arbeit ist aber die Urproduktion, die Landwirtschaft. Der Produktion des Reichtums hinderlich ist der Luxus: noch mehr aber jede Beschränkung des wirtschaftlichen Verkehrs, weshalb die allgemeine wirtschaftliche Freiheit als die Voraussetzung aller Produktion anzusehen ist. Um den Reichtum zu vermehren, empfiehlt es sich, die unproduktiven Klassen nicht zu sehr anwachsen zu lassen.

Dühring[1] und Espinas[2] haben sich diesem Urteil insofern angeschlossen, als sie auf die antimerkantilistische Theorie Vaubans von der wahren Natur des Reichtums besonderes Gewicht legen. Diesen Punkt, sowie auch die „freiheitlichen" Tendenzen Vaubans hat auch Cohn hervorgehoben[3].

Der Leser, der sich nach diesen Angaben der Litteraturgeschichte ein Bild von dem volkswirtschaftlichen Inhalt der „Dîme royale" machen will, ohne diese Schrift selbst zu kennen, wird sagen: Die hier aufgeführten Gedanken sind allerdings diejenigen Boisguilleberts; ja sie sind sogar die leitenden Ideen der nun folgenden ganzen liberalen Nationalökonomie vor und nach Ad. Smith; es ist daher vollkommen gerechtfertigt, Vauban gemeinsam mit Boisguillebert unter die Vorläufer dieser Richtung zu zählen.

---

[1] a. a. O. S. 85.
[2] a. a. O. S. 164.
[3] a. a. O. S. 363.

# Fünftes Kapitel.

Gegenüber jenen Aussagen der Litteraturhistoriker führt nun eine genaue Untersuchung des wirklichen Inhaltes der „Dîme royale“ zu folgendem Resultat.

Die von Daire, Kautz und Ingram als Äuſserungen Vaubans hingestellten Sätze hat dieser selbst weder in jener noch in einer ähnlichen Form irgendwo ausgesprochen.

Sollen also trotzdem die Behauptungen jener Verfasser noch Wert behalten, so wäre das nur möglich, wenn sich nachweisen lieſse, daſs in den angeführten Sätzen wenigstens die Quintessenz des volkswirtschaftlichen Gehaltes der Dîme royale in schärferer Fassung, als es von Vauban selbst geschehen ist, aber doch inhaltlich richtig ausgedrückt ist.

Dieser Nachweis läſst sich jedoch nicht führen. Wenn man den Inhalt der Dîme royale oder auch nur ihre speciell nationalökonomischen Bestandteile, soweit solche überhaupt vorhanden sind, in ähnlicher Weise kurz zusammenfassen wollte, würde das Resultat von jener Quintessenz völlig abweichen.

Drittens ist den bezeichneten Verfassern entgegenzuhalten, daſs die in dem Résumé enthaltenen Ideen auf gewissen Voraussetzungen beruhen, welche für Vauban nicht zutreffen, und daſs dieser daher auch jene Ideen garnicht hegen konnte. Die angeblich von Vauban herrührenden Thesen sind nämlich, wie man bemerken wird, sämtlich Antworten auf Fragen, die alle ein und demselben Grundproblem entstammen. Es ist dies das Problem, welches seit Boisguillebert den eigentlichen Inhalt aller antimerkantilistischen Schriften bildet: Die Frage nach der Natur und den Ursachen des Volkswohlstandes.

Dieses doppelte Problem ist, wie gesagt, erst das Ergebnis der Auflehnung gegen die herrschende Wirtschaftspolitik.

Ohne nach der „Natur“ des Reichtums zu fragen, hielt sich die merkantilistische Praxis einfach an die Thatsache, daſs der Staat zu seiner Machtentfaltung groſser Barvorräte bedurfte, und daſs der Export von eigenen Fabrikaten ein sehr geeignetes Mittel schien, jene zu beschaffen. Die Beförderung der Exportindustrie und des auswärtigen Handels galt daher als das Ziel der Wirtschaftspolitik, in dessen Verfolgung man auf die übrigen Erwerbszweige, so vor allem auf die Landwirtschaft eben nur soweit Rücksicht nehmen zu können glaubte, als es mit ihrer Unterordnung unter den höheren Zweck verträglich sei.

Gegen diese Unterordnung erhob sich aus den Reihen der landwirtschaftlichen Produzenten die Opposition. Sie bekämpfte die Praxis des Merkantilismus, indem sie die theoretische Überzeugung unterminierte, von der die Praxis gegetragen wurde; und sie vollzog diese Minierarbeit, indem sie das scheinbar Selbstverständliche für eine bisher unbekannte Gröſse, für ein Problem erklärte. Wenn es nicht einmal feststand, was der Reichtum, was die Volkswirtschaft sei, wie konnte dann noch eine Verwaltung glauben, die Volkswirtschaft meistern und den Reichtum gewinnen zu können? Die kritische Opposition erhob also die Frage nach der wahren Natur des Reichtums, und sie fand, was sie finden wollte, daſs nämlich grade das, was die feindliche Praxis als Reichtum zu gewinnen suchte, in Wahrheit garnicht Reichtum sei. Das bare Geld, das der Handel als Entgelt für die ausgeführten Waren ins Land bringt, ist selbst ohne Wert, und daher kein Reichtum: es ist nur Tauschmittel. Der Reichtum kann überhaupt nicht durch Austausch erworben werden, sondern nur durch Produktion: Die Urproduktion kann allein neue Werte, Reichtum schaffen, alle andre Arbeit kann nur vorhandene Werte „addieren“.

Damit war auch die Frage nach dem Ursprung des Reichtums gestellt und beantwortet. Er entstammt der Thätigkeit derer, welche im herrschenden System nicht zur Geltung kommen, der Landwirte. Sie allein sind produktiv. Und grade die Klassen sind unproduktiv, welche die verblendete Praxis für die Schöpfer des Reichtums ansieht, die Gewerbtreibenden und Kaufleute.

So vollzieht die neue Lehre eine völlige Umdrehung der wirtschaftlichen Wertschätzung. Nicht mehr die Vermehrung des Geldvorrats, sondern die Entfesselung der „Produktion“ ist jetzt das Ziel. Da der Reichtum das Resultat der landwirtschaftlichen Produktion ist, so kann eine vernünftige Verwaltung nur in der Beförderung der Landwirtschaft ihre Aufgabe sehen; und sie wird diese Aufgabe dann am besten erfüllen, wenn sie die Volkswirtschaft sich selbst überläſst.

In den oben angeführten angeblichen Sätzen Vaubans

kommt nun diese neue Lehre, wenn auch nicht ganz klar, zum Ausdruck. Die alte Vorstellung vom Reichtum wird verworfen, eine neue an ihre Stelle gesetzt und es werden die Ursachen des Reichtums und die Bedingungen seines Wachstums genannt. Aber das sind, wie gesagt, alles erst die Antworten auf die Fragen derjenigen, welche die herrschende Wirtschaftspolitik und deren Grundvorstellung bekämpften.

Nun haben uns aber die Memoiren des Marschalls Vauban erkennen lassen, dafs er keineswegs in einem feindlichen Verhältnis zu jenem System stand, dafs er seine Grundvorstellungen teilte und seine Praxis billigte. Und der Inhalt der Dîme royale, welche wirtschaftspolitische Fragen garnicht behandelt, steht damit nicht im Widerspruch, sondern dient sogar, wie man sehen wird, noch zur Bekräftigung jenes Urteils.

Von seinem Standpunkte aus hatte also Vauban durchaus keine Veranlassung, die Probleme des Reichtums und der Produktion zu erörtern. Sie waren für ihn noch nicht da. Daher schweben jene angeblich von ihm herrührenden Thesen völlig in der Luft: sie sind von dem Autor nicht ausgesprochen, sind auch nicht die Quintessenz seiner Schrift und finden endlich in seinem praktischen Standpunkte keine Erklärung. Sie lassen sich daher nur aus falschen Deutungen gewisser Stellen der Dîme royale erklären, und ich werde im folgenden versuchen, die Quellen dieser Mifsverständnisse aufzudecken.

Dafs Vauban die merkantilistische Reichtumsvorstellung verworfen habe, setzen Daire, Kautz und Ingram einfach als selbstverständlich voraus, ohne es besonders zu bemerken. Es war dies auch selbstverständlich, sobald man die Verwandtschaft mit Boisguillebert als erwiesen annahm. Dühring und Espinas jedoch heben jenen Umstand noch ausdrücklich hervor und aus ihren Worten ersieht man, dafs sie sich für diese Ansicht auf eine einzelne Stelle der Dîme royale beziehen, in welcher Vauban anscheinend wirklich gegen den Merkantilismus Front macht und sich der neuen Lehre anschliefst. Um seiner Wichtigkeit willen gebe ich den betreffenden Passus hier in seinem ganzen Umfange wieder[1].

Dafs Frankreich das reichste Land der Welt ist, wird, angesichts der Thatsachen jeder leugnen. Dennoch ist es so, sobald man sich darüber klar ist „que ce n'est pas la grande quantité d'or et d'argent qui font les grandes et véritables richesses d'un Etat“. Denn es giebt grofse Reiche, wie Peru und Indien, welche im Überflufs an Gold, Silber und Edelsteinen doch nicht glücklich sind, sondern Mangel leiden. „La vraie richesse d'un royaume consiste dans l'abon-

[1] Dîme r. S. 20 und 21.

dance des denrées, dont l'usage est si nécessaire au soutien de la vie des hommes, qui ne sauraient s'en passer.

Wenn man diese Stelle isoliert betrachtet, scheint sie allerdings das zu bedeuten, was die erwähnten Beurteiler aus ihr herausgelesen haben: eine klare und präcise Definition des Reichtums, mit welcher der Autor von vornherein seinen Standpunkt gegenüber der alten Anschauung bekunden wollte. Aber im Zusammenhange mit den darauf folgenden Ausführungen erhalten jene Sätze doch ein etwas andres Aussehen. Vauban fährt nämlich so fort[1]: Frankreich besitzt nun jene „abondance" in solchem Maſse, daſs es damit einen höchst gewinnreichen Ausfuhrhandel treiben kann. Seine Nachbarstaaten sind auf die Einfuhr von französischem Wein, Getreide, Salz u. s. w. angewiesen und kaufen sie „en échange de leur or et de leur argent": nur zur bequemeren Abwickelung der Geschäfte und für die Befriedigung gewisser Luxusbedürfnisse bezieht Frankreich anstatt baren Geldes auch Waren vom Auslande, „hors cela elle pourrait très bien s'en passer."

Nach diesen Worten scheint es, als bestehe der Wert jener „abondance des denrées" eigentlich nicht in seiner eigenen Stoffmenge, sondern in dem Gegenwert, der dafür im auswärtigen Handel bezogen wird, insoweit als derselbe in barem Gelde eingeht. Man könnte höchstens sagen, Vauban lege im Gegensatz zu den Merkantilisten, das Gewicht mehr auf die Ausfuhr der Bodenprodukte als der Fabrikate, sehe aber mit ihnen doch in dem Barüberschuſs das Wesentliche.

Aber schon der nächste Absatz macht auch diese Annahme hinfällig. Der Autor fährt fort: Auſser den „denrées", den Produkten der Landwirtschaft, exportiert Frankreich aber auch noch eine Unmenge von Stoffen und Modewaren, die in seinen Fabriken besser als an irgend einem andren Orte der Welt verfertigt werden, „ce qui lui attire et peut attirer des richesses immenses, qui surpassent celles que les Indes pourraient lui fournir, si elle en était maîtresse".

Wie man sieht, befinden wir uns hier ganz und gar in dem Gedankenkreise des Merkantilismus. Frankreich kann Indiens entbehren, weil es durch die Ausfuhr seiner Fabrikate mehr „Reichtümer" erwirbt, als ihm die Ausbeutung der indischen Schätze gewähren könnte. Daſs der Marschall dabei nur an die edlen Metalle denken kann, braucht kaum gesagt zu werden.

Was ist nun der wahre Reichtum? Kann angesichts dieser weiteren Ausführungen Vaubans seine erste Bemerkung über das Wesen des Reichtums noch als eine Definition angesehen werden, in der er mit Bewuſstsein das Resultat seines

---

[1] Dîme r. S. 22.

Nachdenkens niederlegt und zum Merkantilismus Stellung genommen hätte? — Eher wird man vermuten, dafs Vauban mit jenen Worten garnicht eine solche Definition habe geben wollen und dafs ihr Sinn ein ganz anderer sei, als die Erklärer glaubten. Wenn der Autor sagt, Frankreich sei deshalb doch ein reiches Land, obwohl es nicht Gold- und Silberlager besitze wie Peru und Indien, — so ist das noch keine Ablehnung des Merkantilismus. Die positive Behauptung aber „der wahre Reichtum eines Staates besteht in den notwendigen Lebensmitteln“ ist nach meiner Überzeugung nicht der Ausdruck einer neuen, der physiokratischen anklingenden volkswirtschaftlichen Anschauung, sondern findet ihre Erklärung in dem bevölkerungspolitischen Standpunkt des Marschalls. Er sah (wie ich im zweiten Teil noch näher nachweisen werde) in der Bevölkerungszahl den Mafsstab staatlicher Macht und mufste demnach in der Masse der Subsistenzmittel den „wahren Reichtum“ erblicken. Diese Vorstellung ist jedoch keineswegs verwandt mit der Boisguilleberts oder der Physiokraten; denn diese gelangten zu ihrer positiven These erst durch die Negation der merkantilistischen Gleichsetzung von Geld und Reichtum, und das notwendige Korrelat ihrer Reichtumstheorie war eine Analyse des Geldbegriffes.

Beides vermissen wir bei Vauban. Von dem Gedanken an die Wichtigkeit der Lebensmittel für die Bevölkerung geleitet leugnet er nur, dafs die tropischen goldreichen Staaten „qui manquent de pain“ im Besitz des Reichtums seien, aber, ohne sich m. E. dazu in Widerspruch zu setzen, sieht er dann den „Reichtum“ Frankreichs doch in den Geldsummen, die den Erlös des Exporthandels ausmachen. Und obwohl er nach seinem eigenen Geständnis[1] Boisguilleberts „Detail de la France“ gelesen und daher vermutlich auch die schon hier entwickelte epochemachende Geldtheorie[2] jenes Autors kennen gelernt hatte, sieht er sich doch weder an der hier behandelten Stelle, noch sonst irgendwo in seinen Schriften, auch wo die Veranlassung dazu nahe genug liegt, dazu veranlafst, sich über diesen Punkt, der für die Stellung gegenüber der merkantilistischen Grundansicht entscheidend war, auszusprechen. Das würde aber nicht der Fall sein, wenn er überhaupt für die Probleme des Geldes und des Reichtums schon aufnahmefähig gewesen wäre.

Aber nehmen wir einmal an, die bewufste Stelle enthalte wirklich die antimerkantilistische Auffassung, — so ist es noch immer sehr gewagt, daraufhin zu behaupten, in der „Dîme royal“ vertrete Vauban bereits den Standpunkt der Opposition — während er doch in den übrigen Denkschriften auf der

---

[1] Dîme r. S. 3.
[2] Daire a. a. O. S. 197—198.

andren Seite steht! Denn jene Stelle ist die einzige in ihrer Art; nirgendwo sonst hat der Autor eine Definition des Reichtums im Sinne der neuen Lehre aufgestellt, oder die alte Vorstellung abgelehnt.

Dazu kommt aber noch, dafs diese Stelle, zwar in ihrer Art allein dastehend, dennoch nicht die einzige der Dîme royale ist, aus welcher auf die volkswirtschaftliche Grundanschauung dieser Schrift geschlossen werden kann. Es steht ihr eine andre gegenüber, welche hinreichend beweist, dafs der Autor, als er sein Hauptwerk schrieb, noch an den Überzeugungen festhielt, die er in früheren Denkschriften bekundet hatte.

Der Leser erinnert sich des Exkurses „Du commerce en général" in dem „Mémoire sur le canal du Languedoc" vom Jahre 1691, dessen ich schon im dritten Kapitel Erwähnung that[1]. Daselbst hatte Vauban die Lehre von der Handelsbilanz in einer Weise entwickelt, die an seinem merkantilistischen Standpunkt keinen Zweifel mehr aufkommen liefs.

In etwas kürzerer Fassung, aber inhaltlich unverändert, hat nun Vauban jene Gedanken in der „Dîme royale" wiederholt. Er beginnt seine Erörterungen über die Besteuerung des „commerce" mit der Bemerkung[2], man solle den Handel nur mäfsig belasten und die Besteuerung von dem Gesichtspunkte aus regeln „ . . . pour favoriser celui qui nous est utile, et exclure l'inutile qui ne cause que de la perte.

Le premier est désirable entout et partout, dedans et dehors le royaume; et l'autre est ruineux et dommageable partout où il s'exerce.

Il faut donc exciter l'un par la protection qu'on lui donnera, l'accroître et l'augmenter, et interdire l'autre, autant que la bonne correspondance avec les voisins le pourra permettre." Dafs das Kriterium für „nützlich" und „schädlich" hier kein andres ist, als in dem älteren Memoire, versteht sich von selbst!

Wie diese Worte ganz dem Gedankenkreise des Merkantilismus entstammen, so ist auch der daran angeknüpfte Vorschlag durchaus im Geiste Colberts gehalten. Vauban fordert nämlich, dafs nicht blofs die Besteuerung sondern überhaupt alle Angelegenheiten des Handels einem neuzubildenden „Handelsrat" anzuvertrauen seien, einem Kollegium von Staatsbeamten „qui auraient leurs correspondances établies dans les provinces et grandes villes du royaume, avec les principaux négociants . . . même dans les pays étrangers . . . pour veiller et entrer en rennaissance de ce qui serait bon ou mauvais au Commerce,.

[1] Siehe oben S. 21.
[2] Dîme royale S. 70.

afin d'en rendre compte au roi, et proposer ensuite à Sa Majesté ce qui pourrait le maintenir et l'améliorer."

Vauban verweist auf die guten Erfahrungen, welche England und Holland mit einer solchen staatlichen Beaufsichtigung und Leitung des Handels gemacht hätten.

Wie hätte ein Gegner des Merkantilismus solche Grundsätze aufstellen, solche Vorschläge machen können?

Ganz mit Recht bemerkt daher Aug. Oncken mit Bezug auf diese Stelle[1]: „Auf Grund dieser Anschauungen, welche an vielen Stellen des Buches durchbrechen, würde sich ein ganzes merkantilistisches Lehrgebäude aufbauen lassen".

Und dieselbe Schrift soll nun nach der Ansicht der älteren Erklärer um jener angeblichen Definition des Reichtums willen dennoch einen Bruch mit dem Merkantilismus bedeuten?

Man wird m. E. den Äufserungen über den „Commerce" mehr Beweiskraft zuerkennen müssen, als jener gänzlich isoliert dastehenden Definition des Reichtums, von der es dazu noch höchst zweifelhaft ist, ob sie überhaupt als eine solche angesehen werden darf, und die zu ihrer nächsten Umgebung im Widerspruch steht.

---

[1] a. a. O. S. 53.

# Sechstes Kapitel.

Ich wende mich nun der Prüfung der übrigen, oben wiedergegebenen Aussagen der Litteraturgeschichte zu.

Während sich die Annahme, Vauban habe in der Dîme royale eine neue Auffassung vom Wesen des Reichtums vertreten, wenigstens noch auf eine einzelne Stelle stützen konnte, welche sich allenfalls in diesem Sinne auslegen liefs, beruhen nun aber die folgenden Behauptungen der bezeichneten Schriftsteller völlig auf Mifsverständnissen.

Es handelt sich in ihnen allen, wie ich schon hervorhob, um die Theorie von der Produktion des Reichtums und ihren Bedingungen. Ich bemerkte auch schon, dafs Vauban selbst diese Theorie nicht aufgestellt, sich ihr auch nicht genähert habe, und dafs sie von seinem Standpunkte aus überhaupt eine Unmöglichkeit sei. Ohne daher hierauf bei der Kritik der einzelnen Angaben noch wieder zurückzukommen, werde ich im folgenden nur diejenigen Bestandteile der Dîme royale aufweisen, welche anscheinend die Veranlassung zu jenen Mifsverständnissen gegeben haben, also falsch gedeutet worden sind.

Die Meinung, Vauban habe die Arbeit als die Grundlage des Reichtums bezeichnet, scheint auf folgende Weise entstanden zu sein. Im zweiten Teile unserer Schrift wird noch ausführlich zu erörtern sein, von welcher ausschlaggebenden Bedeutung in Vaubans Reformplan und ganz besonders in der Dîme royale das Interesse für die unteren arbeitenden Volksklassen ist. Der Marschall verfafste seine Projekte, wie er selbst sagt, „en faveur du menu peuple“, und die Sorge um dessen Erhaltung steht bei ihm stets im Mittelpunkte der Betrachtung.

Dreierlei suchte er dabei vor allem zu zeigen: erstens, dafs die „basse partie du peuple“ von ihrer Arbeit leben müsse und dafs ihre Lebensbedingungen ganz andre seien, als die der besitzenden Klassen; zweitens, dafs die unteren Stände eben dadurch, dafs sie alle Arbeit leisteten, die Voraussetzung für die Existenz der oberen, und vor allem durch ihre „grofse Zahl“ der Hauptfaktor der königlichen Macht seien, und drittens, dafs die unteren Stände, eben weil sie vom dürftigen und ungleichmäfsigen Arbeitseinkommen abhingen, um so mehr von den Lasten des Krieges, dem Steuerdruck und der Hungersnot betroffen würden, dafs sie infolgedessen schon stark decimiert seien, und dafs ihr Ruin den Sturz des Staates nach sich ziehen werde, wenn ihnen nicht eine Reform rechtzeitig zu Hülfe komme.

Ich gebe im folgenden die wichtigsten Stellen wieder, in denen Vauban diese Gedanken ausgesprochen hat, und welche vermutlich die Quellen der unrichtigen Angabe gewesen sind.

In der Vorrede, S. 17, sagt Vauban: „C'est encore la partie basse du peuple, qui par son travail et son commerce et par ce qu'elle paye au roi, l'enrichit et tout son royaume; . . . c'est elle qui exerce et qui remplit tous les arts et metiers; c'est elle qui fait tout le commerce et les manufactures . . . qui fournit tous les laboureurs, vignerons et manoeuvriers de la campagne; qui garde et nourrit les bestiaux; qui sême les blés et les recueille; qui façonne les vignes et fait le vin; et pour achever de le dire . . ., c'est elle qui fait tous les gros et menus ouvrages de la campagne et des villes. Voilà en quoi consiste cette partie du peuple si utile et si méprisée, qui a tant souffert et qui souffre tant de l'heure que j'écris ceci.“

Und ähnlich an einer andren Stelle, S. 75: „Ce que je vais dire de tous ces manoeuvriers tant en général qu'en particulier, mérite une sérieuse attention; car bien que cette partie soit composée de ce qu'on appelle mal à propos la lie du peuple, elle est néanmoins très considérable, par le nombre et par les services qu'elle rend à l'Etat. Car c'est elle qui fait tous les gros ouvrages des villes et de la campagne, sans quoi ni eux ni les autres ne pourraient vivre . . . en un mot sans elle l'Etat ne pourrait subsister.“

Es sind dies, wie gesagt, die einzigen Stellen der Dîme royale (abgesehen von ähnlichen gleichen Inhaltes), welche die Veranlassung zu der kritisierten Behauptung haben geben können.

Was wir hier vor uns sehen, ist der mannigfach variierte Ausdruck einer politischen, einer socialpolitischen Idee. Was aber die Litteraturgeschichte daraus gemacht hat, ist etwas ganz andres, nämlich der Kernsatz des Smithschen Systems! Smith sieht in der „Arbeit“ einen, und zwar den wichtigsten Faktor in der Produktion des Reichtums; sein Satz ist eine Antwort auf die Frage nach der Natur und den Ursachen des Nationalreichtums — ein Problem, das Vauban noch nicht kannte. Für den Marschall handelt es sich nicht um die Lösung einer wissenschaftlichen Frage, es handelte sich für ihn auch nicht um die „Arbeit" — sondern um die praktische Frage, den Stand der „Arbeiter", die arbeitenden, besitzlosen, rechtlosen Klassen vor dem Untergang zu bewahren, dem sie anheimzufallen drohten.

So hat man also zwei Dinge für gleichbedeutend gehalten, die kaum mit einander vergleichbar sind.

Auf die soeben kritisierte Behauptung folgt in dem Resumé der litteraturgeschichtlichen Darstellung der sehr bemerkenswerte Zusatz: Besonders in der landwirtschaftlichen Arbeit, in der Urproduktion habe der Marschall die Quelle des Reichtums erblickt.

Jedem, der die Dîme royale auch nur flüchtig gelesen hat, mufs es aufgefallen sein, dafs Betrachtungen über die Gegenstände und Fragen der Landwirtschaft allerdings einen sehr breiten Raum darin einnehmen. Dieser Umstand erklärt sich aus drei Ursachen.

Vauban war als Seigneur von Bazoches das Oberhaupt eines Komplexes rein agrarischer Gemeinden, deren wirtschaftliche Lage er mit allen Mitteln zu heben suchte. Aus diesem Kreise stammen seine Beispiele, seine Bilder, seine Argumente. Im Hintergrund seiner Anschauung, ihm selbst oft unbewufst, steht immer das Dorf, der Bauer, das Feld und der Wald.

Die zweite Ursache jener Erscheinung erklärt sich einfach aus den Zeitverhältnissen. Bedenkt man, dafs die Mehrheit der Bevölkerung Frankreichs zu jener Zeit von der Landwirtschaft lebte; dafs einerseits die sociale Stellung des Adels und des Klerus — also der herrschenden Stände — ihre Basis im Grundbesitz hatte, dafs andrerseits ein sehr erheblicher Teil der „basse partie du peuple" aus abhängigen Bauern bestand, die also ebenfalls aus der „Urproduktion" ihre Nahrung zogen: so ist es selbstverständlich, dafs ein Autor, der sich so wie Vauban um die Hebung der unteren Klassen und um die stärkere Belastung der oberen bemühte, notwendig die ländlichen und landwirtschaftlichen Verhältnisse auf Schritt und Tritt berühren mufste.

Schliefslich, und das ist das Wichtigste, erklärt sich das bemerkte Interesse für die „Urproduktion" noch aus einem dritten Grunde, der bevölkerungspolitischen Tendenz Vaubans. Wie ich schon oben bei Besprechung der Definition des Reichtums bemerkte, wünschte er die Bevölkerungszahl möglichst vermehrt zu sehen und war deshalb eifrig auf Mittel bedacht, um die Existenzbedingungen für eine rasch anwachsende Menschenmenge zu schaffen. Es wird im zweiten Teil noch zu betrachten sein, in welcher Weise der Marschall zu diesem Zwecke auf die Nahrungsmittelproduktion, also die Landwirtschaft einzuwirken suchte.

Dieser Umstand, dafs die Landwirtschaft in der Dîme royale so sehr im Vordergrunde steht, mufs, verbunden vielleicht mit der Bezeichnung des Reichtums als „abondance des denrées“ (womit Vauban nicht „Waren“ schlechthin, sondern Bodenprodukte meint) — wohl die Veranlassung für jene Behauptung der Litterarhistoriker gegeben haben. Aber der Rückschlufs von der Betonung der Urproduktion, die bei Vauban in gleicher Weise bemerkbar ist, wie bei Boisguillebert und den Physiokraten, auf eine Übereinstimmung mit diesen in theoretischer Beziehung trifft nicht das Richtige.

Die Ursachen, aus welchen sich bei Vauban jene Erscheinung erklärt, und welche soeben angeführt wurden, sind andre als die, welche bei Boisguillebert und seinen Nachfolgern den Gesichtswinkel bestimmen, unter dem sie die Volkswirtschaft betrachten, die Wirtschaftspolitik beurteilen. Die Quelle der Theorie von der besondren oder alleinigen Produktivität des Bodens ist der Widerspruch des Standes der landwirtschaftlichen Produzenten gegen die Getreidehandelspolitik Colberts und seiner noch einseitigeren Nachfolger. Vauban aber vertritt nicht das Produzenteninteresse, schliefst sich auch nicht den Forderungen der Opposition an und hat nirgends eine Theorie formuliert, welche der Landwirtschaft eine hervorragende Rolle in der „Produktion des Reichtums“ anwiese. Die Dîme royale enthält sogar Beweise dafür, dafs ihr Autor im Punkte der Agrarpolitik grade den Standpunkt vertreten hat, welchen Boisguillebert bekämpfte.

Ich glaube auf diese Frage etwas näher eingehen zu müssen, nicht nur, weil von ihrer Beantwortung zu einem grofsen Teile das Urteil über das Verhältnis Vaubans zu Boisguillebert abhängig ist, sondern auch deshalb, weil wir hier der Auffassung eines neueren Forschers begegnen, der die Verwandtschaft zwischen jenen beiden Autoren grade durch ihre angebliche Übereinstimmung im Punkte der Agrarpolitik als erwiesen ansieht, und der diese seine Ansicht immerhin gründlicher zu beweisen gesucht hat als es von andrer Seite bisher geschehen ist.

In seiner Schrift[1] über „die französische Getreidehandelspolitik bis zum Jahre 1789 etc.“ unterscheidet Araskhaniantz eine zwiefache Opposition gegen jene Politik: eine vorwissenschaftliche, rein kritische, und eine positiv-wissenschaftliche. Boisguillebert, als der erste Autor, welcher — in seinem „Traîté des grains“[2] — das Problem des Getreidehandels theoretisch

---

[1] Schmollers Staats- und socialwissenschaftliche Forschungen, Band IV, 3. (Leipz. 1883). Kapitel 6, S. 134 ff.

[2] Der ganze Titel lautet: „Traîté de la nature, culture, commerce et intérêt des grains, tant par rapport au public, qu'à toutes les conditions d'un Etat.“ Daire a. a. O. S. 323 ff.

untersucht, ist der Führer der älteren, Quesnay der Führer der jüngeren Opposition.

Von Vauban behauptet nun Araskhaniantz, er habe sich in der Dîme royale als Anhänger Boisguilleberts bekannt: dementsprechend wird er der älteren Opposition zugezählt, und seine Bestrebungen werden als mit denen Boisguilleberts identisch angesehen.

In der einzigen Stelle, in welcher Vauban seines Zeitgenossen Erwähnung thut[1], sagt er nur, er sei, wie der Verfasser des „Détail de la France", zu dem Resultat gekommen, dafs die „taille", die „aides" und die „douanes provinciales" die Hauptursachen der allgemeinen Armut seien. Als einen Anhänger Boisguilleberts überhaupt und speciell in der Frage der Getreidehandelspolitik hat sich Vauban damit offenbar nicht bekannt.

Doch könnte der Marschall ja trotzdem dieselben Tendenzen verfolgt haben.

Der „Traité" Boisguilleberts ist eine Streitschrift, eine heftige Anklage des Landwirts gegen die Philanthropie derer, welche im Interesse der armen Konsumenten billiges Brotkorn verlangen und zu dem Zwecke den Preis des Getreides vom Staate reguliert sehen wollen. Ihnen und den andren Ständen gegenüber vertritt Boisguillebert das Interesse des Produzenten und versucht nachzuweisen, dafs zwischen beiden Teilen im Grunde eine Harmonie der Interessen bestehe, in der beide ihre Rechnung finden, sobald der Staat nur aufhört, die „Natur" zu meistern. Im Mittelpunkt der Untersuchung steht der Getreidepreis. Der erste Teil der Schrift behandelt den Gedanken, dafs der niedrige Getreidepreis allein die wahre Ursache der Teuerung sei, nur er die Not der Armen erzeuge. Es ergiebt sich das Resultat: Nur ein angemessen hoher und vor allen Dingen gleichmäfsiger Preis dient auf die Dauer sowohl den Interessen der Produzenten wie der Konsumenten.

Der zweite Teil des „Traité" giebt dann die Antwort auf die Frage, wie jener angemessene Preis zu erhalten sei? Sie lautet: Durch keinerlei staatliche Regelung, sondern nur auf dem einen Wege der Aufhebung aller Zölle und Verbote und der principiellen Gewährung völliger Freiheit der Getreideausfuhr!

Das ist der Standpunkt Boisguilleberts. Sehen wir nun zu, in welcher Weise Araskhaniantz die „Anhängerschaft" Vaubans und seine Zugehörigkeit zur Opposition zu beweisen sucht.

Er führt[2] zwei Stellen aus der „Dîme royale" an: erstens

[1] Dîme r. S. 3.
[2] a. a. O. S. 138.

aus der Vorrede die Worte „Il est constant que la grandeur des rois se mesure par le nombre de leur sujets“ [1] — und zweitens die schon oben mehrfach erwähnte Definition „La vraie richesse d'un royaume consiste dans l'abondance des denrées, dont l'usage est si nécessaire au soutien de la vie des hommes qui ne sauraient s'en passer.

Wenn es sich hier darum handelte, den bevölkerungspolitischen Standpunkt Vaubans klarzustellen, so hätten die Beweisstellen nicht besser gewählt werden können. Aber es handelt sich ja um die Zugehörigkeit zur agrarpolitischen Opposition gegen den Merkantilismus! Können dafür jene Stellen als Belege dienen? — Araskhaniantz nimmt dies an, denn er folgert aus ihnen: In Übereinstimmung mit der „herrschenden Meinung der Zeit“, welche in der Bevölkerung „die Basis alles Nationalreichtums“ erblickte, ist das „Ideal Vaubans eine möglichst grofse Bevölkerung, durch das Land selbst ernährt. Und dieser Faktor der Bevölkerung ist es zudem, der die ersten Ökonomisten mit den Physiokraten verbindet.“

Zunächst scheint es mir ein Widerspruch zu sein, wenn Araskhaniantz einerseits jenes Axiom von dem Werte der grofsen Bevölkerung als die herrschende Meinung der Zeit hinstellt, und andrerseits darin etwas erblickt, was der Opposition gegen diese herrschende Meinung besonders eigentümlich sei und was die älteren Ökonomisten mit den Physiokraten verbinde. Was beide thatsächlich verbindet, ist, wie ich oben bei der Besprechung Boisguilleberts darzulegen versuchte, (und was auch aus Araskhaniantz' übrigen Ausführungen hervorgeht!) die Abweisung des Merkantilismus und die Aufstellung einer neuen Theorie vom Wesen des Reichtums als des Resultates der landwirtschaftlichen Produktion — einer Theorie, welche ihnen als Basis dient zur Vertretung der Interessen der landwirtschaftlichen Produzenten. Der Faktor der Bevölkerung dagegen spielt bei Boisguillebert gar keine Rolle, und man pflegt auch allgemein, m. E. mit vollem Recht, die Betonung dieses Faktors, wie sie in den citierten Worten Vaubans zum Ausdruck kommt, grade für ein Symptom merkantilistischer Denkweise: d. h. eben doch der „herrschenden Meinung der Zeit“ anzusehen, nicht aber als ein Symptom der Richtung, welche der herrschenden entgegentrat!

Was aber den Passus vom Wesen des Reichtums betrifft, so ist darüber oben das nötige bereits bemerkt worden.

In den beiden von A. citierten Stellen ist nun aber die Frage, um die es sich hier handelt, garnicht berührt! Es handelt sich darum, ob Vauban sich dem Führer der älteren

[1] Dîme r. S. 18.

Opposition, Boisguillebert, im Punkte der Getreidehandelspolitik angeschlossen hat. Die Forderung der unbedingt freien Getreideausfuhr ist, auch nach der Ansicht A's, das, worauf es sowohl der älteren, wie der jüngeren Opposition ankam: sie ist der Hauptgedanke des „Traité" Boisguilleberts, und Quesnay erklärte „le principe de tous ces progrès est donc l'exportation des denrées du cru", und nannte die Lehre vom angemessenen Getreidepreise das „Alpha und Omega der ökonomischen Wissenschaft". Darüber aber enthalten jene Worte Vaubans keine Sylbe. Die Beweisführung A.'s scheint mir daher ihr Ziel nicht erreicht zu haben. Eine gewisse Sympathie für die Landwirtschaft, wie sie bei Vauban unverkennbar hervortritt, kann unmöglich für das Symptom einer antikolbertistischen Tendenz gelten. A. selbst hat sehr gut nachgewiesen, in wie hohem Maſse Colbert der Landwirtschaft sein Interesse zugewandt, wie er ihr sogar eine möglichst groſse Absatzfreiheit zugestanden hat, und daſs es daher falsch ist, ihn der Vernachlässigung dieses Produktionszweiges zu beschuldigen und das Hauptverdienst der Opposition in der gerechten Würdigung desselben zu sehen. In Wirklichkeit handelt es sich nicht um ein Für oder Wider die Landwirtschaft, sondern um die Frage, ob die Wirtschaftspolitik zur Erzielung einer günstigen Handelsbilanz die Industrie vorzugsweise befördern und die Urproduktion diesem Zwecke unterordnen — oder ob das Ziel jener Politik für falsch erklärt, sie selbst aufgegeben werden, und die Landwirtschaft, von allen Fesseln befreit, ihren eigenen Weg gehen sollte.

Eben dort nun, wo sich Vauban angeblich als Anhänger Boisguilleberts bekannt haben soll, scheint er mir angedeutet zu haben, daſs er grade in der entscheidenden Frage andrer Meinung sei [1]. Er sagt, Boisguillebert habe als Ursache der Misere richtig die Miſsbräuche angegeben, welche in der Erhebung der taille, aides und douanes provinciales vorkämen — und er fügt hinzu: B. würde gut gethan haben, auch noch die Anleihen, die „Capitation" und die Steuerfreiheiten als gleichbedeutsame Ursachen zu behandeln.

Warum nennt Vauban nicht auch die douanes extérieures, die Grenzzölle? — Wie die von Vauban hier citierte Schrift Boisguilleberts, das „Détail de la France" überhaupt in Anknüpfung an praktische Fragen alle die Probleme keimweise enthält, welche B. später in den theoretischen Schriften, dem „Traîté" und der „Dissertation sur la nature des richesses etc." behandelte, so ist auch das Thema des Getreidehandels bereits hier berührt. Aus naheliegenden Gründen geschieht es gelegentlich der Kritik der Grenzzölle, welche Boisguillebert

[1] Dîme r. S. 3.

gänzlich beseitigt wissen will, weil sie noch viel mehr Unheil anstifteten als die übrigen Abgaben. Und der Grund, weshalb er sie so scharf verurteilt, ist eben der, dafs sie die Fesselung des Getreidehandels bedeuten: sie haben verursacht „tous les désordres que souffre un Etat qui ne trouve plus le débit de ses marchandises“ [1].

Es konnte nun Vauban nicht entgangen sein, dafs Boisguillebert grade diese Zölle mit so besondrer Schärfe kritisiert hatte. Wenn er daher den Ansichten B.'s über die direkten und indirekten Steuern und über die Binnenzölle beipflichtet, dagegen seine Kritik der Grenzzölle überhaupt nicht erwähnt, und selbst in seinem eigenen Finanzprojekt dieselben auch beibehält: so mufs man annehmen, dafs er entweder in diesem Punkte bewufst von B. abwich — oder aber den eigentlichen Sinn der Kritik, welche B. den Grenzzöllen angedeihen läfst, garnicht durchschaute. Beides würde nicht der Fall sein, wenn er den agrarpolitischen Standpunkt B.'s geteilt hätte.

Die Opposition verurteilte principiell alle Mafsregeln, welche dazu dienen sollten, die Bevölkerung gegen eine Teuerung der Lebensmittel zu schützen. Zu diesen Mafsregeln gehörte, aufser den Ausfuhrverboten und -beschränkungen, vor allem die Aufspeicherung des Getreides während der billigen Jahre, um es in Zeiten schlechter Ernten und knappen Angebotes zu einem normalen Preise abgeben zu können. Boisguillebert sah darin einen unberechtigten und auch gänzlich zwecklosen Eingriff der Verwaltung in die natürliche Preisbildung. Wie die Natur [2] aus den Quellen und Bächen ganz von selbst an geeigneten Orten „Sammelbecken“ bilde, so schaffe sich auch ein freier, seinen natürlichen Gesetzen folgender Getreidehandel ganz ohne Zuthun übereifriger Staatsmänner seine „natürlichen Magazine“, sobald nur die Produzenten angemessene Preise erhielten, und keine höhere Autorität sich beifallen liefse, durch „magasins forcés“, die Natur regeln zu wollen! „On n'avait qu'à laisser agir la nature en ce qui concerne les blés, comme on fait à l'égard des fontaines!“

Den entgegengesetzten Standpunkt vertritt Vauban in der „Dîme royale“; er befürwortet im Interesse der armen Konsumenten die Errichtung von Getreidemagazinen. Da, wo er die Einwände gegen die Durchführbarkeit seiner projektierten Naturalsteuer zurückweist, kommt er auch auf die Speicher zu sprechen, in denen die Erträge jener Abgabe untergebracht werden sollten, und bemerkt dort [3]: „De plus

---

[1] Daire a. a. O. S. 192.
[2] „Traité“ Kap. 8; Daire a. a. O. S. 363.
[3] Dîme r. S. 168—169.

la Dîme royale aura encore cette utilité qu'elle produira par les suites quantité de petits magasins de blé dans les paroisses, lesquels, en soulageant les peuples dans les chères années, enrichiront ceux qui les auront faits." Um die Wirksamkeit dieses Mittels zu beweisen, erinnert er an die guten Erfahrungen, welche die Römer mit solchen Magazinen gemacht hätten: „ . . . ils se servaient heureusement de ces fruits, tant pour la subsistance de leurs armées, que pour la nourriture des peuples mêmes à qui ils faisaient distribuer le blé à un certain prix dans le temps de disette . . ."

Den Gedanken, durch Staatsintervention den Getreidepreis zu normieren, hat der Marschall auch in seiner Denkschrift über die Befestigung von Paris geäufsert. Es ist dort[1] die Rede davon, auf welche Weise am besten für die Verproviantierung der zukünftigen Festung gesorgt werden könne. In billigen Jahren, so schlägt der Autor vor, sollen in einem Umkreis von 40 Meilen um die Stadt herum Vorräte aufgekauft und in Magazinen verwahrt werden. „Ces précautions seraient d'autant plus utiles que dans les chères années le peuple, à qui l'on pourrait vendre de ces grains à un prix modique, s'en trouverait soulagé . . ."

Boisguillebert ist durchaus der Vertreter der Produzentenklasse; er sagt selbst im Traîté[2], er wolle nichts andres sein, als „l'organe des laboureurs et habitants des champs . . ." Und von diesem Standpunkt aus richtet er seine Angriffe gegen die „gens pitoyables", die „gens charitables", gegen „cette foule confuse de gens sans tête, sans cervelle, qui se filent le cordeau dont ils sont étranglés" — gegen die „hochgestellten Personen", die zwar ein mitleidiges Herz, aber keine Spur von Verständnis für die Gesetze der Produktion und des Handels hätten und sich von den Argumenten des „dummen Volkes" bethören liefsen!

Diese Angriffe könnten gegen Vauban gerichtet sein: er ist zwar nicht der „mitleidige aber einsichtslose" Mann, aber er ist der Anwalt der armen Konsumenten, der „Hefe des Volkes", des „menu peuple".

Der Marschall hat sich nirgends veranlafst gesehen, über die zu seiner Zeit herrschende, von Boisguillebert angegriffene Agrarpolitik ein Urteil zu sprechen: ein Umstand, der allein schon beweist, dafs man Vauban nicht zu den Anhängern der Opposition rechnen darf; ganz abgesehen davon dafs die eben citierten Stellen sogar deutlich erkennen lassen, dafs er selbst gegen die merkantilistische Teuerungspolitik nichts einzuwenden hatte, sie sogar befürwortete.

---

[1] Ois. I S. 53.
[2] Daire a. a O. S. 364.

Ich wende mich nun wieder der Kritik der von den oben bezeichneten Litterarhistorikern aufgestellten Behauptungen über den nationalökonomischen Ideengehalt der Dîme royale zu.

Den Luxus und die Zunahme der unproduktiven Klassen soll Vauban als Hemmungen der Produktion des Reichtums für schädlich erklärt haben.

Die einzige Stelle, wo der Autor auf den Luxus zu sprechen kommt, ist im Kapitel „Quatrième fonds“ [1], woselbst er sich über die „freiwilligen Steuern“, d. h. die Abgaben von entbehrlichen Genufsmitteln und die von ihm neu vorgeschlagenen direkten Luxussteuern auf Karossen, Möbeln, Perücken u. s. w. verbreitet. Sie werden, so sagt er, nur von denen gezahlt, „qui le veulent bien, et qui sont à proprement parler, la peine de leur luxe, de leur intempérance et de leur vanité“. Er ereifert sich gegen die Emporkömmlinge, welche sich kostbar kleiden, in Equipagen fahren und Degen tragen, „lesquels n'étant point de condition à avoir de tels équipages, mériteraient bien d'en acheter la permission un peu chèrement . . .“

Neben dem socialpolitischen Bestreben, die Wohlhabenden, Leistungsfähigen auf diese Weise schärfer zu den Staatslasten heranzuziehen, spricht aus diesen Worten einfach die Abneigung des bedürfnislosen, vornehmen, einfachen Soldaten gegen die Parvenus der haute finance, welche angesichts des grofsen Elends in den Schichten des arbeitenden Volkes mit ihrem „Raube“ prunken: eine Denkweise, der man in Vaubans Denkschriften und Briefen oft begegnet.

Eine volkswirtschaftliche Beurteilung des Luxus dagegen, eine Abwägung seiner Vorteile und Nachteile für die Produktion des Reichtums kann ich darin nicht erblicken und habe sie auch sonst nicht in den Schriften des Autors gefunden.

Es läfst sich nicht ersehen, welche Bestandteile der Dîme royale die Veranlassung zu der Äufserung von den „unproduktiven Klassen“ gegeben haben mögen. Die Scheidung der Gesellschaft in produktive und unproduktive Klassen war erst von dem Standpunkte Quesnays aus möglich, der das Problem der Produktion aufstellte und das Verhältnis zur Bodenproduktion zum Kriterium machte, nach welchem Institutionen und Stände abgeschätzt wurden. Diese Beurteilung der Bevölkerungsklassen vom rein ökonomischen Standpunkte aus ist aber Vauban noch ganz fremd. Er kennt nur eine andre, eine s o c i a l e Scheidung, nämlich die in Besitzende und Nichtbesitzende. Und diese letzteren hat er, wie schon be-

---

[1] Dîme r. S. 95 und 96.

merkt wurde, für die Grundlage des Staates erklärt, weil sie die grofse Masse bilden, die Reihen der Armee füllen, Steuern zahlen und arbeiten. Ihre Vermehrung hat er eifrig befürwortet. Aber nirgends hat er die Besitzenden für „unproduktiv“ erklärt oder sich gegen ihre „Vermehrung“ ausgesprochen. Die Bezeichnungen „Produktion“, „produktiv“ u. s. w. sind in seinem Wortschatze überhaupt noch nicht zu finden.

Was endlich die Behauptung angeht, der Autor der Dîme royale habe die allgemeine wirtschaftliche Freiheit als die Grundvoraussetzung der Produktion gefordert, so bedarf es nach dem bisher schon Gesagten eigentlich keiner Widerlegung mehr. In Vaubans Ideenkreise hatte eine solche Forderung gar keinen Sinn.

Soll damit etwa auf seine Wünsche hinsichtlich der Beseitigung der Provinzialzölle angespielt sein: so würde das nur eine Verkennung der geschichtlichen Bedeutung jenes Postulats verraten. Colbert hätte gern die Provinzialzölle beseitigt: die Einheit der nationalen Volkswirtschaft war eine Idee des Merkantilismus, deren Verwirklichung eben durch jene geschichtlich überkommenen inneren Zollschranken verhindert wurde. Das Postulat der „wirtschaftlichen Freiheit“ aber war das Kampfgeschrei der Gegner jenes Systems und bedeutete Emancipation der Volkswirtschaft vom Staate: Beseitigung aller Einmischung der Verwaltung in den Betrieb der Landwirtschaft, des Handels und der Industrie.

Dafs Vauban nicht für den freien Getreidehandel eintrat, sahen wir soeben; an eine Befreiung der Landwirtschaft von den feudalen und kirchlichen Lasten u. s. w., wie sie die Physiokraten forderten, hat er nie gedacht.

Wie der Marschall ferner über die „Einmischung“ des Staates in den Handel dachte, haben wir gleichfalls erörtert.

Was endlich die Gewerbefreiheit im engeren Sinne betrifft, so enthält die Dîme royale darüber gar keine Äufserungen, und aus andren Schriften ist zu ersehen, dafs Vauban die Art und Weise, wie Colbert die Industrie direkt und indirekt förderte, billigte und empfahl. Über den volkswirtschaftlichen Wert oder Unwert der Innungsverfassung hat er sich nirgends ausgesprochen.

Die Vorstellung von einer auf sich selbst ruhenden, eigenen Gesetzen folgenden Volkswirtschaft, die der staatlichen Leitung und Förderung entraten könne, ist dem Marschall fremd. Im Gegenteil: die Staatsgewalt, das „conseil du roi“ ist eigentlich die Kraft, von der er alles erwartet.

Die Kritik der überlieferten Beurteilung der Dîme royale in der Geschichte der Nationalökonomie führt daher zu folgendem Ergebnis.

Das Urteil, welches für die im dritten Kapitel behandelten Memoiren richtig war, gilt auch für die „Dîme royale“. Auch in ihr ist Vauban kein Gegner des Merkantilismus, kein Anhänger Boisguilleberts, kein Vorläufer der Physiokraten. Wo er überhaupt wirtschaftspolitische Fragen berührt, beantwortet er sie im Sinne Colberts. Aber die Dîme royale ist überhaupt keine Schrift von eigentlich nationalökonomischer Bedeutung, am allerwenigsten aber imstande, als eine Vorarbeit für das System Quesnays zu gelten.

# Zweiter Teil.

# Der Reformplan.

# Einleitung.

## I.

Der erste Teil unserer Untersuchung hatte zur Aufgabe: Die Kritik der Ansichten, welche bisher über die Stellung Vaubans als des Autors der Dîme royale in der Geschichte der Nationalökonomie bestanden.

Das Resultat war: Die Stellung, welche Vauban in der Geschichte der Nationalökonomie einnimmt, kommt ihm nicht zu. Er ist kein Gegner des Merkantilismus, kein Anhänger der liberalen Nationalökonomie, sondern selbst ein Merkantilist. Eine gründlichere Einsicht in die Dîme royale läfst erkennen, dafs die volkswirtschaftlichen Grundgedanken in ihr keine anderen sind als in den Memoiren, deren merkantilistischen Charakter auch Michel und Liesse bereits konstatiert hatten.

Wir sahen aber auch: Die Dîme royale ist überhaupt keine eigentlich nationalökonomische Schrift. Ihr Hauptinhalt gehört einem anderen Gebiete an. Damit wird der, welcher ein Urteil über den Autor gewinnen will, schon genötigt, den einseitigen Standpunkt des Nationalökonomen zu verlassen und sich unbefangen zu fragen: Was ist der Grundgedanke der Dîme royale? Worauf zielt sie hin?

Aber die Frage ist noch zu eng gefafst. Wir wissen ja schon von den übrigen Denkschriften Vaubans; wir sahen aus zahlreichen Citaten, dafs sie mit der Dîme royale einem und demselben Gedankenkreis angehören. Daher fragen wir weiter: Was ist der Mittelpunkt dieses Kreises? Was ist das Motiv aller dieser Schriften? W a s i s t d e r l e i t e n d e G e d a n k e d e s P o l i t i k e r s V a u b a n, u n d w a s h a t e r e i g e n t l i c h g e w o l l t?

Diese Frage soll im folgenden beantwortet werden.

## II.

Die, welche sich vor Michel und Liesse mit Vauban nur flüchtig in allgemeinen Darstellungen der Litteraturgeschichte beschäftigten, haben jene Frage gar nicht gestellt, geschweige denn gelöst, sondern sich mit der Wiedergabe einzelner „Ansichten" begnügt. Jedoch findet man daneben bei ihnen allen in mehr oder weniger klarer Weise die Bemerkung, der Marschall sei ein warmer Freund der unteren Volksklassen gewesen und habe sie für die Grundlage des Staates erklärt.

Durch ihr Motto [1] haben Michel und Liesse zu verstehen gegeben, dafs sie in dieser Idee Vaubans seinen leitenden Gedanken, das Charakteristische und Gemeinsame in seinen politischen Schriften erblicken. Durch die ganze Monographie zieht sich die Anschauung: das eigentlich Beachtenswerte, geschichtlich Bedeutsame an dem Politiker Vauban sei seine philanthropische Zuneigung zu den unteren Klassen [2].

Man mufs den Verfassern zugestehen, dafs sie die für sie wichtigste Aufgabe — den leitenden Gedanken in den politischen Schriften zu erkennen — wenigstens als solche erkannt haben. Sie halten aber an dieser Erkenntnis nicht fest und kommen deshalb zu keiner auch nur annähernd befriedigenden Lösung. Bevor sie die Darstellung der „ökonomischen Ideen" beginnen, bemerken sie ganz richtig (S. 26), vor allen Dingen gelte es die „théorie latente" aufzudecken, die allen einzelnen praktischen Erörterungen zu Grunde liege. Was aber diese „verborgene Theorie" sei, erfahren wir nicht. Nach dem Motto und nach verschiedenen Andeutungen innerhalb ihrer Schrift (S. 26 u. 27) denkt man an die Philanthropie, aber vergeblich sucht man nach einem Nachweis des Zusammenhangs zwischen dieser „Theorie" und den „ökonomischen Ideen". Und dann werden im Laufe der Untersuchung noch andere allgemeine Tendenzen Vaubans entdeckt, wie die „idée favorite" des Marschalls, die ganze Gesellschaft militärisch zu organisieren; dann wieder der Gedanke einer socialen Reform (S. 56) und endlich die Idee von dem Wert einer grofsen Bevölkerung für den Staat, welche ebenfalls als „idée maîtresse" hingestellt wird. Aber auch für diese „Theorie" fehlt der Nachweis, dafs sie es wirklich sei.

So bleibt also der Leser hinsichtlich der Kardinalfrage in einer doppelten Unklarheit.

---

[1] „C'est encore la partie basse du peuple qui, par son travail et son commerce, et parce qu'elle paye au Roi, l'enrichit et tout son royaume." D. r. S. 17.

[2] Als „Philanthrop" wird Vauban dreimal bezeichnet. S. 15, 26, 41.

# Erstes Kapitel.

So lange die Dîme royale das einzige Dokument war, aus dem man sich von den politischen, finanz- und wirtschaftspolitischen Wünschen und Ideen ihres Verfassers eine Vorstellung bilden konnte, so lange war es von vornherein ein gewagtes Unternehmen, die letzten treibenden Motive Vaubans darlegen zu wollen. Denn man hätte im besten Falle eben nur die leitenden Gedanken dieses einen Werkes herausschälen können. Wie aber konnte man behaupten, damit die Aufgabe gelöst zu haben? — Nichts bürgte dafür, dafs der Marschall in der einen Schrift alles gesagt, in ihr sein ganzes politisches Denken nach allen Seiten hin gleichmäfsig geoffenbart hatte. Wenn es aber wahr ist, dafs man eine einzelne Schrift eines Mannes erst dann wirklich versteht, wenn man den Mann selbst, seine Motive, seine Absichten, seinen Vorstellungskreis, und zu dem Zweck, wo solche vorhanden sind, auch seine sonstigen Schriften und Meinungsäufserungen kennt, — wenn dies wahr ist, so mufste man sich sagen: Wenn wir von dem Marschall nichts weiter kennen, als die Dîme royale, so sind wir schon nicht sicher, ob wir den Inhalt dieser einzelnen Schrift, vor allem aber ihre Tendenz wirklich richtig verstanden haben: erst recht aber müssen wir darauf verzichten, über die letzten leitenden Ideen des Mannes etwas bindendes auszusagen.

Mit dem Umfang des zugänglichen Materials wuchs die Schwierigkeit der Verarbeitung, zugleich aber auch die Lösbarkeit der Aufgabe.

Vor Michel und Liesse stützten sich alle Darstellungen allein auf die Dîme royale; wie mangelhaft die Resultate waren, wurde oben nachgewiesen.

Michel und Liesse schufen sich eine breitere Basis, indem sie die Oisivetés zur Beurteilung heranzogen. Sie hatten damit gleichsam eine Kontrolle für das Verständnis des Hauptwerkes zur Hand. Die neue Aufgabe aber, die sie sich damit selbst gestellt hatten, — nämlich von der Deutung der Dîme royale fortzuschreiten zu einer einheitlichen Darstellung der allen

Schriften gemeinsamen Grundtendenz — haben sie nicht scharf erkannt und daher nicht gelöst.

Bei ihnen nimmt noch, der Tradition entsprechend, die Dîme royale eine durch keine inneren Gründe gerechtfertigte Sonderstellung ein, welche eine gesonderte Behandlung und ein gespaltenes, nicht geschlossenes Urteil zur Folge haben mufste.

Die Aufgabe konnte nur gelöst werden, wenn man, die Tradition einmal als nicht vorhanden betrachtend, die Dîme royale aus ihrer Sonderstellung heraushob, in die Zahl der überlieferten Denkschriften des Autors einreihte und diese dann als Material ansah, aus dem man in erster Linie eben nicht das Verständnis des Hauptwerkes, nicht eine Bestätigung oder Widerlegung des früher über jene Schrift Gesagten gewinnen wollte, sondern das zunächst einfach als Mittel dienen sollte, um vorurteilslos zu erforschen, was der Marschall überhaupt gewollt und erstrebt habe. Erst wenn man so den richtigen Standort für die Beurteilung gefunden und den Blick geschärft hatte, konnte man daran denken, die zweite Aufgabe, welche früher als die einzige oder primäre gegolten hatte, mit einiger Aussicht auf Erfolg zu lösen: die Erklärung der Dîme royale.

Es kam darauf an, dafs man sich nicht, von der Tradition beeinflufst, durch Seitenblicke auf die Dîme royale von einem Wege ablenken liefs, der zwar zunächst ein Umweg scheint, in der That aber allein zum Ziele führen kann.

Die Gefahr der Ablenkung mufste natürlich um so geringer werden, je mehr die Dîme royale durch die Menge der anderen Schriften in Schatten gestellt wurde. Denn je gröfser und bedeutender die Gesamtheit aller Denkschriften Vaubans erschien, desto weniger beachtenswert erschien das eine Stück dieser Gesamtheit.

Michel und Liesse haben vielleicht u. a. auch deshalb den richtigen Weg verfehlt, weil sie bei ihren Untersuchungen nicht alle Schriften Vaubans vor Augen hatten — weil sie unerklärlicherweise eine Publikation übersahen, die schon seit mehreren Jahren vorlag, und durch welche die Forschung über Vauban in ein ganz neues Stadium gerückt wurde. Es ist dies der Aufsatz von de Rochas, „Pensées et memoires politiques inédits de Vauban [1].“

Der Verfasser giebt eine vollständige Geschichte des litterarischen Nachlasses Vaubans [2], veröffentlicht ferner im Wortlaut vier sehr interessante noch ungedruckte Memoiren und erwirbt sich sein Hauptverdienst endlich dadurch, dafs er zum erstenmale die Titel aller von Vauban verfafsten Denkschriften und Abhandlungen mitteilt,

---

[1] Journal des Écon. 1882, Série IV, Bd. 18, S. 169 ff.

[2] Für alle Einzelheiten mufs ich auf den Aufsatz selbst verweisen.

soweit sie nicht rein militärisch-technischen und fortifikatorischen Inhaltes sind.

Ein kleiner Teil der dort aufgezählten Memoiren ist verloren, ein anderer, etwas gröfserer Teil liegt gedruckt vor: es sind dies die Dîme royale, die Oisivetés in der Ausgabe von Augoyat, sowie die vier von Rochas selbst veröffentlichten Schriften. Die grofse Mehrzahl jedoch sowie ein Teil der Korrespondenz des Marschalls ist noch ungedruckt und darf nach dem Willen der Nachkommen nicht veröffentlicht werden. Nur die Titel dieser Memoiren sind nunmehr von Rochas bekannt gegeben[1]. Es befinden sich darunter eine ganze Reihe, welche auch für die Erkenntnis von Vaubans politischen und wirtschaftlichen Bestrebungen von gröfstem Interesse wären.

Noch immer ist also das Material nicht vollständig, und daher die Aufgabe, um die es sich handelt, streng genommen nicht völlig lösbar. Aber wer mit dem Inhalt der durch Rochas noch vermehrten grofsen Zahl von gedruckten Memoiren vertraut ist, und von hier aus vermittelst der nun bekannten Titel der noch unedierten Schriften auch auf deren Inhalt Schlüsse zieht[2], der kann sich ohne Gefahr des Irrtums ein Bild von der gesamten litterarischen Thätigkeit des Marschalls konstruieren, wie es früher in gleichem Mafse auch nicht annähernd möglich war.

Vauban erscheint darnach in einem ganz neuen Lichte. Mit Erstaunen sieht man, dafs dieser Offizier, der weit über die Hälfte seines Lebens im Feldlager und auf Reisen zugebracht hat, dem sein verantwortliches Amt als Leiter des französischen Festungswesens und eine grofse Zahl von Nebenämtern eine Thätigkeit auferlegten, welche die Kraft jedes anderen schon erschöpft hätte — dafs dieser Mann daneben noch ein politischer Schriftsteller von ungewöhnlicher Produktivität gewesen ist.

Nach Rochas' Angaben ist, er der Verfasser von mindestens hundert (wahrscheinlich[3] noch viel mehr) Denk-

[1] Die Familie gestattete im Jahre 1832 dem General Haxo wenigstens einen Einblick in Vaubans Nachlafs und liefs ihn die Titel der sämtlichen Schriften aufzeichnen. Rochas giebt mit Fortlassung der rein fortifikatorischen Schriften einen Auszug aus Haxos Katalog und citiert eine Stelle aus Noëls Eloge de Vauban (1790), aus der hervorgeht, dafs der Marschall noch Schriften verfafst hat, deren Titel nicht bekannt geworden sind. Aufser dem Katalog Haxos findet man bei Rochas noch eine Aufzählung aller bisher gedruckten Schriften Vaubans.

[2] Dies ist um so mehr gestattet, als mehrere Titel erkennen lassen, dafs ihr Inhalt sich mit dem gewisser vorliegender Schriften deckt.

[3] Der Auszug aus Haxos Katalog enthält im ganzen 147 Titel. Von ihnen hat Haxo selbst durch besonderen Druck eine grofse Zahl für unecht erklärt. Aber diese Angabe ist unzuverlässig: verschiedene der „unechten“ Memoiren sind ohne Zweifel echt; bei anderen kann

schriften, deren Inhalt nicht Gegenstände seiner engeren Berufsthätigkeit bilden, sondern welche Fragen aus allen möglichen anderen Gebieten behandeln und insofern von dem Verfasser, da sie sich nicht unter einem anderen Gesamttitel vereinigen liefsen, passend Oisivetés genannt worden sind. Nur ist dabei zu beachten, dafs nicht alle Denkschriften im eigentlichen Sinne Erzeugnisse der Mufsestunden, sondern zu einem Teil auch im amtlichen Auftrage oder doch auf Anregung der Minister verfafst worden sind. Wo aber die Grenze zwischen beiden Arten von Schriften zu ziehen ist, läfst sich nicht deutlich erkennen, da die Angaben über Entstehung und Veranlassung sehr spärlich sind.

So mannigfaltig nun auch die hundert Schriften ihrem Inhalte nach zu sein scheinen, so lassen sie sich doch im allgemeinen wohl in zwei grofse Gruppen scheiden. Die eine umfafst alle eigentlich politischen Denkschriften; in ihnen handelt es sich um grofse internationale und nationale Fragen, um Finanzwirtschaft, Forst- und Agrarpolitik, Verkehrswesen und allgemeine innere Verwaltung, um Förderung der Industrie, des Handels, der Schiffahrt, der Kolonien u. s. w. Wer die Dîme royale kennt, wird in diesen Denkschriften, soweit sie veröffentlicht sind, manches Bekannte, aber auch vieles Neue finden und in denen, welche noch nicht zugänglich sind, auf Grund der Titel ähnliches voraussetzen dürfen.

Die Memoiren der zweiten Gruppe dagegen behandeln militärische Fragen, deren Erörterung aber mit Notwendigkeit in das politische und staatswirtschaftliche Gebiet hinüberführen mufsten, wie z. B. die Verproviantierung, die Aushebung der Rekruten, Hafenbauten, Deckung der Kriegskosten u. s. w. Diese Gruppe verdient Beachtung, weil sie deutlich den Weg erkennen läfst, auf dem der Ingenieur und Offizier dahin gelangt, sich mit den Fragen der ersten Gruppe zu befassen. Es braucht nicht näher erörtert zu werden, wie sehr dieser Umstand dazu beitragen mufs, das Verständnis für die allgemeine Tendenz in den politischen Schriften zu vertiefen. Erst dadurch wird es einigermafsen möglich, den Leitfaden aufzudecken, an dem der Autor selbst sich überall fortbewegt, und man läuft bei der Deutung seiner Schriften weniger Gefahr, in ihnen Motive und Tendenzen zu suchen, die ihm selbst fremd gewesen sind.

---

man wenigstens die Echtheit vermuten. Vorläufig ist hier noch keine Entscheidung möglich. Die obige Zahl 100 ergiebt sich, wenn man die angeblich unechten Schriften fortläfst, dafür aber die nicht militärischen Schriften aus den Oisivetés hinzufügt.

## Zweites Kapitel.

Durch das Studium aller bis jetzt veröffentlichten Memoiren und aus ihrer Vergleichung unter einander und mit den Titeln der noch unbekannten gelangte ich zu folgendem Resultat.

Die Dîme royale, entstanden durch Vereinigung mehrerer älterer Schriften, ist selbst nur wieder ein Glied in einer langen Kette von Memoiren, die in ihrer Gesamtheit einen wohlgeordneten, bewufst entworfenen politischen Reformplan darstellen.

Die Idee, welche, ohne bisher als solche erkannt zu sein, thatsächlich den leitenden Gedanken der Dîme royale ausmacht, ist auch zugleich der Kern des ganzen Reformplanes und läfst sich so formulieren: Die Macht des Königs beruht auf der Zahl seiner Unterthanen. Je gröfser ihre Zahl, desto gröfser seine Macht. Die gröfste Gefahr für einen Staat ist seine Entvölkerung: Zunahme der Bevölkerung daher das Ziel aller guten Politik. In jener Gefahr befindet sich Frankreich seit Jahren; daraus ergiebt sich von selbst die Aufgabe der Regierung, die Entvölkerung zu hemmen, das Wachstum der Bevölkerung zn fördern.

Ich werde im folgenden nachzuweisen haben, dafs dieser Grundgedanke in der That der Schlüssel zum Verständnisse der politischen Schriften ist, und damit zugleich eine Darstellung des Reformplanes im einzelnen verbinden.

Wir sahen schon, dafs Vauban in den Augen der meisten seiner Beurteiler vorzüglich als Freund des „Volkes“ dastand, dafs dann Michel und Liesse diesen Gedanken aufgriffen und in der Philanthropie, der Sympathie mit den Armen das leitende Motiv Vaubans sehen wollten. Andererseits bemerkten wir auch, wie dieselben Autoren auch noch andere „Grundgedanken“ fanden, darunter auch die Idee von der Bedeutung einer grofsen Bevölkerung. Dafs der Marschall auf eine solche besonderes Gewicht lege, haben auch andere Darsteller, wie Kautz und Espinas beachtet, und im Gegensatz zu ihnen hat Lippert aus dieser Thatsache sogar auf die merkantilistische Denkweise geschlossen.

Indem wir beide Gedankenreihen neben einander stellen, haben wir uns einen Weg geschaffen, der zur Erkenntnis des wirklichen Grundgedankens hinführt. Verfolgen wir ihn nämlich, so entdecken wir, daſs die beiden Reihen nicht parallel laufen, sondern sich schneiden. Wo dies geschieht, liegt das, was wir suchen: Vauban ist deshalb so in Sorge um die niederen Volksklassen, weil in ihnen die Entvölkerung grassiert und sie doch vermöge ihrer Menge den Hauptfaktor in der Macht des Königs bilden. Wer Vauban aus seinen Schriften und Briefen kennt, weiſs, in welchem oft überraschenden Grade das Gefühl, Wohlwollen und Haſs seine Kritik und seine Vorschläge beeinfluſst. Aber man verkennt ihn und sein Werk, wenn man alles aus dieser Seite seines Wesens erklärt. Vauban war mehr als ein Philanthrop. Ebenso irrig ist es aber auch, in ihm einen Reformator der „Gesellschaft" zu sehen: dadurch wird er willkürlich modernisiert. Der Grundgedanke seines Reformplanes entstammt nicht nur dem Mitleid mit den Armen, auch nicht einer Vorstellung vom Ideal einer vollkommenen Gesellschaftsordnung, sondern einer durch die Kriegserfahrung und die tägliche Sorge um die Landesverteidigung gewonnenen politischen Ansicht von dem Wesen der staatlichen Macht.

Die Dîme royale und die Mehrzahl der anderen Denkschriften verfaſste er, nachdem er bereits drei schwere Kriege mitgemacht und ihre groſsen Opfer an Menschenleben mit angesehen hatte. Bei seinen Zeitgenossen war er dafür bekannt, daſs er, oft den Intentionen der Generäle zum Trotz, das Leben der Soldaten in einem ganz ungewohnten Maſse zu schonen suchte[1]. Er empfand einen heftigen Widerwillen gegen die gerade unter Louvois übliche Rücksichtslosigkeit gegen Menschenleben. Diese Denkweise hat er in folgendem charakteristischen Ausspruche bekundet: „En vérité, si les Etats ne périssent que faute de bons hommes pour les défendre, je ne sais pas de châtiments assez rudes pour ceux qui les font périr mal à propos. Cependant il n'est rien de si commun parmi nous que cette brutalité, qui dépeuple nos troupes de vieux soldats et fait qu'une guerre de dix années épuise tout un royaume"[2].

Da jedoch seine Mahnungen überhört wurden, der 1688 begonnene Krieg sich in die Länge zog und für Frankreich immer ungünstiger verlief, so trat die prophezeihte „Erschöpfung"

[1] Michel, Histoire, Kap. X.
[2] Michel, Histoire S. 249—50.

thatsächlich sehr bald ein. Die Armee war durch die Verluste in den Schlachten und durch Desertion, das Volk durch Hungersnöte und Seuchen decimiert. Die Frage: woher soll die Armee ihren Ersatz nehmen? wurde immer brennender. Vauban hat vier Denkschriften über diese Frage dem Könige überreicht[1], von denen schon eine im Druck vorliegt, das Mémoire au roi sur la levée et l'enrôlement des soldats[2], in welchem Vauban sowohl dem Rekrutenmangel wie der Ausplünderung der Bevölkerung durch die Soldatenbanden, abhelfen will durch Verstaatlichung der Aushebung und allgemeine Wehrpflicht.

Ist es nun nicht psychologisch sehr verständlich, wenn der Marschall, da er als eins der geachtetsten Mitglieder des Kriegsrates, betraut mit den wichtigsten Aufgaben der Landesverteidigung, durch die Pflichten seines Amtes ebenso wie durch das persönliche Interesse am Wohle des Landes veranlaſst wurde, jener allgemein beklagten Erscheinung der Bevölkerungsabnahme Jahrzehnte lang seine volle Aufmerksamkeit zu widmen — wenn er, so disponiert, schlieſslich dahin gelangte, in der Abnahme der Bevölkerung die Todesursache der Staaten zu sehen? — Und wenn sich bei ihm mehr und mehr wie eine fixe Idee der Gedanke ausbildete: auf der Zahl der Unterthanen beruht die Macht des Königs —?

In einem besonderen Aufsatz hat er diese Behauptung zu begründen gesucht. Wir kennen davon nur den Titel, welcher lautet[3]: J'ose m'assurer que le véritable intérêt des rois est la possession d'un grand nombre de sujets" — mit der Bemerkung Haxos „Memoire von 22 Seiten, korrigiert von Vauban, über die innere Staatsverwaltung. Geschrieben anscheinend zwischen 1698 und 1700".

Wie Vauban den Beweis für diese Behauptung im einzelnen geführt haben mag, wissen wir nicht. Die Behauptung selbst aber, das Dogma: „Menschenzahl ist Macht" findet sich fast in jeder Schrift wiederholt. Ihr Wert wird erhöht durch den Umstand, daſs sie in einem bewuſsten Gegensatz zu einer anderen Anschauung aufgestellt ist, daſs nämlich der Umfang des Territoriums die Macht des Fürsten bestimme. In dem Memoire „Intérêt présent des Etats de la Chrétienté"[4] hat Vauban diesen Gegensatz scharf formuliert. Um keinen Preis darf Frankreich sein Gebiet über die natürlichen Grenzen hinaus erweitern und nach Weltherrschaft streben. Ein warnendes Beispiel solcher falschen

---

[1] Die Titel nennt Rochas a. a. O. S. 171.

[2] In der Sammlung Mémoires inédits du M. de Vauban sur Landau etc., Paris 1841.

[3] Rochas a. a. O. S. 173.

[4] Rochas a. a. O. S. 331.

Politik ist Spanien. Es hat sich durch seine Vergröfserungssucht ruiniert und ist von seiner weltbeherrschenden Höhe herabgestürzt. Seine nichtspanischen Provinzen haben es zu Grunde gerichtet. Anstatt seine Bevölkerung zu vermehren, hat dieser Staat sein Gebiet ins ungemessene ausgedehnt und dafür die besten Unterthanen durch die Inquisition in den Tod oder in die Verbannung getrieben: „point fatal à la décadence de cette monarchie, qui depuis n'a fait que déchoir; tant il est vrai que la grandeur des rois se mesure par le nombre des sujets et non par l'étendue des Etats" [1]. Spanien hat nur ein Mittel, um wieder lebensfähig zu werden, das ist: „repeupler son pays et de mettre toute chose en usage pour cela, attendu que la grandeur des rois et des États se mesure par le nombre des sujets et non par l'étendue du pays qui contribue plus à les épuiser qu'à les peupler" [2]. — Dichte Bevölkerung in einem durch natürliche Grenzen geschlossenem Gebiete — darin liegt das Heil der Staaten.

Ich führe noch einige Stellen aus Vaubans Schriften an, in denen er dem Axiom vom Wert der Bevölkerungsmenge besonders scharfen Ausdruck verliehen hat. Der „Projet de Capitation" schliefst mit den Worten [3]: „Que sa majesté ait la bonté de se souvenir, que la grandeur des rois ne s'est jamais mesurée que par le nombre de leurs sujets, et que c'est de là d'où dépend toute la grandeur, leur puissance, leur richesse, et que, sans cela, ils n'ont que de vains titres qui sont à charge à eux-mêmes et à tout le monde, et rien plus." [4]

Die Vorrede der „Dîme royale" schliefst Vauban mit der Bemerkung, man könne den Königen keinen gröfseren Dienst leisten, als wenn man ihnen die „Maxime" vorhalte: „Il est constant que la grandeur des rois se mesure par le nombre de leurs sujets; c'est en quoi consiste leur bien, leur bonheur, leurs richesses . . . et toute la considération qu'ils ont dans le monde". Sie, die Könige, könnten daher nichts wichtigeres thun, als arbeiten für die „conservation et augmentation de ce peuple qui leur doit être si cher-" [5] — Im Memoire „Intérêt présent etc." heifst es [6]: „Au surplus le Roi et ses Ministres ne sauraient trop se représenter que la grandeur des rois se mesure par le nombre de leurs sujets." Denn wo keine Bevölkerung, da sei auch keine „Herrschaft", kein Fürst und kein Staat:

---

[1] Ois. I, S. 14.

[2] Rochas a. a. O. S. 330.

[3] Ois. I, S. 181.

[4] Ganz ähnlich lautet auch eine Stelle in dem Brief an Caligny, Mém. inédits sur Landau etc. S. 24.

[5] Dîme r. S. 18—19.

[6] Rochas a. a. O. S. 342.

folglich nehme die staatliche Macht in dem gleichen Maſse zu und ab wie die Bevölkerung[1].

Michel und Liesse haben diese Äuſserungen Vaubans so gedeutet[2]: In der zahlreichen Bevölkerung sehe er „un accroissement de puissance productive“ — und messe den Reichtum des Landes, anders als Malthus, nach der Zahl seiner Bewohner. Die Verfasser verleihen aber damit dem Gedanken Vaubans eine zu moderne Färbung und nehmen ihm das eigentümlich unmoderne, unwissenschaftliche. Von „Reichtum“ ist gar keine Rede, sondern die Zahl der Menschen an sich, einerlei ob reich oder arm, ist für Vauban das Entscheidende.

Aus dem Schluſskapitel der Dîme royale ist deutlich zu ersehen, daſs Vauban so und nicht anders gedacht hat[3]. In origineller Weise unterscheidet er dort zwischen dem Einkommen des Königs und dem Einkommen der Unterthanen. Dieses entstehe aus der Bodenproduktion, dem Handel und dem Gewerbe, das Einkommen des Königs aber, „les véritables fonds du revenu des rois“ seien die Menschen selbst. „C'est de ce fonds-là dont il faut être bon ménager, afin d'en procurer l'accroissement par toutes sortes de voies légitimes“. . .

Noch stärker aber tritt die Bedeutung der Zahl als solcher in folgender Bemerkung hervor.[4] Die Finanzreform, so sagt Vauban, bezwecke vor allem die Hebung der besitzlosen Klassen. Denn diese sind der wertvollste Teil des Volkes, weil sie die gröſste Menge ausmachen. Zwar ist der Reichtum des Landes in den Händen der oberen Stände, aber das sind wenige, die groſse Masse dagegen, auf die es ankommt, sind die Armen.

Wir haben uns, wie man sieht, damit schon der zweiten der oben erwähnten Gedankenreihen genähert, dem Interesse Vaubans für die unteren Klassen.

Der Gegsnsatz von arm und reich ist die alles beherrschende Vorstellung, das Miſstrauen gegen die oberen, das Mitleid mit den unteren Ständen die Grundstimmung in allen Schriften des Autors. Es erklärt sich dies weniger aus seiner amtlichen Thätigkeit als aus seinen persönlichen Lebensverhältnissen.

Aus einem vornehmen, aber stark verschuldeten Adelsgeschlecht stammend, ist Vauban, früh verwaist, von einem einfachen Landpfarrer als Pflegekind aufgenommen und erzogen. Seine Jugend verlebte er in einem Dorfe in der ärmlichsten

[1] Es findet sich noch eine ganze Reihe ähnlich lautender Stellen, die hier nicht aufgeführt zu werden brauchen. Vergl. z. B. Dîme r. S. 189; Ois. I, S. 212; Rochas a. a. O. S. 191 und öfter.

[2] a. a. O. S. 91–92.

[3] Dîme r. S. 195—96.

[4] Dîme r. S. 173.

Gegend Frankreichs, dem Waldgebirge Morvan, inmitten einer blutarmen Landbevölkerung. Von den Bauernkindern, deren Spielgenosse er war, unterschied ihn nichts als seine adelige Herkunft und die wenigen Kenntnisse in Mathematik und Feldmeſskunst, die ihm sein Pflegevater beibringen konnte und vermöge deren er später eine Anstellung als Königlicher Ingenieur fand. Die Freigiebigkeit seines Königs machte es ihm möglich, das Stammschloſs der Familie, Bazoches, nahe seinem Geburtsort in Morvan gelegen, zurückzukaufen. Dorthin zog er sich zurück, wenn ihn Krankheit und Erschöpfung zur Unterbrechung seiner Berufsarbeit zwangen.

Hier schrieb er seine Memoiren, hier sammelte er Material, hier stellte er seine Reformexperimente an, hier machte er statistische Aufnahmen, hier endlich schrieb er die Dîme royale [1].

Wer Vaubans politische Schriften verstehen will, muſs dieses sein Beobachtungsfeld kennen, und lernt es kennen aus der eigenen Beschreibung Vaubans, die er in der „Description géographique de l'élection de Vezelay“ gegeben hat [2]. Es ist eine anschauliche Schilderung seiner Heimat, des Bezirkes, in dem auch sein eigener Grundbesitz lag.

Das Bild, das der Seigneur Vauban von diesem Lande entwirft, läſst sich etwa so wiedergeben: der Boden des Berglandes ist steinig und ausgedörrt, das Klima aller Bodenkultur feindlich, der Wald durch Raubwirtschaft ruiniert, die Gewässer reiſsend, nur für Flöſse befahrbar, die groſse Masse der ländlichen Bevölkerung gänzlich verarmt, verschuldet, in Trägheit, Trunksucht und allen Lastern verkommen, auf schamlose Weise ausgebeutet von ihren städtischen Gläubigern und Arbeitsherren, die aber selbst ebenso wie der ansässige Adel und Klerus, nie zu Wohlstand gelangen. Das Volk ist abgeschnitten von allem Verkehr, ohne Verbindung mit groſsen Märkten und Handelsplätzen und infolge jahrzehntelanger Gewohnheit unfähig, sich durch eigene Kraft zu wirtschaftlicher Initiative aufzuraffen.

Als der Schutzherr dieser Gemeinden that Vauban, was er konnte, um durch seinen Rat, seinen Einfluſs und seine Geldmittel das Volk aus der Versumpfung herauszuziehen. Alle Reformmaſsregeln, welche er für Frankreich forderte, hat er vorher in seiner Heimat durchzuführen versucht.

Wie Boisguillebert seine beste Kraft aus den bitteren Erfahrungen in seiner eigenen Vermögensverwaltung schöpfte und so der beredte Vertreter einer Interessentengruppe wurde, so ist bei Vauban zu beobachten, daſs er das groſse Programm einer monarchischen Landeskulturpolitik auffaſst als eine Verallgemeinerung des Reformplanes, den er in seiner Grund-

---

[1] Michel, Histoire, Kap. X.
[2] Ois. I, S. 201 ff.

herrschaft selbst durchzuführen suchte. Vauban vertritt nicht wie Boisguillebert das Interesse eines Standes, dem er selbst angehört, sondern er verkörpert in sich selbst das Ideal eines Landesvaters, das er dem Könige als Ideal vor Augen stellt[1].

Dieselbe unmittelbare Berührung mit der „Hefe des Volkes“ war ihm auch während seiner grofsen Inspektionsreisen beschieden, die ihn in einem Zeitraum von 40 Jahren durch alle Teile des Reiches führten. Der Marschall hat selbst in der Vorrede zur Dîme royale erzählt[2], wie er auf diese Weise Land und Leute kennen gelernt habe, und da ihm jedermann mit Vertrauen entgegen kam, alle ihm ihr Leid klagten und von ihrem Leben und Treiben berichteten, so sah und hörte er Dinge, von denen man in Paris und Versailles nichts ahnte. Im Anschlufs an eine Stelle, wo er die Ausbeutung der unteren Klassen durch die „Habgier“ der oberen und die Bestechlichkeit der Beamtenschaft bespricht, sagt Vauban dem Könige folgendes: Wenn Majestät in diesem Moment einige ehrliche Männer in die Provinzen schicken und ihnen befehlen würde, Ihr einen ungeschminkten Bericht über den Zustand des Volkes zu erstatten, „ . . . Sa Majesté serait très surprise d'apprendre que, hors le fer et le feu, qui Dieu merci n'ont point encore été employés aux contraintes de ses peuples, il n'ya rien qu'on ne mette en usage et que tous les pays qui composent ce royaume sont universellement ruinés[3].“

Es würde zu weit führen, wenn ich alle die, freilich sehr interessanten, Bemerkungen wörtlich oder auch nur inhaltlich hier anführen wollte, in denen sich die Eindrücke, welche Vauban aus seiner langjährigen Beobachtung der unteren Stände gewonnen hatte, wiederspiegeln. Es finden sich solche in fast allen Denkschriften, und, was gerade bezeichnend ist, oft in einem Zusammenhange, der sie am allerwenigsten erwarten läfst.

Vauban berichtet von der Masse des Volkes, wie ein Reisender von einer fremden Nation. Er tritt ganz ostentativ als Anwalt der untersten Schichten auf, und mit der Haltung eines Mannes, der sich sehr wohl bewufst ist, etwas ganz neues zu sagen.

Unermüdlich sucht er dem König — denn ihn denkt er sich als Leser — begreiflich zu machen, dafs in jenen breiten Massen des „menu peuple“, die bei Hofe niemand kennt, von deren Leben und Treiben, von deren Anzahl und Verteilung, von deren Arbeit und Verdienst niemand eine genaue Vor-

[1] Dîme r. S. 192.
[2] Dîme r. S. 2.
[3] Dîme r. S. 130.

stellung hat, — dafs in diesen Massen, nicht aber in der kleinen Zahl der Hof- und Staatsbeamten, des Adels, des Klerus und der besitzenden Klassen überhaupt, seine, des Königs Macht recht eigentlich begründet sei. Sie sind, so wiederholt er stets, der wichtigste Teil des Volkes und werden doch von der Regierung am wenigsten beachtet, weil sie, wie er hinzufügt, keinen Zutritt zu dem Könige haben[1].

Vauban scheidet die Nation in zwei Gruppen: die eine lebt vom Besitz, die andere von ihrer Hände Arbeit. Dafs sie alle arbeiten müssen, um leben zu können, das ist es, was in Vaubans Augen Bauern, Handwerker, Tagelöhner u. s. w. zu einer Klasse, dem „menu peuple" der „partie basse du peuple" vereinigt[2]. Und zu ihren Gunsten, so sagt er ausdrücklich, ist auch die Finanzreform geplant[3].

Warum aber sind sie der wichtigste Teil der Nation? Die Gründe, mit denen Vauban diese Frage beantwortet und sein Vorgehen rechtfertigt, sind folgende[4]:

Erstens sind es die unteren Klassen, die dem Könige seine Soldaten liefern. Zweitens tragen sie den gröfseren Teil der Steuern. Drittens ist es die „basse partie" des Volkes, die durch ihrer Hände Arbeit die oberen Klassen erhält — „qui par son travail soutient et fait subsister la haute ...... et qui, par sa chute, ne peut manquer d'entrainer l'autre après soi ...." Sie ist damit die Grundlage des Staates.

Vor allem aber — das ist die Hauptsache — machen diese Schichten durch ihre Menge den gröfsten Teil des Volkes aus.

Damit haben wir den Schnittpunkt der beiden Gedankenreihen erreicht, von dem wir oben sprachen. Auf der Zahl der Unterthanen beruht die Macht des Königs; die Verteilung des Besitzes ist in Frankreich so, dafs die Mehrheit des Volkes nichts besitzt: so beruht die Macht des Königs auf der Masse der Armen. Und sie sind es nun, in deren Reihen seit Jahren eine furchtbare Entvölkerung herrscht. In der Vorrede zur Dîme royale (S. 15) sagt Vauban von der unteren Schicht der Nation: sie ist die „qui a toujours le plus souffert et qui souffre encore le plus; et c'est sur elle aussi que tombe toute la diminution des hommes qui arrive dans le royaume." — eine Verminderung, die der Autor dann durch eine ausführliche Berechnung (S. 15—17) zahlenmäfsig festzustellen sucht, und die er schliefst mit den

[1] Dîme r. S. 174.
[2] Dime r. S. 173.
[3] Dîme r. S. 174.
[4] Dîme r. S. 15, 17 u. 75. Ois. I 179.

Worten: „et tout cela en diminution de la partie basse du peuple[1]“.

Der Regierung ist damit nun ihre wichtigste Aufgabe vorgezeichnet: „... on doit prendre garde, sur toutes choses à ménager le menu peuple, afin qu'il s'accroisse ....“

Es gilt die unteren Volksklassen vor dem Untergange zu bewahren, die reale Basis der Monarchie zu erhalten. Ist das gelungen, so mufs man weitergehen und die Zunahme der Bevölkerung befördern, um die Macht des Königs zu erhöhen.

Wir haben jetzt den Schlüssel in der Hand, der uns den Einblick in den Aufbau des Reformplanes erschliefsen wird. Die einzelnen Memoiren werden sich so gruppieren lassen, dafs jener Grundgedanke als der natürliche Mittelpunkt erscheint.

Der Reformplan selbst läfst sich etwa so skizzieren.

Die Abnahme der Bevölkerungszahl hat drei Hauptursachen: die Kriege, das herrschende Finanzsystem, und die aus Mifsernten entstehenden Hungersnöte.

Die planvolle Vermehrung der Bevölkerung und die Beseitigung der Hungersnöte setzen gewisse Einrichtungen voraus, welche erst durchgeführt werden können, wenn der Staat ein höheres Einkommen, die Bürger eine gröfsere Wohlhabenheit geniefsen. Beides wird aber erst die Wirkung einer allgemeinen Reform der Finanzen sein.

Die Finanzreform wird auch selbst die Ursachen der Entvölkerung teilweise schon beseitigen. Sie kann aber nicht während des Krieges durchgeführt werden. Die Beendigung des Krieges ist daher die Vorbedingung für die Reform der Finanzen.

Nach diesem Plane teile ich die Memoiren in drei Gruppen:

Erstens die Denkschriften, welche die Frage des Friedensschlusses behandeln.

Zweitens die Vorschläge zur Finanzreform.

Drittens die Denkschriften zur Beförderung der Produktion von Nahrungsmitteln und ihres Austausches, als Vorbedingungen zur Vermehrung der Bevölkerung.

---

[1] Vergl. Dîme r. S. 74 u. 80.

# Drittes Kapitel.

Es ist von den älteren Darstellern garnicht und von Michel und Liesse nicht genügend hervorgehoben worden, in wie ungewöhnlich hohem Maſse die sämtlichen wirtschaftlichen und politischen Reformvorschläge Vaubans beeinfluſst sind durch die Rücksicht auf die Verhältnisse der auswärtigen Politik.

Mit den leitenden Männern der Regierung, mit Colbert, Louvois, Pontchartrain, Le Peletier, Chamillart im beständigen Verkehr und Meinungsaustausch, gewann er schon dadurch die Anregung nicht nur, sondern auch die Möglichkeit, sich über die politische Lage Frankreichs, über sein Verhältnis zu England, Holland, Spanien und Deutschland, über alle Schwankungen des europäischen Gleichgewichts in jedem Augenblick ein sicheres Urteil zu bilden. Umfassende geschichtliche Kenntnisse dienten ihm bei diesen Beobachtungen als sichere Grundlage und er liebte es, aus seiner Kenntnis der Vergangenheit den Staaten ihr zukünftiges Schicksal zu prophezeien[1].

Sobald man Vauban von dieser Seite her kennen gelernt hat, wundert man sich nicht mehr über die Weite des Blickes und die Höhe des Standpunktes, welche er auch bei den geringfügigsten Einzelfragen bekundet.

Ob der König ihn in den Fragen der groſsen Politik um seine Meinung befragt hat, ist uns nicht überliefert. Wir wissen nur, daſs die Mehrzahl der Memoiren, welche wir im folgenden als den Friedensschluſs betreffend nennen werden, dem Könige selbst oder seinen Ministern eingehändigt, und, wie es scheint, teilweise auch von Einfluſs gewesen sind.

Der gemeinsame Grundzug aller dieser Denkschriften ist ein nur mühsam unterdrückter, oft durchbrechender Unwille

---

[1] Vergl. besonders das Memoire „Intérêt présent“ etc.

gegen die Politik des Königs und eine klare Voraussicht der unausbleiblichen Folgen dieser Politik.

Vauban schrieb, als die Decadence Frankreichs begann. Denn dasselbe Ereignis, das ihn zuerst veranlaſste, mit seiner politischen Überzeugung hervorzutreten, ist auch das, von dem die Geschichte den Niedergang Ludwigs XIV. und der Monarchie datiert: die Aufhebung des Edikts von Nantes 1685.

Dieses Ereignis bedeutete einen Bruch mit den politischen Grundsätzen des Mannes, der Ludwig groſs gemacht hatte: Colberts.

Vauban befand sich hier in einer eigentümlichen Lage. Schon zu Lebzeiten Colberts war er durch sein Amt[1] gezwungen, zwischen ihm und dessen grundsätzlichem Widersacher, dem Kriegsminister Louvois, seine Verpflichtungen zu teilen. Louvois hatte ihm sein volles Vertrauen geschenkt; zwischen beiden bestand seit 1667 eine aufrichtige enge Freundschaft. Wie der von Michel und Rousset mitgeteilte Briefwechsel zwischen beiden Männern beweist, durfte sich Vauban dem herrschsüchtigen, von allen gefürchteten Manne gegenüber einen Freimut gestatten, der jedem anderen die Ungnade des mächtigen Ministers zugezogen hätte.

Seine amtliche Thätigkeit brachte Vauban aber auch in häufige nahe Berührung mit Colbert, der ihm seine Gunst schenkte, seine Pläne beim Könige befürwortete und sich anscheinend vergeblich bemühte, ihn von Louvois weg zu sich herüberzuziehen. Es ist kein Zweifel, daſs Vauban seiner ganzen Lebensanschauung nach und in seinen politischen Grundsätzen Colbert viel näher stand als seinem Freunde Louvois.

So lange Colbert lebte und die Politik des Königs bestimmte, kam Vauban nicht in die Lage, in einen politischen Gegensatz zu Louvois zu treten. Dies änderte sich bald nach Colberts Tode.

Schon seit 1672 hatte Colbert es mit ansehen müssen, wie der König sich mit jedem Tage mehr von Louvois zu einer Politik verleiten lieſs, die mit der Erschöpfung des Staates endigen muſste. Beim Tode Colberts 1683 bekam nun Louvois freie Hand; die Finanzen, über die sich Colbert bis zum letzten Atemzuge die Gewalt gewahrt hatte, wurden einem Günstling Louvois', Le Peletier, übertragen, und so hatte man es nicht mehr nötig, bei groſsen Ausgaben und überhaupt in der Führung der auswärtigen Politik auf die Warnungen eines haushälterischen Generalkontrolleurs zu hören. Louvois vertrat mit einem Worte das Princip der unbedingten

---

[1] Michel, Histoire, Kap. III.

Machtentfaltung um jeden Preis, und Le Peletier hatte die Mittel zu beschaffen.

Das erste Ereignis von allgemeiner Bedeutung, das der Welt die nunmehrige Alleinherrschaft Louvois' kund that, war nun eben das von 1685[1].

Die „Reunion der Hugenotten" war ein alter Plan, den Ludwig nur bisher mit Rücksicht auf Europa nicht durchzuführen gewagt hatte. Endlich, als 1684 der Waffenstillstand von Regensburg ihm gezeigt hatte, dafs er sich den anderen Staaten gegenüber keine Schranken mehr aufzuerlegen brauche, hielt er, von Louvois dazu gedrängt, den Zeitpunkt für gekommen und hob im Oktober 1685 das Edikt auf.

Drei Jahre später erfolgte die Kriegserklärung, ebenfalls auf Zureden Louvois', obwohl Le Peletier das Land für unfähig erklärte, die Lasten eines neuen gegen halb Europa zu führenden Krieges zu ertragen[2].

Wo er glaubte, das wahre Interesse des Königs und des Staates besser zu erkennen, als sein Vorgesetzter, hatte Vauban sich nie gescheut, Louvois offen zu widersprechen[3]. Aber bisher handelte es sich nur um Fragen des militärischen Dienstes. Jetzt dagegen handelte es sich darum, ob er ihm in einer Frage, die von gröfster politischer Tragweite war, aber aufserhalb der dienstlichen Sphäre lag, Opposition machen sollte.

Colbert hatte sich den ersten Anfängen der Zwangsbekehrung nicht widersetzt[4]. Aber er würde es nie geduldet haben, dafs 1½—2 Millionen der tüchtigsten und wohlhabendsten Unterthanen zu wirtschaftlicher Passivität oder gar zur Flucht in das Ausland genötigt wurden.

Da dies aber die Folgen der Aufhebung des Edikts waren, so zögerte Vauban, ganz im Geiste Colberts, nicht, seine warnende Stimme zu erheben. Und da er seinen grofsen Einflufs auf Louvois seit zwanzig Jahren kannte, so wandte er sich im Dezember 1689 an ihn mit einer Denkschrift, dem „Mémoire pour le rappel des Huguenots"[5].

Dieses Memoire hat noch zwei Umarbeitungen erfahren: im Jahre 1692 eine „Addition"[6] und 1693 die Denkschrift: „Réflexions sur la guerre présente et sur les nouveaux convertis"[7].

---

[1] Ranke, Werke X, S. 373 ff.

[2] Vergl. das Memoire Le Peletiers in der Correspondence des Control. généraux, Bd. I, S. 554—57.

[3] Vergl. den Brief Vaubans bei Michel, Histoire, S. 257; ferner ebenda Kap. V und IX.

[4] Ranke, Werke X, S. 381.

[5] Ois. I, S. 1 ff.

[6] Ois. I, S. 19 ff.

[7] Rochas a. a. O. S. 337 ff.

Die letzte der drei Denkschriften hat besonders deshalb grofsen Wert, weil sie über die eigentliche Tendenz auch der beiden anderen Klarheit verschafft. Man sieht aus ihr, dafs das Motiv des Autors nicht, wie man bisher annahm, ein religiöses, sondern ein rein politisches ist. Auch Vauban ist, ganz wie der König selbst, von dem Gedanken erfüllt, dafs die „kirchliche Uniformität" der ganzen Nation eine Voraussetzung für die Konsolidierung der staatlichen Macht sei, und bedauert lebhaft, dafs nicht alle Unterthanen der Religion des Königs anhängen.

Das Memoire von 1689 geht von dem Gedanken aus: Die Aufhebung des Edikts war der Versuch, die „uniformité des sentiments tant désiré" endlich herzustellen und als solcher ein Akt politischer Weisheit, der nur zu billigen ist. Auch war der Zeitpunkt gut gewählt, weil der Waffenstillstand von 1684 dem Könige für die Durchführung des Bekehrungswerkes eine Ruhezeit von mindestens fünfzehn Jahren zu verbürgen schien. Somit konnte jeder Patriot sich die günstigsten Folgen von dieser Mafsregel versprechen.

Aber die Kriegserklärung von 1688 änderte mit einem Schlage die Situation.

Was in friedlichen Zeiten hätte Segen stiften können, ist durch den Krieg in Unheil verwandelt. „De sorte que ce projet si pieux, si saint et si juste, dont l'éxécution paraissait si possible, loin de produire l'effet qu' on en devait attendre, a causé et peut encore causer une infinité de maux très dommageables à l'Etat"[1].

Vauban unterscheidet die üblen Folgen, die schon eingetreten sind, von denen, die nach menschlichem Ermessen noch eintreten müssen, wenn die Ursache bestehen bleibt, d. h. wenn das Edikt nicht sofort restituiert wird. Wir können jene in ihrer Gesamtheit bezeichnen als die wirtschaftliche und militärische Schwächung des Staates, diese als solche, welche das Verhältnis zur Liga von Augsburg schwieriger, und die Aussicht auf die baldige Beendigung des Krieges durch einen vorteilhaften Frieden ungewisser machen, sogar gänzlich nehmen werden.

Als die Symptome für die schon eingetretene Schwächung des Staates bezeichnet er folgende Thatsachen[2]. 80—100000 französische Unterthanen sind mit einem Vermögen von 30 Millionen zum Feinde übergegangen. Mit ihnen haben das Land verlassen alle jene blühenden, von Colbert gegründeten, Manufakturen, in denen Frankreich alle Staaten übertraf: ihre reichen Erträge, früher eine unerschöpfliche Geldquelle für den König, dienen nun dazu, die Heere seiner

[1] Ois. I, S. 3.
[2] Ois. I, S. 3.

Feinde zu erhalten. Auch ist fast der ganze französische Handel vernichtet. Endlich sind die tüchtigsten Offiziere und Mannschaften als Anhänger der verfolgten Religionspartei in die Reihen der Feinde eingetreten und haben deren bisher minderwertige Truppen auf ein höheres Niveau erhoben.

Das sind die gänzlich unerwarteten Folgen, die in den vier Jahren seit der Aufhebung des Ediktes zu beobachten sind, während gerade das, was man wollte, die Bekehrung der Hugenotten, nicht geglückt ist und mit jedem Tage aussichtsloser wird, weil die Ketzer, die schon längst ihre Hoffnung auf einen Krieg setzten, nun nach dessen Ausbruch nur noch hartnäckiger widerstehen.

Damit berühren wir die noch schlimmeren Folgen, welche die Zukunft voraussichtlich bringen wird. Zunächst die dauernde Spaltung der Konfessionen. Der zähe Widerstand der Hugenotten wird den König schliefslich zwingen, sie als erklärte Feinde des Staates zu behandeln, wie Rebellen zu verfolgen und zu verbannen. Infolgedessen wird zweitens die Auswanderung zunehmen, und damit der so unheilvolle Verlust an Unterthanen und die Verstärkung der feindlichen wirtschaftlichen und militärischen Kräfte.

Je schärfer man drittens gegen die Protestanten vorgehen wird, desto mehr wird das Martyrium ihre Kräfte stählen und ihnen die Sympathieen des Auslandes zuwenden. Die schlimmste Gefahr endlich droht aber von einem wirklichen Bündnis zwischen den Hugenotten und dem Landesfeinde: Wilhelm von Oranien braucht nur eine Landung zu versuchen, und alles fällt ihm zu.

Dieser letzte Umstand, die Solidarität der Interessen zwischen dem inneren und äufseren Feinde wird auch nach Vaubans Urteil das herbeiführen, was einer völligen Niederlage fast gleich zu achten wäre: nämlich die Aufnahme der Hugenottenfrage in die Friedensverhandlungen.

Sobald es Oranien und dem Kaiser gelingt, den Frieden an die Bedingung zu knüpfen, dafs das Edikt von Nantes restituiert werde, so hat der König nur eine Wahl: entweder er gehorcht dem Gebot seiner Feinde; dann ist es mit seiner Autorität vorbei und Oranien ist der eigentliche König von Frankreich. Oder aber er bietet statt dessen ein Äquivalent durch Landabtretung, Truppenverminderung u. s. w., was das Reich wieder in die unseligen Zeiten der Teilung und Fremdherrschaft versetzen und alle Errungenschaften der letzten dreifsig Jahre, die Einheit der Monarchie, zunichte machen würde.

Denen, die den offenen Landesverrat der Hugenotten, ihren Abfall zu Oranien für unmöglich halten, sagt Vauban ins Gesicht, dafs sie von der wahren Stimmung im Lande, von der allgemeinen Unbeliebtheit der jetzigen Regierung keine Ahnung hätten. Nicht nur die Hugenotten, sondern eine grofse Schar gut katholischer Unterthanen würde die Landung Oraniens mit Jubel begrüfsen als eine Erlösung aus unerträglichen Zuständen. „Car il ne faut pas flatter, le dedans du royaume est ruiné, tout souffre, tout pâtit et tout gémit: il n'y a qu'à voir et examiner le fond des provinces, on trouvera encore pis que je ne dis. Que si on observe le silence, et si personne ne crie, c'est que le roi est craint et révéré, et que tout est parfaitement soumis, qui est au fond tout ce que cela veut dire[1]."

Solche drohenden Folgen auf dem Gebiete der auswärtigen Politik müssen nun notwendig eintreten, wenn die Koalition gegen Ludwig auch fernerhin zusammenhält, und besonders, wenn Wilhelm von Oranien, der „Usurpator von England", darin die entscheidende Stimme sich wahrt. Denn ihre Übermacht mufs auf die Dauer Frankreich zu einer „basse et lâche défensive" nötigen, die vielleicht noch nicht einmal hinreichen würde, einen feindlichen Einbruch über die Grenzen zu verhüten.

Sobald aber der König in die Defensive zurückgedrängt wird, ist der Staat wegen der inneren Spaltung auf eine schiefe Ebene gestellt, die zum offenen Bürgerkriege, zu einer „révolution dans l'Etat" führen wird. Und die Lage ist momentan so „que tout cela peut arriver, et que les apparences mêmes (en égard à l'état des affaires présentes) paraissent plus pencher pour l'affirmative que pour la négative".[2]

Wie ist nun diese schiefe Ebene zu vermeiden? — Der König mufs erstens ein Mittel finden, die Koalition aufzulösen, und zweitens verhüten, dafs die Restitution zu einer Friedensbedingung gemacht wird. Beides ist möglich dadurch, dafs der König sofort aus eigener Initiative das Edikt restituiert. Er giebt damit dem Volke die Ruhe wieder, deren es nach so furchtbaren Opfern dringend bedarf, und nimmt den Feinden eine gefährliche Waffe aus der Hand. Denn die Interessen der verbündeten Mächte sind so konträr, dafs ihr Bündnis zerfällt, sobald das einigende Band verschwindet, das in der Sympathie mit den Hugenotten besteht. Alsdann wird sich zeigen, wie sehr die europäischen Staaten zum Frieden geneigt sind.

Das zweite Memoire, von 1691, unterscheidet sich kaum inhaltlich vom ersten; nur wird noch nachdrücklicher auf die Gefahr hingewiesen, die von Englands Seite droht. Es giebt keinen anderen Ausweg aus dem Dilemma, als die sofortige Restitution des Edikts.

Und nur durch eine noch verstärkte Betonung dieses

---

[1] Ois. I, S. 8.
[2] Ois. I, S. 9.

Punktes unterscheidet sich endlich das dritte Memoire (1693) von den beiden ersten. Hier steht das Problem des Friedens ganz im Mittelpunkte der Betrachtung. Obwohl die politische Lage noch keine Aussicht auf eine baldige Beendigung des verheerenden Krieges böte, so müsse man doch schon jetzt über die Bedingungen nachdenken, unter denen ein günstiger Friede zu erlangen sei. Sein Haupthindernis sei die „affaire des conversions", weil die Hugenotten alle ihre Hoffnung auf einen für Ludwig ungünstigen Ausgang des Krieges setzen und sie und ihre Gönner nichts unterlassen werden, um einen solchen herbeizuführen. Der mächtigste dieser Gönner ist Wilhelm von Oranien, der „Protektor" der feindlichen Konfession. Er vermag seine usurpierte Herrschaft nur durch die Verbindung aller Protestanten zu stützen; also sind ihre Interessen solidarisch. Sobald mithin der Fall eintreten sollte, dafs die Restitution des Edikts zur Friedensbedingung gemacht würde, so würde der Oranier allen seinen Einflufs geltend machen, um die Erfüllung dieser Bedingung zu erzwingen: d. h. eine gewaltsame Intervention der Mächte in die innersten Angelegenheiten des Reiches herbeizuführen.

Das würde, so fürchtet Vauban, den Sturz der Königlichen Autorität, ja sogar den Untergang der katholischen Religion zur Folge haben. Es giebt nur Ein Mittel, dem vorzubeugen: die freiwillige schnelle Restitution des Edikts durch den König selbst. „Voilà un moyen certain pour lever une des plus grandes difficultés de la paix"[1].

Um es noch einmal zu wiederholen, so war der gemeinsame Gedanke in den drei Schriften dieser: Einerseits ist das Land „ruiné" und die Aufhebung des Edikts vergröfsert den Ruin mit jedem Tage mehr. Andererseits wird die auswärtige Lage durch Englands wachsende Macht immer schwieriger und erfordert immer mehr die ganze Kraft eines gesunden Staates. Seine verlorenen Kräfte kann der Staat aber erst im Frieden wiedergewinnen, und die Restitution des Edikts ist das Mittel, um den Frieden herzustellen.

Schon oben sahen wir, dafs Vauban sich inmitten der sonst herrschenden Siegeszuversicht nicht dem Gedanken verschlofs, der Feind könne den, von ihm (Vauban) selbst geschaffenen, für unüberwindlich geltenden Festungsgürtel durchbrechen, den Krieg in das Innere des Landes tragen und so der bisher beliebten aggressiven Politik ein Ende machen. Schon früher als in der Denkschrift über die Hugenotten (1689) hat Vauban diesen pessimistischen Gedanken geäufsert, in dem Memoire: L'importance dont Paris est à la France et le soin que l'on doit prendre de sa conservation"[2].

[1] Rochas a. a. O. S. 342. [2] Ois. I, S. 45 ff.

Die Schrift ist ein grofser, weitläuftig mit allgemeinen politischen Betrachtungen motivierter Plan für eine Befestigung der damals noch offenen Hauptstadt Paris. Die Stadt sei gegen einen feindlichen Einfall nicht gesichert. Ein solcher sei „zwar sehr schwierig, aber nicht unmöglich", und man könne sich nicht darauf verlassen, dafs die aggressive Politik, wie sie seit 30 Jahren mit so grofsem Erfolge geübt würde, sich immer werde fortsetzen lassen.

Diese Schrift enthält die ersten Spuren jener durchaus pessimistischen Grundstimmung, die wir von da an stets bei Vauban bemerken, wo er über die Politik seiner Regierung Betrachtungen anstellt.

Sie enthält auch im Keime die Idee eines Memoires aus dem Jahre 1693, das Vauban, nach seiner eigenen Aussage, dem Könige überreicht hat, des „Mémoire des dépenses de la guerre sur lesquelles le roi pourrait faire quelques épargnes[1]."

So sehr hatte sich der politische Horizont in den vier Jahren verdunkelt, dafs Vauban jetzt es wagen durfte, dem König den Ernst der Lage mit einem Nachdruck vorzuhalten, dem gegenüber die zurückhaltenden Warnungen der vorerwähnten Schrift über Paris als leichte Bedenken erscheinen.

Man mufs sich vergegenwärtigen, welche Wendung gerade in der letzten Zeit vor der Abfassung dieser Schrift in der Lage Frankreichs eingetreten war[2].

Während die Franzosen 1691 noch auf allen Punkten entschieden das Übergewicht hatten, änderte sich das Verhältnis der Kräfte in dem Augenblick, wo die vereinigte Seemacht der Engländer und Holländer unter Oraniens energischer Leitung auf dem Kampfplatze erschien.

Vauban hatte von Anfang an den König darauf aufmerksam gemacht, dafs jener „Usurpator" die „Geifsel Gottes", wie er ihn nennt, der einzig bedeutende, aber auch wirklich gefährliche Feind sei.

Das Jahr 1692 brachte die erste grofse Niederlage der Franzosen, die Seeschlacht bei La Hogue, in der Colberts Lieblingsschöpfung, die mit ungeheuren Kosten geschaffene Flotte, durch welche er Frankreich den Seestaaten hatte ebenbürtig machen wollen, vernichtet wurde.

Noch war Ludwig zu Lande unbestrittener Herr der Situation, aber schon nach einem Jahr änderte sich auch das: 1693 mufste die französische Armee zum erstenmale auf zwei Punkten — in den Niederlanden und am Oberrhein — zurückweichen.

Das ist die Summe der Eindrücke, unter denen Vauban seine Denkschrift verfafste.

---

[1] Ois. I, S. 225.
[2] Ranke, Werke XI, S. 41 ff.

Wie die drei Memoiren über die Hugenottenfrage, so will auch sie die Mittel angeben, um angesichts der gefährlichen feindlichen Übermacht noch einen möglichst günstigen Frieden zu erringen. Noch sei durch den bisherigen Verlauf des Krieges Frankreich nicht eigentlich geschwächt, aber dem gegenüber solle man nicht vergessen, dafs „les guerres de durée, quelqu'heureux qu'en soient les commencements, fatiguent les Etats par les suites, et les épuisent d'hommes et d'argent, specialement quand elles sont outrées et poussées aussi vivement que le roi fait celle-ci[1]."

Vauban verurteilt schonungslos die von Louvois beliebte, und auch nach dessen Tode (1691) fortgesetzte aggressive Kriegführung. Sie müsse unfehlbar den Staat entkräften und in wenigen Jahren zu weiterem Widerstande unfähig machen. Es ist die höchste Zeit, einzulenken und eine andere Politik zu beginnen. Die Losung lautet: zurück in die Defensive! „Pour cela, il n'y a qu'à le prendre sur un pied plus bas que du passé, et se mettre sur une défensive soutenable . . . ."[2].

Der Marschall begründet seinen Rat folgendermafsen. Frankreich ist eine geschlossene Macht, die Einem Willen gehorcht: die Partei der Feinde ist ein Konglomerat von einzelnen Interessen, die auf tausend Punkten divergierend, nur in dem Einen harmonieren, dafs sie den baldigen Untergang Frankreichs wünschen. Je länger wir widerstehen, desto schwieriger wird es auf jener Seite den Führern, zusammenzuhalten. Mit jedem Tage werden die Sonderinteressen sich mehr erheben über das Gesamtinteresse. Umgekehrt ist gerade die Organisation der französischen Macht wie geschaffen zur Politik des „tirer la guerre en longueur". Gelingt dies so lange, bis sich die Koalition in ihre Bestandteile auflöst, so wird Frankreich die Friedensbedingungen stellen können. „. . . . mais pour cet effet il faut entrer dans le ménagement des hommes et des finances et chercher les moyens d'y parvenir de la manière plus praticable et la moins à charge à l'Etat"[3].

Wie in den früheren Schriften, so ist also auch in dieser das Ziel der Friede. Das Mittel war oben ein negatives, nämlich das Haupthindernis des Friedens hinwegzuräumen; hier ist es das positive, durch anhaltende Defensive die Koalition aufzulösen.

Die Voraussetzung ist das „ménagement des hommes et des finances", welches in 28 Artikeln näher auseinandergesetzt wird. Die meisten der vorgeschlagenen Mafsregeln sind rein militärischer Art, und betreffen die Reform des Garnison- und

[1] Ois. I, S. 226.
[2] Ois. I, S. 227.
[3] Ois. I, S. 228.

Lagerwesens, der Verproviantierung und der Aushebung der Rekruten; alles zu dem Zwecke, das Menschenmaterial der Truppen zu schonen und andererseits das Volk vor den Ausschreitungen der verwilderten Soldaten zu schützen. Das Unheil, das die schlecht besoldeten und disciplinlosen Soldaten im eigenen Lande anrichten, nennt Vauban ausdrücklich das Übel „qui fait présentement le plus de peine dans le royaume[1]". Die Äcker sind verwüstet, die Dörfer verödet; aller Handel stockt und die Entvölkerung nimmt zu[2].

Sodann rät Vauban, durch eine Verringerung der Kriegsmacht Ersparnisse zu machen. Die Marine habe sich längst als unfähig erwiesen, dem Staate durch Zerstörung des feindlichen Handels Vorteile zu verschaffen. Man solle die Riesensummen, die ihre Erhaltung erfordere, künftig besser verwenden. Dasselbe gelte von grofsen Teilen der Landarmee, besonders der Kavallerie.

Des weiteren fordert er, ebenso höflich wie bestimmt, eine Einschränkung in den mafslosen Ausgaben des Hofes. „Si sa majesté veut bien avoir la bonté d'examiner elle-même les dépenses particulières de sa maison et celles qui environnent sa cour et sa personne, dont elle se pourrait passer dans un temps fâcheux, comme celui-ci, il se pourrait qu'elle y trouverait encore des sommes considérables à épargner[3].

Auch an den Königlichen Bauten, den Haustruppen und an den Gehältern der hohen Würdenträger und Sinekureninhaber könne gespart werden. Endlich schlägt der Marschall noch eine besondere Mafsregel vor, die er um ihrer heiklen Natur willen aber nur für den äufsersten Notfall angewandt wissen will; nämlich, für die Dauer des Krieges den vierten Teil aller Königlichen Pensionen einzuziehen und neue nicht zu vergeben.

Durch alle diese „ménagements" hofft Vauban 30 Mill. ersparen zu können. Ich übergehe seine Vorschläge, wie diese Summe dann zur Durchführung einer „défensive très vigoureuse" verwandt werden könnte. Der letzte Zweck in allen ist, auf diese Weise einen günstigen Frieden zu erlangen.

Im Anschlufs an die Bemerkungen in dieser Denkschrift über die Mifserfolge der französischen Marine, machte Vauban zwei Jahre später, 1695, einen originellen Vorschlag[4], der ebenfalls darauf hinzielte, die feindliche Übermacht schneller zum Frieden geneigt zu machen.

Ganz Europa, so beginnt Vauban, steht gegen Frankreich in Waffen. Die Streitkräfte der Koalition sind mehr als

---

1 Ois. I, S. 236.
2 Ois. I, S. 234 f.
3 Ois. I, S. 142—43.
4 In dem „Memoire concernant la caprerie etc." 1695, Ois. IV, S. 157 f.

doppelt so grofs als die unsrigen. Unsere bisherigen Erfolge garantieren nicht mehr solche für die Zukunft. Sie waren das Resultat der „efforts extraordinaires" des Staates: aber dessen Kräfte sind der Erschöpfung nahe, und selbst, wenn man sich zu einer systematischen Defensive entschlösse, so wäre auch damit — so urteilt Vauban jetzt, zwei Jahre später! — noch keine Sicherheit geboten, dafs Frankreich sich länger gegen die Übermacht werde halten können. Denn sobald die Feinde erst Anzeichen von Schwäche bemerken, werden sie weniger als je zum Frieden geneigt sein.

Die Verteidigung zu Wasser ist unter den gegenwärtigen Umständen und bei der Abneigung des Königs gegen eine Änderung der Strategie zu Lande, die einzige, von der noch erhebliche Vorteile zu erwarten sind.

Denn die eigentlichen Feinde Frankreichs sind England und Holland: alle übrigen sind nur so weit gefährlich, als sie durch die kolossalen Subsidien der beiden Seemächte, besonders aber Englands, unterstützt werden. Der Angriff gilt also Englands Geld, denn mit ihm steht und fällt die ganze Macht der Koalition. Woher kommt dieses Geld? — Aus den überseeischen Kolonien, als Erlös für die englischen Fabrikate. Die Engländer haben sich zu „Herren des baren Geldes" der ganzen Welt gemacht, „ce qui fait toute leur abondance, et fournit aux moyens de nous continuer la guerre. C'est en un mot de là que vient tout le mal que nous souffrons, et c'est ce mal qu'il faut combattre, et contre lequel il faut employer toute la force et l'industrie possible . . . ."[1]. Könnte man daher den englischen Seehandel vernichten, so wäre jene Geldquelle verstopft und die Macht des Gegners gebrochen. Aber bisher sind alle Bemühungen in dieser Richtung vergeblich gewesen. Denn man soll sich nicht einbilden, dafs Frankreich zur See etwas geleistet habe: die Engländer sind die Herren des Meeres, die französische Marine hat seit sieben Jahren keine Erfolge erzielt.

„Il faut donc donner un autre tour à la guerre de mer . . ." Die geographische Lage Frankreichs ist so, dafs die feindlichen Flotten seine Küsten passieren müssen. Schon haben sich die Piraten in Dünkirchen und anderen Küstenplätzen diesen Umstand zu Nutze gemacht. Da man nun dem Feinde in offener Seeschlacht nicht mehr beikommen kann, so soll man den schon bestehenden Seeraub staatlich unterstützen und organisieren, um so durch den kleinen Krieg im grofsen Stile die feindliche Handelsflotte zu vernichten. Ein System von Kapergenossenschaften mit dem König als erstem Teilhaber an der Spitze, soll diesen Plan zur Ausführung bringen.

[1] Ois. IV, S 160.

Es ist nicht nötig, auf die vielen Einzelheiten des Planes einzugehen. Was Vauban will, ist die Abwendung von einer Kriegführung, die nur immer neue Opfer kostet, den Feind aber nicht an seinem wundesten Punkte trifft und deshalb das Ende des Krieges immer weiter hinausschiebt. Dieselbe Tendenz liegt auch der „Dissertation sur les projets de la campagne prochaine en Piémont"[1] zu Grunde, welche Vauban 1696 dem Könige überreichte. Sie richtet sich gegen dessen hochfliegende Pläne, gegen die aggressive Politik überhaupt und ist eine neue Variation des schon in der Denkschrift über Paris (1689) behandelten Themas. Die Zuversicht auf die Sicherheit der Grenzen ist unbegründet; ein feindlicher Einfall, die Eroberung der Hauptstadt, damit der Ruin des Staates, können in jedem Moment erfolgen, so lange die Truppen nicht zur Defensive an den gefährdeten Punkten konzentriert, sondern im Dienste abenteuerlicher Ideen zersplittert werden, wie es durch die geplante Expedition gegen Piémont z. B. geschehen würde. Man solle die dazu erforderlichen Regimenter lieber verwenden, um das System der Verteidigung vollständiger zu machen.

Verbinde man mit dieser Defensive zu Lande die bereits vorgeschlagene Methode des „Kleinen Krieges" zur See, so würde der ausschlaggebende Feind, England, um seiner Handelsinteressen willen alsbald die Hand zum Frieden bieten.

Aus der Zeit vom Beginn des Krieges, 1688, bis zum Jahre 1696 stammen auch noch drei Denkschriften Vaubans über den Friedensschlufs, von denen aber bis jetzt nur die Titel bekannt sind[2].

In zehn Memoiren also hat der Marschall vom ersten Tage des Krieges an, während der ganzen neun Jahre seiner Dauer, dem Könige begreiflich zu machen gesucht, dafs der Staat, schon durch die Aufhebung des Ediktes von Nantes vor Ausbruch des Krieges erheblich geschwächt, durch die überspannte Machtentfaltung während desselben nur noch mehr erschöpft sei und daher nun des Friedens dringend bedürfe, um sich einer gründlichen Heilung zu unterziehen und sich für die Zukunft gegen die wachsende Macht Englands widerstandsfähig zu machen.

Am 20. September 1697 wurde endlich der Friede zu Ryswyk geschlossen. Er bedeutete für Vauban eine neue Enttäuschung. Sein Urteil über diesen Abschlufs des Krieges findet man in einem längeren Briefe, den er acht Tage vor dem Friedensschlufs auf die erste Kunde von der nachgiebigen

---

[1] Ois. I, S. 183 ff.

[2] „Moyens légitimes de procurer la paix entre les princes chrétiens," o. J. — „Fragment d'un mémoire au roi pour la paix," 1696. — „Places, dont le roi pourrait se défaire en faveur d'un traité de paix," 1694.

Haltung der französischen Unterhändler an den Dichter Racine schrieb[1].

Er ist der unverhüllte Ausdruck einer grenzenlosen Erbitterung über das Geschehene und einer schweren Besorgnis vor unausbleiblichem neuem Unglück. Nur um der Erhaltung von Strafsburg und Luxemburg willen, der wichtigsten Festungen des Landes, welche Vauban selbst erbaut hatte, war seit 1697 der Krieg fortgesetzt worden; nur um sie nicht opfern zu müssen, hatte der König damals die letzten Kräfte des Staates zusammengerafft[2].

Und nun giebt man beide preis: das ist, so sagt Vauban, der „infamste Friede", den Frankreich je geschlossen hat. Die Lage ist keineswegs so ungünstig, manche Vorteile waren errungen, „ . . . et au bout de tout cela nous faisons une paix qui déshonore le roi et toute la nation." Der Wohlstand des Staates war schon längst verloren, jetzt hat er auch seine Ehre preisgegeben, und nicht lange mehr wird es dauern, so ist auch seine Existenz selbst in Gefahr, denn man täusche sich nicht: das Deutsche Reich wird den Frieden nur so lange wahren, bis es zu einem letzten entscheidenden Schlage neu gerüstet ist. „ . . . et la France après s'être ruinée et avoir consommé un million d'hommes pour s'élargir et se faire une frontière, que tout est fait, et qu'il n'y a plus qu'à se donner un peu de patience pour sortir glorieusement d'affaire, tombe tout d'un coup, sans aucune nécessité; et tout ce qu'elle a fait depuis quarante ans ne servira qu'à fournir à ses ennemis de quoi achever de la perdre[3].

Vauban mufste durch diesen Verlauf der Ereignisse in seiner mifstrauischen Haltung gegen die Regierung nur noch bestärkt werden. Aber es ist bezeichnend füs seine mehr auf positives Handeln als auf tadelnde Kritik gerichtete Natur, dafs er, gerade nach dieser Enttäuschung, die Dinge nicht gehen liefs, wie sie gingen, sondern seinen wachsenden Einflufs benutzte, um nun mit jedem Jahre dringender die Regierung zu Reformen anzutreiben. Denn mit dem Kriege war nur die eine Ursache der Entvölkerung entfernt; es blieben die beiden anderen, die in Vaubans Augen noch verheerender wirkten: die Steuerverfassung und die periodisch wiederkehrenden Hungersnöte.

Was Vauban zunächst von der Regierung forderte, war die Finanzreform. Schon während des Krieges hatte er in einer Reihe von Denkschriften[4] Vorschläge für diese Reform gemacht. Es sind davon bis jetzt nur zwei veröffentlicht: der

[1] Abgedruckt bei Michel, Histoire S. 332 ff.

[2] Ranke, Werke Bd. XI, S. 52—53.

[3] Michel, Histoire, S. 333.

[4] Die Titel der noch nicht veröffentlichten Finanzprojekte sind angegeben Rochas a. a. O. S. 174—175.

eine bildet den Anhang zum „Projet de Capitation" von 1694, der andere den Anhang zur „Description de Vezelay" von 1696. Ich citiere beide der Kürze halber als „Entwurf von 1694" und „Entwurf von 1696". In beiden Projekten ist der Friedensschlufs als Voraussetzung für den Beginn der Reformarbeit hingestellt[1].

Gleich nach Beendigung des Krieges, zu Anfang des Jahres 1698, benutzte der Marschall die Ruhezeit, um in seinem Hauptwerke, dem „Projet d'une Dîme royale" die älteren Vorarbeiten endgültig zusammenzufassen. In der Vorrede (S. 4) heifst es, der Friede verspreche eine lange Dauer (!) und es sei daher jetzt der Augenblick gekommen, um alle Schäden, die in den Kriegsjahren zutage getreten seien, zu beseitigen.

Ich behandele in der folgenden Darstellung zunächst die Motive, dann die Ziele und schliefslich die Mittel zur Durchführung der Finanzreform.

[1] Ois. I, S. 178 u. 214.

# Viertes Kapitel.

## I.

### Die Motive.

Vauban begründet die Notwendigkeit einer Reform in folgender Weise[1]. Das bestehende Finanzsystem krankt vor allem an zwei Mängeln: erstens verschüttet es die Quellen, aus denen es den Staatshaushalt speisen soll; es vermindert den Wohlstand der Nation, und damit das Einkommen des Königs. Zweitens dient es dadurch zur Verminderung der Königlichen Macht, dafs es eine Ursache der Bevölkerungsabnahme bildet.

Dieselben Ursachen, welche das Staatseinkommen vermindern, decimieren auch die Bevölkerung. Denn die Verminderung der Königlichen Einkünfte vollzieht sich in folgender Weise. Ein unermefsliches Heer von Steuerbeamten, die oft keinen Finger rühren und nur überall ihren Vorteil suchen, entnehmen über ihre rechtmäfsigen Gehälter hinaus, durch Unterschlagung, dem rohen Steuereinkommen einen so bedeutenden Teil, dafs der Rest nicht für die Ausgaben des Staates genügt.

So lange ferner die Praxis besteht, dafs alle aufserordentlichen Ausgaben, vornehmlich der Kriegsbedarf, durch „affaires extraordinaires“ d. h. durch Kreditoperationen aller Art gedeckt werden, mufs der König notwendig einen unverhältnismäfsig grofsen Teil seines Einkommens der Schar seiner Gläubiger als Zinsen überlassen.

Während die kostspielige Verwaltung und der Staatskredit so einen Teil der Königlichen Einkünfte verschlingen, tragen sie andererseits dazu bei, die Zahl derer, welche jene Summen

---

[1] In den Entwürfen von 1694 u. 1696 und in der Dîme royale passim.

beschaffen müssen, die Zahl der Steuerzahler, noch zu vermindern.

Denn die dritte Ursache der Verminderung des Staatseinkommens ist die Steuerfreiheit einer täglich gröfser werdenden Menge von Unterthanen. Aufser den alten privilegierten Ständen, dem Adel und Klerus, geniefsen eine solche Freiheit auch noch die Beamten und die Staatsgläubiger, welche sie durch Ämterkauf, Adelsbriefe u. s. w. erworben haben. Das herrschende System hat die Tendenz, diese beiden Klassen beständig zu vergröfsern und so die Zahl der wirklichen Steuerzahler in gleichem Mafse zu verkleinern. In derselben Richtung wirkt die Steuerfreiheit aller derer, welche diese durch Bestechung der gewissenlosen Beamtenschaft erworben haben.

Während die Besitzenden, also die leistungsfähigsten Unterthanen, sich mehr und mehr der Besteuerung entziehen, fallen auf der anderen Seite die Besitzlosen, das „menu peuple“, auf dem die ganze Steuerlast ruht, einer stets zunehmenden Verarmung anheim, wodurch natürlich ihre Steuerkraft und damit das Staatseinkommen abnimmt. Die Ursachen der Verarmung sind folgende: Die zu repartierende Last der direkten Steuern wird infolge des wachsenden Bedarfs immer gröfser, die Zahl derer, welche sie zu tragen haben, wegen der Exemtionen immer kleiner, folglich der Druck auf die Einzelnen, die Übersteuerung des armen Mannes mit jedem Jahre schlimmer, der ihm verbleibende Rest seines Einkommens immer spärlicher.

Innerhalb des Kreises der Steuerzahler wird die Abgabenlast der taille dadurch noch unerträglicher, dafs ihre Veranlagung auf die Einzelnen „willkürlich“ erfolgt. Es herrscht infolgedessen völlige Unsicherheit des Erwerbs, Stockung der Produktion und allgemeine wirtschaftliche Stagnation, die wiederum zur Verarmung führt.

Während so das Einkommen der unteren Klassen systematisch verringert wird, mufs doch mit demselben ein stets teurer werdender Lebensunterhalt bestritten werden. Es sind die Salzsteuer, die Getränkesteuer und das System der Provinzial-Zölle, welche in dieser Weise die Armut befördern.

Was der Fiskus der Bevölkerung dann noch übrig läfst, wird ihr durch die Erpressungen von seiten der Steuerbeamten genommen.

So wird von Vauban der Verfall der Finanzen auf die Finanzverfassung und Finanzverwaltung selbst zurückgeführt und damit eine Reform derselben motiviert.

Die zweite Conception — das herrschende System ist eine Ursache der Bevölkerungsabnahme — hat man bisher nicht in ihrer Eigenschaft als Motiv zur Finanzreform erkannt: sie ist aber der ersten in Vaubans eigenen Augen noch an Bedeutung überlegen. Ein Hinweis auf die betreffenden Stellen in den Finanzprojekten wird dies gleich erweisen.

Schon der Entwurf von 1694 geht von dem Gedanken aus[1]: das herrschende Steuersystem decimiert die Bevölkerung, indem es die Armen der Existenzmittel beraubt. Was die Reform beseitigen soll, das ist „en un mot, tout ce qu'il y a de mauvais et d'onéreux dans l'État, qui n'est bon qu'à détruire la basse partie du peuple ....", deren Untergang notwendig auch den Sturz der oberen Klassen nach sich ziehen mufs.

Die innere Verbindung der Finanzreform mit der Sorge um die Bevölkerungszahl tritt noch ersichtlicher in dem Entwurf von 1696 hervor. Darin wird auf die Zunahme der Bevölkerung als die wichtigste der voraussichtlichen Folgen der Reform hingewiesen mit den Worten: wenn die Unterthanen erst aus dem Zustande des Elends erhoben sein würden, alsdann „... ils s'accroîtraient à vue d'oeil, et augmenteraint en même temps sa puissance par le nombre prodigieux d'hommes propres à la guerre ...".

Wohl infolge der inzwischen stärker gewordenen Abnahme der Bevölkerung läfst der Autor dieses Motiv in der Dîme royale noch stärker hervortreten. In der Vorrede schon ist der leitende Gedanke: die Entvölkerung wütet in den untersten Schichten des Volkes, weil diese durch eine übermäfsige Steuerlast erdrückt werden, und nur eine Steuerreform kann der Entvölkerung Einhalt thun (S. 15). Auch hat Vauban hier ausdrücklich betont, dafs er in der Zunahme der Bevölkerung das zu erwartende Hauptresultat seiner Reform erblicke. „On peut espérer que l'établissement de la Dîme royale pourra réparer tout cela .... et remettre le royaume dans une abondance parfaite d'hommes et de biens; car quand les peuples ne seront pas si oppressés, ils se vêtiront et nourriront mieux ....“[2].

Dieselbe Gedankenverbindung findet sich dann im weiteren Verlaufe der Schrift noch häufiger; so wird z. B. S. 128 der bestehenden Steuerverfassung die Tendenz zur Verminderung der Bevölkerung mit den Worten zugeschrieben: sie zwinge das Volk zu ungenügender Ernährung und Bekleidung, „d'où s'ensuit la désertion des plus courageux, la mort et la mendicité d'une partie des autres, et une très notable diminution des peuples, qui est le plus grand mal qui puisse arriver dans un État". Und dieses Übel hat sich seit sieben Jahren fortdauernd verschlimmert.

Am besten erkennt man aber den bezeichneten Zusammenhang aus dem Schlufskapitel, wo von der Bevölkerung

---

[1] Ois. I, S. 179.

[2] Dîme S. 18.

als den „fonds du revenu des rois“ die Rede ist. Der König habe nichts zu unterlassen, um diese Quelle seiner Macht stets flüssig zu erhalten und zu verstärken: „Ce qui arrivera infailliblement, quand les impositions seront proportionnées aux forces d'un chacun ...“ — wenn ferner die Einkünfte besser verwaltet sind, wenn das Volk befreit ist von der Ausbeutung durch die traitants, von dem Druck der taille, der Getränkesteuern, der Provinzialzölle, der Salzsteuer und aller anderen „droits onéreux“. Was der Autor hier als Hemmnisse einer normalen Bevölkerungszunahme nennt, das ist, wie man sieht, die Gesamtheit der von ihm verworfenen Steuerarten; die Reform will alle diese Hemmnisse verschwinden lassen.

Man hatte bisher wohl bemerkt, dafs Vauban auf die Bevölkerungszahl grofses Gewicht lege, jedoch die innere Verbindung dieser dominierenden Vorstellung mit dem Hauptinhalt der Dîme royale, der Finanzreform, übersehen; vermutlich, weil man, durch die Tradition veranlafst, nach ganz anderen, der modernen nationalökonomischen Denkweise näher verwandten, Motiven suchte.

Jetzt ist auch der Zusammenhang zwischen den beiden Motiven des Reformplanes einfach zu durchschauen: der Ruin der Finanzen und die Abnahme der Bevölkerung haben zur gemeinsamen Ursache die Massenarmut der breiten Schichten des Volkes. Sie vermindert die Steuerkraft und damit das Staatseinkommen; und sie bildet das Vorstadium der Entvölkerung, indem sie die Stärkeren zur Auswanderung treibt, die Schwächeren aber verhungern läfst[1].

Was nun so in doppelter Weise die Macht des Königs untergräbt, das ist selbst die Wirkung des bestehenden Finanzsystems und wird mit diesem, d. h. durch die Finanzreform verschwinden.

Das sind die einfachen Elemente der Begründung, mit welchen der Marschall seine Forderungen rechtfertigt.

## II.

## Die Ziele.

Diese ergeben sich daraus von selbst, und sind im Grunde keine anderen Ideale als die, welche schon Sully und Colbert vergeblich in ihrer ganzen Reinheit zu verwirklichen gesucht hatten, und die der letztere so zu präcisieren pflegte: „Augmenter les revenus du roi et soulager le peuple“.

---

[1] Von dieser Massenarmut, der „mendicité“ sagt Vauban, dafs sie schon den ganzen zehnten Teil der Nation ergriffen habe; die Strafsen des Reiches wimmelten von Bettlern. (Dîme royale S. 3.)

Aus diesem allgemeinen Ziele der Reform ergeben sich nun wieder ihre gesonderten Aufgaben, wenn man die oben erwähnten besonderen Ursachen der Finanznot und der Entvölkerung in Betracht zieht. Darnach hatte die Reform folgende Aufgaben zu erfüllen.

Erstens die Reform der Verwaltung, des Beamtentums.

Zweitens Abschaffung des Staatsschuldenwesens.

Drittens die Entlastung der Besitzlosen durch gröfsere Belastung der Besitzenden; deshalb Abschaffung aller Steuerfreiheiten und gleichmäfsige Verteilung der Staatslasten auf alle Unterthanen.

Viertens Beseitigung der Abgaben auf die notwendigen Lebensmittel.

Auf diesen Grundgedanken ist das Finanzprojekt aufgebaut.

# Fünftes Kapitel.

Über den ersten Punkt können wir mit wenig Worten hinweggehen. Vauban glaubte alle die zahllosen Übel, welche aus der Unehrlichkeit und Härte der Beamten entsprangen, einfach durch Beseitigung der Steuern aus der Welt schaffen zu können, in deren Verwaltung sich die betreffenden Mifsstände zeigten. Auf die Inkonsequenz, welche er hier beging, komme ich am Schlusse der Schrift noch zurück.

Dagegen bedarf die zweite Aufgabe der Reform einer eingehenderen Erörterung, um so mehr, als dieser Teil bei früheren Darstellern kaum Beachtung gefunden hat[1]. Dem System Vaubans würde die innere Vernünftigkeit fehlen, wenn ihm nicht zur Voraussetzung die schwerwiegende Forderung vorangestellt wäre: Beseitigung des gesamten Schuldenwesens. Nur aus dieser negativen Seite des Programms ist sein positiver Teil zu verstehen. Auch ist es dieser Gedanke, die Krone von aller Schuldknechtschaft, aller Abhängigkeit von den besitzenden Klassen zu befreien und ihre wirtschaftliche Existenz allein auf den sicheren Boden einer allgemeinen Besteuerung aller Unterthanen zu stellen, der beweist, dafs Vauban nicht blofs da, wo er gelegentlich wirtschaftspolitische Fragen streift, sondern auch in den Grundgedanken seines Finanzprojektes sich Colbert angeschlossen hat.

Die französische Monarchie, wie sie Vauban vor sich sah, war hervorgegangen aus einem doppelten Kampfe. Im Innern emancipierte sich die Dynastie von aller Mitregierung der Prinzen, Grofsen und Stände des Reiches; nach aufsen hin schuf sie sich im Kampfe mit der habsburgischen Monarchie

[1] Dies gilt auch von der Schrift Michel und Liesses, die den Zusammenhang zwischen der Kritik des Staatsschuldenwesens und der Steuerreform nicht beachtet haben.

eine führende Stellung in Europa. Dieser zwiefache Kampf verzehrte während der ersten Hälfte des siebzehnten Jahrhunderts die wirtschaftlichen Kräfte des Landes. Mazarin hinterliefs seinem Könige die fest gefügte absolute Monarchie, aber auch einen zerrütteten Staatshaushalt und eine Schuldenlast, die aller Tilgungsversuche zu spotten schien.

Denn als die Regierung die Mittel zum Kriege nicht mehr durch Steuern aus den ausgesogenen unteren Klassen hatte erpressen können, ohne das schon aufständische Landvolk zu offenem Aufruhr zu reizen, war sie zu der bequemeren Methode des Schuldenmachens übergegangen. Sie konnte sich so die wirtschaftlichen Kräfte der noch wohlhabenden besitzenden Klassen ohne das unliebsame Mittel der Besteuerung zu Nutze machen. Sie bediente sich dabei der Vermittelung jener berüchtigten Klasse der Staatswucherer, der „traitants“ oder „partisans“, welche es übernahmen, durch ein verwickeltes System von Anleihearten das Geld für den Bedarf des Augenblicks zu beschaffen. Diese Leute verstanden es schnell, Klerus, Adel, Beamtenschaft, kurz alle Besitzenden, vor allem aber die Steuerpächter und die übrige Finanzwelt von sich abhängig zu machen, indem sie ihnen Teilnahme an ihren Wuchergeschäften gewährten. Dafür genossen sie den Schutz der politisch einflufsreichen Kreise.

So entstand jenes unentwirrbare Netz von Interessenverknüpfungen, das den König und seinen Minister mehr und mehr verstrickte, und das dieselben nicht zerreifsen durften, wenn sie nicht in ihrer kriegerischen Politik auf halbem Wege stehen bleiben wollten. Die Geschichte der absoluten Monarchie ist in Frankreich aufs engste verknüpft mit der Geschichte dieser Geldaristokratie. Die eine stützte die andere. Nicht mehr die Regierung des Königs, sondern eine Clique von Geldmännern hatte die wirtschaftlichen Kräfte des Landes zu ihrer Verfügung.

Das System hatte sich zuletzt in Einem Manne verkörpert, dem Grofsbankier des Staates, Nicolaus Foucquet. Die geschichtliche Bedeutung desselben beruht darauf, dafs mit ihm die haute finance, an deren Spitze er stand, nicht nur wie schon lange bisher materiell, sondern auch formell die Leitung der Finanzverwaltung in die Hand bekam. Foucquet war der Bankier Mazarins und zugleich Surintendant des finances. Er hatte nicht nur den Kardinal, den Hof und die oberen Gesellschaftsschichten, sondern überhaupt die öffentliche Meinung auf seiner Seite.

Im Auftrage Ludwigs unternahm es Colbert, diesen Mann und sein System zu stürzen, um so reine Bahn für eine monarchische Reformpolitik zu schaffen. Eine chambre de justice wurde eingesetzt, um den Ausbeutern des Staates den Prozefs zu machen. Grofskapitalisten, Steuerpächter, hohe

Staatsbeamte und die Unzahl der mitschuldigen Unterbeamten, Agenten u. s. w., kurz alle, welche das Volk als „financiers“ verabscheute, und welche überführt werden konnten, sich auf Kosten des Staates bereichert zu haben, wurden nicht nur ihres Vermögens beraubt, sondern in die Bastille geworfen, verbannt oder auch zum Tode verurteilt.

Das Murren der Besitzenden und der Jubel der unteren Volksklassen begleitete diesen Gewaltakt. Die Staatskasse gewann dabei über 100 Mill. L., die zum gröfseren Teile zur Schuldentilgung verwandt wurden. Den entrüsteten Staatsgläubigern begegnete Colbert mit der kühlen Bemerkung, der König könne seine Schulden bezahlen, wann und wie er wolle, und werde sich durch niemand daran hindern lassen.

Colbert war ein principieller Gegner des Schuldenwesens. Er hatte es bis auf wenige Reste beseitigt, als der Krieg beendigt war; und so lange der Friede anhielt und der König ihm volles Vertrauen schenkte, vermochte er auch praktisch an seinem Grundsatze festzuhalten.

Sobald aber Louvois, seit Anfang der siebziger Jahre, den König für sich und seine aggressiven Pläne gewonnen hatte, begann auch mit dem Kriege das System der Anleihen von neuem; freilich, so lange Colbert lebte, noch in mäfsigem Umfange.

Das änderte sich schon unter seinem Nachfolger Le Peletier und vollends, als Pontchartrain 1689 die Leitung der Finanzen übernahm, um sie zehn Jahre lang zu führen. Es ist dies die Zeit, in der Vauban seine finanzpolitischen Schriften verfafste, und seine Kritik der affaires extraordinaires ist nichts anderes als eine Kritik der Mafsregeln, welche Pontchartrain anwandte, um die Mittel zur Durchführung des damaligen Krieges zu beschaffen.

Hielt Le Peletier noch einigermafsen an den guten Traditionen Colberts fest, so bedeutete die Verwaltung seines Nachfolgers einen völligen Bruch mit ihnen und die konsequente Anwendung des Grundsatzes, das Geld da zu nehmen, wo es im Augenblick am schnellsten und billigsten zu haben war. Von höheren volkswirtschaftlichen Rücksichten konnte ja auch angesichts der prekären Lage des Staates, wie sie durch die Kriegserklärung 1688 nun einmal geschaffen war, keine Rede sein. Man sah daher alle jene Finanzpraktiken aus der Zeit Foucquets wiederkehren, welche Colbert für immer beseitigt zu haben glaubte. Aber Pontchartrain war auch unerschöpflich in der Erfindung neuer Kreditoperationen, welche oft nur den Erfolg hatten, die älteren zu entwerten und so den Kredit des Staates zu verschlechtern [1]. Berühmt geworden sind die unzähligen Ämterkreationen; die Rentenschuld

[1] Dührer, Histoire de la dette publique en France I 1886, S. 116 ff.

stieg ins Ungeheure; Tontinen, Leibrenten, Verpfändungen von Einkünften, Verkäufe von Adelsbriefen und Steuerbefreiungen, endlich eine Reihe von Münzverschlechterungen vollendeten[1] das „System".

Indessen auch wenn man, wie der Minister es that, an alle diese Mittel allein den Maſsstab des rein fiskalischen Augenblickserfolges legte, muſste man doch schon nach wenigen Jahren das Unzulängliche einer solchen Finanzpolitik durchschauen.

Daſs Pontchartrain selbst schon 1694 zu dieser Erkenntnis kam, wurde die Veranlassung für ein Ereignis, das zugleich in der französischen Finanzgeschichte und in den politischen Bestrebungen Vaubans eine Epoche bedeutete: nämlich die Einführung einer auſserordentlichen Kriegssteuer, der capitation générale, welche, im Oktober 1694 vorbereitet, am 18. Januar 1695 publiziert wurde.

Der König, an sich schon zum Frieden geneigt, muſste den Krieg fortsetzen, um nicht seine festesten Plätze, Straſsburg und Luxemburg, zu verlieren[2]. Und doch zeigte sich das System Pontchartrains unfähig, noch ferner die Mittel zur Fortführung des Krieges zu beschaffen. Das Deficit war bereits auf circa 90 Mill. angewachsen, die Steuern gingen täglich schwieriger ein und der Kredit lieſs die Regierung im Stich.

In diesem entscheidenden Augenblick entschloſs sich Pontchartrain zu einer radikalen Neuerung, zu einer auſserordentlichen allgemeinen direkten Steuer. Er durchbrach damit das uralte Princip der personalen Steuerfreiheit der oberen Klassen.

Vaubans Reformplan ist nun mit diesem Ereignis — dem „fait saillant de cette période"[3] aufs engste verknüpft.

Gerade ein Jahr vor der Krisis hatte der Marschall, wie wir sahen, in dem „Mémoire des dépenses de la guerre" dem Könige bereits mit dürren Worten prophezeit, angesichts der wirtschaftlichen Notlage des Staates müsse seine Art der Kriegführung mit einem Bankerott endigen, wenn er nicht die vorgeschlagenen Maſsregeln für Ersparnisse anwenden wolle. Jetzt, im Jahre 1694, schien der gefürchtete Zeitpunkt schon gekommen zu sein. In dieser „nécessité pressante" bot Vauban wiederum der Regierung seinen Rat an, indem er in dem „Projet de Capitation[4]" die Idee einer auſserordentlichen Kriegssteuer entwickelte.

Es läſst sich vor der Hand nicht feststellen, ob Vauban damit nur einem Gedanken beipflichtete, der bereits von der

[1] Ebenda S. 119—120.
[2] Ranke, Werke XI, S. 52.
[3] Clamageran, Histoire de l'impôt en France, Bd. III, S. 6.
[4] Ois. I, S. 159.

Regierung zur Diskussion gestellt war, oder aber selbst der Urheber der ganzen Idee und damit einer epochemachenden Neuerung in der Steuerverfassung gewesen ist[1].

Indem mit dem Princip der Befreiung der oberen Stände von den direkten Staatssteuern hier zum ersten Male gebrochen wurde, bedeutete schon die 1695 wirklich eingeführte Steuer, welche von 1701 an dauernd erhoben wurde, einen grofsen Fortschritt auf dem Wege zum modernen Steuerwesen, trotz der Mängel, welche ihr im Plane sowohl, wie in der Ausführung noch anhafteten, und um derentwillen sie Vauban später mit den übrigen Abgaben verurteilte (Dîme r. S. 27). Aber so hoch sich auch diese Steuer über die alte taille personnelle erhob, ebenso tief stand sie doch, auch der Idee nach, unter dem, was der Marschall in seinem Projet de capitation, als eine allein rationelle und gerechte Steuer vorgeschlagen hatte. Der Abstand zwischen beiden ist der zwischen einer halb nach Rang und Beruf, halb nach dem Vermögen abgestuften Klassensteuer und einer prozentualen Einkommensteuer.

Dazu kam noch ein anderer sehr wesentlicher Unterschied. Auch in diesem Augenblicke gröfster Bedrängnis wagte die Regierung es doch nicht, das Vorrecht des mächtigsten Standes, des Klerus, anzutasten und ihn der Capitation zu unterwerfen, sondern liefs sich, wie bisher, mit einer „freiwilligen Gabe" abfinden.

---

[1] Der Herausgeber der Oisivetés verlegt die Schrift in den Februar 1695. Dagegen ist sie in der Correspondence des contrôleurs géneraux von Boislisle mit der Jahreszahl 1694 versehen (Bd. I, S. 561). Ich halte diese letztere Angabe für richtig, sowohl weil Boislisles Ausgabe neuer und sorgfältiger ausgearbeitet ist, als die der Oisivetés, als auch, weil der Inhalt der Denkschrift beweist, dafs sie unmöglich erst geschrieben sein kann, nachdem die Steuer schon beschlossene Sache war. Der Vorschlag Vaubans, so, wie er vorliegt, konnte nur Wert haben in einem Augenblick, wo die Entscheidung noch nicht getroffen war, d. h. mindestens vor dem 18. Januar 1695. Sie ist deshalb wahrscheinlich schon 1694 geschrieben. Clamageran führt (Bd. III, S. 32) auf Grund der Angaben Saint-Simons den Anstofs zur Einführung der Steuer auf eine Adresse zurück, welche die Stände von Languedoc am 10. Dezember dem Könige überreichten. Diese Angabe ist unrichtig. Pontchartrain hat die Grundgedanken der Steuer bereits in einem Cirkular an die Intendanten vom 31. Oktober 1694 dargelegt (Mémoires des intendants sur l'État des généralités Bd. I, 1881 Anhang). Er kann also nicht erst durch jene Adresse die Anregung empfangen haben. Dagegen kann man fragen, ob er nicht durch Vaubans Denkschrift zur Einführung der Steuer veranlafst ist. Was dafür spricht, ist seine nahe Bekanntschaft mit Vauban (für welche die bei Michel, Histoire S. 263 und 323 abgedruckten Briefe Beweise sind) und ferner die Thatsache, dafs einer der Hauptgedanken in Vaubans Denkschrift, die neue Steuer nicht den traitants zu überliefern, auch in Pontchartrains Cirkular auffallend stark betont ist. Jedenfalls hat diese Vermutung genug Gründe für sich, um gegenüber der unrichtigen Angabe Clamagerans hier erwähnt werden zu können.

Vauban dagegen wollte von keiner Ausnahme etwas wissen: gerade auf die Heranziehung des Klerus in der für alle übrigen gültigen Form der Besteuerung legte er in seinem Projekt grofses Gewicht[1].

Für die Entstehung des in der Dîme royale vorliegenden allgemeinen Finanzreformplanes ist nun diese Gelegenheitsschrift von entscheidender Bedeutung gewesen. Die Tagesfrage: Sollen die Mittel zur Fortführung des Krieges auf dem bisher üblichen Wege des Kredits beschafft werden, oder aber durch einen Bruch mit dem Herkommen und mit der Anschauung der mafsgebenden Kreise der Nation, vermittelst einer allgemeinen direkten Steuer? — diese Tagesfrage erweiterte sich für Vauban, indem er zu ihr Stellung nahm, zu der allgemeinen Frage: Ist die Institution des Staatsschuldenwesens überhaupt zu billigen, oder ist sie nicht als eine Quelle der Ausbeutung des Königs und der unteren Klassen ein für allemal zu unterdrücken und zu ersetzen durch die Verwirklichung des Colbertschen Gedankens der allgemeinen Besteuerung?[2]

Im Eingange bezieht sich Vauban auf sein „Mémoire des dépenses" etc. von 1693; nochmals fordert er eine Verminderung der Armee und Änderung der Kampfesweise. Aber auch bei einem solchen System der Verteidigung werde der Rest der ordentlichen Einnahme nach Abzug der ordentlichen Ausgaben und der Schuldzinsen nicht ausreichen, um den Kriegsbedarf zu decken. Dieses Mancum mufs auf aufserordentlichem Wege beschafft werden. Man hat die Wahl zwischen Anleihen und Steuern; das erste Mittel ist „erschöpft" — es bleibt daher nur eine „capitation judicieuse, légalement répandue sur tous les sujets en état de la payer"[3].

Aber eine solche Steuer würde alle Nachteile der affaires extraordinaires nicht vermeiden, wenn sie gemäfs dem bisherigen Brauche den traitants in die Hände fiele: sie sind „die wahren Verwüster des Königreiches". Nur die vereinigte Thätigkeit der Königlichen Beamten und der Notablen verbürgt eine legale, gerechte Veranlagung; nur so wird der Zweck des ganzen Unternehmens erreicht werden: die Kosten des Krieges aufzubringen „ . . . sans continuer l'accablement des peuples au point que nous le voyons . . . ."

---

[1] Ois. I 163.

[2] Michel und Liesse (S. 52) sehen in der Schrift nur eine Art Vorarbeit zum Hauptwerk der Dîme royale. Sie übersehen dabei erstens, dafs nur der Anhang (der Entwurf von 1694) als eine solche Vorarbeit zu bezeichnen ist, dafs aber das eigentliche Projekt nur der Kriegssteuer gewidmet ist. Sie übersehen zweitens, dafs die „Dîme royale" im engeren Sinne, nämlich die Naturalsteuer, weder der Sache noch dem Namen nach in dem älteren Entwurfe zu finden ist.

[3] Ois. I, S. 160.

Im zweiten Teile seiner Schrift berechnet Vauban den mutmaſslichen Ertrag dieser Steuer, und im dritten Teile folgen dann noch Ratschläge für das Geschäft der Veranlagung. Sehr dringend fordert er, daſs die Steuer sofort nach Beendigung des Krieges aufgehoben werde.

Alsdann beginnt der Anhang (der „Entwurf von 1694“) mit den Worten[1]: „Au reste, cette méthode me parait si exellente et si judicieuse, qu'elle pourraît fort bien servir de modèle pour l'établissement des revenus du roi à l'avenir, à l'exclusion de quantité de mauvais impôts qui sont extrêmement à charge aux peuples.“

Und auf der Abweisung des Schuldenwesens und der Forderung einer allgemeinen direkten Besteuerung, nach dem Muster der vorgeschlagenen Kriegssteuer baut sich nun ein, freilich nur flüchtig skizzierter, Finanzplan auf, der die wesentlichen Bestandteile des später in der Dîme royale entwickelten Systems bereits enthält.

Noch mehr gilt dies von dem Entwurf von 1696. Auch er beginnt mit der Forderung[2]: Fort vor allen Dingen mit dem Schuldenwesen; seine Beseitigung ist die Voraussetzung für eine positive Steuerreform. Wieder sind es die traitants, in denen Vauban die Verkörperung des Kreditsystems, die schlimmsten Feinde des Königs und der besitzlosen Klassen sieht, „qui non contents de le piller par mille voies indirectes, exercent encore sur lui une usure insupportable, et se remplissent de biens à regorger, par de mauvaises voies, tandis que le pauvre peuple périt sous l'accablement du faix.“

In der Dîme royale endlich erweitert sich diese Anklage zu einer ausführlichen Kritik der affaires extraordinaires, um sich dann doch wieder zu einem sehr persönlichen Angriff auf die traitants zuzuspitzen. Vauban sah eben das Staatsschuldenwesen, wie es durch die Praxis Pontchartrains und seines Nachfolgers Chamillart[3] zur Blüte gekommen war, und personifiziert in jenen traitants; nur diesem System gilt seine Kritik und in einer reineren Form vermochte er es sich nicht zu denken.

Aus allen Bemerkungen, welche der Autor dem Schuldenwesen widmet, blickt die eine Grundvorstellung hervor: es ist eine Institution, die zu weiter nichts dient, als einen kleinen Ring reicher Betrüger noch reicher zu machen, das Volk

---

[1] Ois. I, S. 178.

[2] „Si, Dieu donnant la paix à ce royaume, sa majesté faisait sa principale application d'acquitter les dettes de l'Etat, et de l'affranchir de toutes les charges extraordinaires dont il est accablé à l'occasion de la guerre présente et passée . .“ Ois. I, S. 214.

[3] Er verwaltete die Finanzen von 1699 bis 1708.

auszusaugen und dem Könige wohl Vorteile für den Augenblick, auf die Dauer aber ebenfalls nur Nachteile zu bringen.

Als Wirkungen dieser Einrichtung bezeichnet Vauban folgende Erscheinungen[1]. Die Kreditoperationen verschaffen den Vermittlern ungeheure Gewinne, während die Summen, welche wirklich in die Staatskasse fliefsen, die Opfer nicht aufwiegen, welche dadurch den unteren Volksklassen, die an den Geschäften nicht beteiligt sind, auferlegt werden. Denn sie tragen die um die Zinsen und die Anteile derer, welche sich durch jene Kreditgeschäfte steuerfrei gemacht haben, vermehrte Steuerlast. Dazu kommt der Ruin des Handels infolge der zahlreichen aufserordentlichen, ebenfalls von den traitants erhobenen Warenzölle. Andere „Taxen" wieder zerstören den Wohlstand der wenigen noch wohlhabenden Familien auf dem Lande und berauben damit die Armen ihrer letzten Hülfe in der Not; u. s. w. Mit einem Worte, alle affaires extraordinaires „sont également mauvaises pour le roi et pour ses sujets"[2]. Man füttert damit nur die „Armeen der traitants", die „Blutsauger des Staates", deren Zahl hinreichen würde, um die Galeeren zu bemannen, und die sich nicht schämen, mit dem gestohlenen Gelde in der Tasche erhobenen Hauptes in den Strafsen von Paris einherzuwandeln, ganz als seien sie die Retter des Staates[3]. Der König mufs diese „Harpyien" gänzlich ausrotten, wenn er sich sein rechtmäfsiges Eigentum sichern will!

Aber das System der Anleihen und „aufserordentlichen Mittel" und damit die Wirtschaft der traitants war bisher die notwendige Begleiterscheinung eines jeden längeren Krieges gewesen. Vauban wufste dies sehr wohl und ebenso, dafs mit dem Frieden von Ryswyk nur eine Ruhepause gegeben war, in der man sich zum nächsten Kriege rüsten müsse. Von neuem würde der Kriegsbedarf aufserordentliche Mittel erfordern und wenn man diese dann wieder durch die Vermittlung der traitants beschaffte, so müfsten unfehlbar die alten Zustände wieder eintreten.

Die Frage war also: wie kann das Plus über den Friedensbedarf beschafft werden, ohne Anleihen und ohne traitants? — Vaubans Antwort lautete: durch einfache Erhöhung der Steuern.

Seit Colberts Steuerreform beruhte das Gros des Staatseinkommens nicht mehr auf der taille, sondern auf dem System der Verbrauchssteuern, welches der Minister noch zuletzt, 1680, einer Neuordnung unterworfen hatte. Sollte man sie etwa im Kriegsfalle erhöhen? — Das wies

---

[1] Dîme S. 28—30.
[2] Dîme S. 30.
[3] Dîme S. 197.

Vauban entschieden ab. Er erklärte alle Verbrauchssteuern für absolut unfähig, einem wachsenden Bedarfe sich anzupassen[1] — ganz abgesehen davon, dafs er die Besteuerung der notwendigen Lebensmittel überhaupt als Hindernisse der Volksvermehrung principiell verwarf.

Es blieb also für seinen Zweck nur die direkte Besteuerung. Eine solche bestand damals allein in Gestalt der taille und ihrer Zuschlagssteuern taillon, logement, ûtensil etc. Sie war eine Repartitionssteuer; diese ihre Eigenschaft war die Hauptquelle der Ungerechtigkeiten und Mifsbräuche, durch welche die Abgabe eine so traurige Berühmtheit erlangt hat. Jede Erhöhung der Repartitionssumme erhöhte auch die Ungerechtigkeit in der Veranlagung und beförderte so die Verarmung der unteren Klassen. Aus diesem Grunde hatte auch Colbert die taille nicht mehr erhöht, sondern vermindert und die indirekten Steuern entsprechend ausgedehnt.

Andererseits war es einfach unmöglich, die taille, das alte Kainszeichen der Unfreiheit, den privilegierten Klassen aufzulegen, und doch mufsten die unteren Stände durch stärkere Belastung der oberen erleichtert werden. Die Aufgabe war also, die Besteuerung so umzuschaffen, dafs die indirekten Steuern ganz beseitigt oder wenigstens aus ihrer dominierenden Stellung verdrängt, die direkte Besteuerung, aber ohne das Odium der taille personnelle, an ihre Stelle gesetzt und so eingerichtet wurde, dafs ihr Ertrag jederzeit dem aufserordentlichen Bedarfe angepafst werden konnte.

Vaubans Capitation genügte allen diesen Anforderungen. Als allgemeine Quotitätssteuer umging sie die beiden wesentlichen Mängel der taille: die Beschränkung auf die unteren Klassen und das Repartitionsprincip.

Diese „méthode“, welche 1695 nur als aufserordentliche Kriegssteuer die Anleihen ersetzen sollte, war nach des Autors Meinung geeignet, in Zukunft überhaupt alle Anleihen entbehrlich zu machen. Denn Vauban glaubte, den Steuerfufs innerhalb gewisser Grenzen beliebig je nach dem Bedarf des Augenblicks erhöhen und erniedrigen zu können, ohne dadurch das Erwerbsleben zu stören.

Wie der Entwurf von 1696 beweist, hielt er zunächst die direkte Steuer, den „vingtième“, allein für ausreichend, um gegebenen Falls den Kriegsbedarf zu decken[2]. Später änderte

---

[1] Dîme S. 8. „Il y a des pays où l'on met toutes les impositions sur les denrées qui s'y consomment, . . . . En un mot, cette méthode nuit à la subsistance et nourriture des hommes, et au commerce, et ne peut satisfaire aux besoins extraordinaires d'un État parce qu'on ne peut pas le pousser assez loin.“

[2] Ois. I, S. 216. „. . . dans les extrêmes besoins, on serait obligé de payer deux, trois, voire quatre vingtiemes . . . .“

er seine zu optimistische Meinung: er nahm die Salzsteuer zu Hülfe; und so finden wir in der Dîme royale folgendes System: Das gesamte Staatseinkommen, so wie es nach der Reform sich gestalten wird, zerfällt in vier „fonds". Den ersten bildet die Grundsteuer, den zweiten die Gesamtheit der übrigen direkten Steuern von allem nicht aus Grundbesitz und Landwirtschaft fliefsenden Einkommen, den dritten das Salzmonopol.

Diese drei fonds bestimmt Vauban dazu, im Falle steigenden Bedarfes die Aufgabe der affaires extraordinaires zu erfüllen, d. h. durch einfache Erhöhung des Steuerfufses und des Salzpreises die nötigen Überschüsse zu liefern[1].

Dagegen umfafst der vierte fond als „Revenu fixe" alle Einkünfte, deren Betrag nicht willkürlich vermehrt werden könne. Dahin rechnet der Marschall aufser den Domänen, Forsten und Gebühren die Grenzzölle, die „impôts volontaires", d. h. die Steuern auf entbehrliche Genufsmittel, und schliefslich die von ihm neu geplanten direkten Luxussteuern. Als gewöhnlichen Steuerfufs wählt er den „vingtième", während er als oberste Grenze, über welche hinaus keine Erhöhung des Steuerfufses mehr stattfinden dürfe, den „dixième" angiebt.

Wenn Vauban den vingtième für ausreichend erklärt, um den Friedensbedarf zu decken, so setzt er dabei voraus, dafs zuvor alle Schulden des Staates getilgt seien[2].

Auf der Einteilung in die vier fonds beruht die äufsere Gestalt des Systems. Schon diese Thatsache läfst, abgesehen von dem inneren Zusammenhange, deutlich erkennen, in welchem Mafse das Problem, einen Ersatz zu schaffen für die affaires extraordinaires, den Ausbau des Reformplanes beeinflufst hat.

---

[1] Er nennt das System „une rente foncière mobile suivant les besoins de l'État." Dîme r., S. 193.

[2] „ . . . si une fois l'État est débarrassé de toutes les charges inutiles dont il est accablé, et acquitté de ses dettes, la Dime des fruits de la terre au vingtième jointe aux trois autres fonds, sera plus que suffisante pour fournir à toutes les dépenses nécessaires de l'État, tant qu'il ne sera question de guerre." Dîme r. S. 104.

# Sechstes Kapitel.

Die zweite Aufgabe der Reform war eine weitere Entlastung der unteren Klassen durch die gerechtere Verteilung der Steuerlast auf alle Unterthanen. Wir gehen damit über zur eigentlichen Steuerreform.

Ich erwähnte oben, die Bedeutung jenes ersten Teiles des Reformprogramms, die Kritik des Schuldenwesens sei von den bisherigen Darstellern kaum beachtet worden. Das Gegenteil gilt von Vaubans Steuerprojekt. Dasselbe hat in der Litteratur bisher eine Deutung erfahren, die, analog der oben kritisierten, herkömmlichen Auslegung der nationalökonomischen Äufserungen Vaubans, ihn in eine falsche Beleuchtung rückt und daher, ebenso wie jene, hier zu berichtigen ist.

Die Untersuchung des nationalökonomischen und wirtschaftspolitischen Gehalts seiner Schriften hatte erwiesen, dafs Vauban der liberalen Opposition des XVIII. Jahrhunderts nicht beizuzählen sei.

Zu dem gleichen Resultate wird uns auch eine genauere Prüfung seines Finanzplanes führen.

Vauban fordert die Beseitigung der drei Hauptsteuern des ancien régime, der taille, der aides und der Provinzialzölle, ferner der Capitation und der übrigen, nicht näher bezeichneten „impôts onéreux“. In seinem System bleiben nur die Grenzzölle, einige Verbrauchssteuern auf Genufsmittel und, mit dem Vorbehalt einer gänzlichen Umgestaltung, auch die Salzsteuer (gabelle). Aber diese indirekten Steuern werden nur von nebensächlicher Bedeutung sein. Den Kern des Systems, nach Vaubans Anschlag etwa $^2/_3$ der Staatseinkünfte, bildet die nach neuen Grundsätzen geordnete direkte Besteuerung: eine allgemeine proportionale Steuer von allen Erträgen und Einkommen.

Da Vauban also die beiden Steuerprincipien der „staatsbürgerlichen Periode“, die Allgemeinheit und Proportionalität, in sein Programm aufgenommen hat, so machen ihn mit Rücksicht auf diese Axiome sowohl seine französischen wie deutschen Beurteiler zu einem Vorkämpfer der liberalen individualistischen Steuertheorie, wie sie, von Montesquieu und Adam Smith begründet, bis in die neueste Zeit hinein von grofsem Einflufs gewesen und gerade in Frankreich noch heute die herrschende ist.

Es ist das Princip der „Leistung und Gegenleistung“, von dem diese Theorie sowohl den Rechtsgrund der Steuer, also die „Allgemeinheit“ — als auch das Mafs ihrer Verteilung, also die „Proportionalität“ ableitet. Das Individuum zahlt dem Staate die Steuer als Preis für den staatlichen Schutz, und es zahlt sie in dem Mafse, als es diesen Schutz geniefst. Da Alle gleichmäfsig den Schutz des Staates geniefsen, so müssen Alle Steuern zahlen; und da das Einkommen eines Jeden das Mafs angiebt, in welchem ihm die Vorteile der Staatseinrichtungen zu gute kommen, so hat jeder im Verhältnisse zu seinem Einkommen beizusteuern. So ergeben sich die Grundsätze der allgemeinen und proportionalen Besteuerung.

Diese Lehre ist die Anwendung der naturrechtlichen Staatstheorie auf das finanzielle Gebiet. Das mit allen natürlichen Freiheitsrechten ausgestattete souveräne Individuum vereinigt sich im wohlverstandenen Interesse mit Seinesgleichen zur Gründung des Staates, um sich auf diese Weise den Schutz von Freiheit und Eigentum zu sichern. Der Staat hat keine anderen Rechte, als ihm von der Gesamtheit der Individuen zugestanden sind. Ein solches Recht ist das Steuerrecht, d. h. die Befugnis, vom Vermögen der Staatsbürger soviel zu nehmen, als zur Durchführung des einzigen Staatszweckes, des Schutzes von Freiheit und Eigentum, erforderlich ist.

Von neueren deutschen Gegnern dieser Doktrin haben Ad. Held und R. Meyer in dem Marschall einen Anhänger derselben gesehen.

Held [1] zählt Vauban unter die Vorläufer von Ad. Smith, welche alle dem Staatsvertragsgedanken nahe ständen und deren Charakteristikum es sei, dafs sie die proportionale Besteuerung mit Berufung auf die proportionalen Vorteile der Einzelnen begründeten. Durch ein Citat aus Vaubans „maximes fondamentales“ sucht er zu beweisen, dafs in ihnen jene Anschauung vertreten sei.

Meyer [2] schliefst sich im allgemeinen diesem Urteile an,

[1] Die Einkommensteuer 1872, S. 40 u. 122.
[2] Die Principien der gerechten Besteuerung etc. S. 12.

jedoch mit einigen kritischen Zweifeln, wodurch er sich der richtigen Auffassung nähert.

Die französischen Beurteiler Vaubans sind sämtlich Anhänger der liberalen Theorie und haben ihn deshalb, wie zu erwarten war, als ihren Vorläufer gefeiert. So von den älteren Autoren de Girardin[1], einer der radikalsten Vertreter der individualistischen Theorie. Er beruft sich für seine Ansicht, dafs die Steuer eine Versicherungsprämie sei, auf die Gewährsmänner Vauban, Montesquieu, Turgot u. a.

Ebenso urteilt Horn[2]: Nach der älteren Auffassung, so führt er aus, war der König der Eigentümer, die Unterthanen nur Nutzniefser ihres Vermögens und als solche der willkürlichen Ausbeutung preisgegeben. Mit dieser Anschauung brach zuerst Vauban, der Vorläufer von Montesquieu, Mirabeau, Smith und den Männern von 1789. Er sucht nach einer Rechtfertigung, einer „raison d'être" der Steuer und findet sie in dem Princip der Leistung und Gegenleistung. „Pour Vauban l'impôt est ou une sorte de prime d'assurance, dont le taux haussera et baissera pour chaque individu suivant la quantité de fortune à assurer; ou encore une sorte d'abonnement . . ."

Im gleichen Sinne, aber nur kurz behandelt Leon Say[3] diese Frage.

Wie schon früher bemerkt wurde, mufs in der Schrift von Michel und Liesse die „Steuertheorie" Vaubans dazu dienen, ihn, dessen merkantilistische Irrtümer man nicht leugnen konnte, nun doch noch zu rehabilitieren und wenigstens als Finanztheoretiker für die Wissenschaft zurück zu gewinnen.

Die Verfasser meinen, Vaubans „Maximes" enthielten eine meisterhafte Darlegung der ersten Steuertheorie[4], welche an wissenschaftlichem Werte die Lehre Boisguilleberts noch übertreffe und bereits die Grundsätze von 1789 ausspreche. Zum erstenmale werde die alte Ansicht von der absoluten Unterthänigkeit des Volkes verworfen. „Pour lui le peuple n'est pas fait pour le Roi, mais le Roi pour le peuple; et il conclut que l'impôt est le prix de la protection de l'État." Wie die rechtliche Begründung der Steuer, so leite Vauban auch die Bemessung aus jenem neuen Dogma ab; das Princip der Proportionalität sei seine originelle Erfindung, er glaube, die Steuer nach dem Vorteile bemessen zu müssen, den der Einzelne vom Staate empfange, d. h. nach dem Einkommen[5].

Vauban war, wie ich zu zeigen suchte, mit seinem Angriff auf das Schuldenwesen Colberts Spuren gefolgt. Man wird,

---

[1] Citiert von Held, a. a. O. S. 127.
[2] a. a. O. S. 300—301.
[3] Solutions démocratiques de la question d'impôt, S. 93.
[4] a. a. O. S. 94.
[5] a. a. O. S. 54.

m. E. dasselbe von seinen steuerpolitischen Forderungen sagen müssen.

Colbert selbst sah in der Beseitigung des Schuldenwesens nur die eine Hälfte dessen, was für das „soulagement du peuple“ geschehen müfste; die Ergänzung dazu bildete seine Steuerreform. Vor seiner Zeit machte die taille den Hauptbestandteil der Staatseinnahmen aus und von ihr war der leistungsfähigste Teil der Nation befreit. Sie lastete so gut wie ganz auf der armen bäuerlichen Bevölkerung. In den meisten Provinzen war sie „personnelle“, und eben der Gedanke, dafs die Person als solche nicht besteuert werden dürfe, drückte sich in jener Freiheit der oberen Stände aus. Denn an den übrigen Steuern trugen sie wie alle anderen. Colbert tastete die personale Freiheit nicht an, aber er entlastete die taillepflichtige Bevölkerung durch allmähliche Verminderung der als taille zu repartierenden Summe, und auf der anderen Seite belastete er die oberen Klassen und die Städte stärker durch eine planvolle Erweiterung des Verbrauchssteuersystems, welches keine Befreiungen zuliefs.

Aber das Mittel half nur unvollkommen; noch immer war der ärmere Teil des Volkes unverhältnismäfsig belastet, und deutlicher noch als Vauban wies Boisguillebert nach, dafs das Landvolk durch die Steigerung der Verbrauchssteuern und Zölle wieder einbüfste, was es durch Verminderung der taille gewonnen hatte.

Also der Umweg über die indirekten Steuern führte nicht zum Ziel. Auch verwarf ja Vauban diese grundsätzlich. Der gerade Weg, der jetzt allein noch übrig blieb, war die Verneinung der personalen Steuerfreiheit; und so ist denn der Grundgedanke in Vaubans Steuerreform, den er selbst das „fondement de ce système“ nennt, die radikale Forderung: die persönliche Steuerfreiheit der oberen Stände mufs fallen und eine allgemeine direkte Besteuerung ohne jede Exemtion den Kern des Staatseinkommens bilden.

Was Colbert geleistet hatte, war nur die weitere Ausbildung eines schon bestehenden Systems und daneben eine Reform der Verwaltung. Was Vauban geleistet wissen wollte, war die Abschaffung einer Institution, ohne welche das ancien régime nicht zu denken war.

Sollten angesichts dieser Forderung nicht doch die Vertreter des aus der naturrechtlichen Opposition hervorgegangenen Liberalismus recht haben, wenn sie Vauban zu den ihrigen zählen? —

Wenn das Postulat der Aufhebung aller Steuerfreiheiten durchaus nur das Symptom einer liberalen Auffassung vom Verhältnis zwischen Individium und Staat sein kann, so müfste sich diese Anschauungsweise doch wohl noch sonst irgendwo in Vaubans Schriften nachweisen lassen. Das ist aber nicht der Fall. Die Grundgedanken des Liberalismus von den natürlichen Freiheitsrechten des Individuums, von seinem Rechtsverhältnisse zum Staate, von dessen Pflichten gegen die Gesellschaft, — Gedanken, wie sie gerade in jenen Jahren von dem Philosophen Locke in ein System gebracht und wie sie später von Montesquieu nach Frankreich übertragen wurden — von diesen Gedanken finden wir bei Vauban keine Spur. Boisguillebert und Fénélon, seine Zeitgenossen, sind bereits von dem neuen Geiste berührt; Vauban denkt in diesen principiellen Fragen noch nicht anders wie sein König selbst.

Sein Sinn ist auch viel zu sehr auf die Praxis gerichtet, er denkt viel zu eifrig auf Mittel zur Verbesserung thatsächlicher Zustände, als dafs er sich mit der Frage nach der „Vernünftigkeit" der geschichtlich entstandenen Institutionen hätte aufhalten können. Er kennt keine Scheidung von natürlichem und positivem Recht, keinen Gegensatz von Gesellschaft und Staat, kein Vertragsverhältnis zwischen Fürst und Volk; er kennt auch keine „Staatsbürger", sondern nur „Unterthanen". Diese haben Pflichten, aber keine Rechte, der König hat Rechte, aber keine Pflichten, sondern nur Interessen; so vor allem das Interesse, seinen „fonds", die Bevölkerung nicht durch Steuerdruck zu ruinieren. Vauban sieht in dem Könige den „Vater des Volkes" [1], nicht aber das nur ausführende Organ einer Gesamtheit, die ihm gewisse Rechte übertragen, und Leistungen von ihm zu beanspruchen hat. Er denkt nicht daran, wie seine französischen Beurteiler behaupten, mit der Staatsdoktrin Ludwigs XIV zu brechen. Die Versuchung, gegen sein eigenes Interesse das Volk mit Steuern zu überlasten, sei, so sagt Vauban [2], für den König deshalb so grofs, weil ihm das Recht, es zu thun, von niemand bestritten werden könne „ . . pouvant toutes choses sur des peuples qui leur sont entièrement soumis . . ." In dem „Mémoire pour le rappel des Huguenots" fordert Vauban die Einstellung der Ketzerverfolgung mit den Worten: „Les rois sont bien maîtres des vies et des biens de leurs sujets, mais jamais de leurs opinions . . . ." Wenn er sich nicht scheute, dem Könige die Herrschaft über die Gewissen abzustreiten: warum hätte er dann nicht auch den anderen Teil des absolutistischen Dogmas angreifen sollen — falls dies eben seiner eigenen Anschauung entsprochen hätte?

Man könnte einwenden, in diesen Denkschriften wende sich Vauban an den König und die Minister und halte deshalb mit seinen letzten Gedanken zurück. Aber dann bleiben noch die Aufzeichnungen: „Intérêt présent etc." und „Pensées

---

[1] Dîme r. S. 192.
[2] Dîme r. S. 192.

d'un homme etc." [1], die ganz sicher nicht für Dritte geschrieben sind und in denen Vauban Institutionen, Sitten und Personen seiner Zeit und seines Landes einer schonungslosen Kritik unterzieht und offenbar so spricht wie er denkt. Aber auch hier kein Wort über jene principiellen Fragen, die den Inhalt der liberalen Schriften des XVIII. Jahrhunderts bilden.

Die naturrechtliche Staatslehre ist aus dem Widerstande gegen den bestehenden Staat erwachsen und ihre staatsfeindliche Tendenz führte zu der „Entleerung des Staatsbegriffes", wie sie das Merkmal der liberalen Anschauung geblieben ist.

Vauban dagegen vertritt das Interesse des Staates gegen die Interessen der „particuliers [2]", und hat ein blindes Vertrauen auf die Allmacht des Staates, von dessen Initiative er alles erwartet.

Die naturrechtliche Opposition richtete sich nicht allein gegen die absolute Monarchie, sondern auch, im Interesse des Dritten Standes, ebenso sehr gegen die Reste des Feudalismus, welche unter dem absoluten Regiment noch fortbestanden. Auch darin soll Vauban auf Seite der Angreifenden gestanden haben. Besonders Aug. Oncken [3] hat diese Anschauung aus der Dîme royale herausgelesen. Er bemerkt richtig, daſs der Marschall die Interessen des absoluten Königtums energisch vertrete, fügt aber dann hinzu, die Schrift sei „ein Appell an den Absolutismus gegen den verlotterten Feudalismus" — und wende sich ausschlieſslich gegen dessen mittelalterliche Überbleibsel. Vauban habe dem Adel seine feudalen Einkünfte, seine Gerichtsbarkeit u. s. w. nehmen wollen [4].

Schon durch eine etwas genauere Beachtung des wirklichen Inhalts der Dîme royale hätte sich Oncken überzeugen können, wie gänzlich unbegründet seine Annahme ist, und daſs der Marschall gerade den entgegengesetzten Standpunkt vertreten hat.

Aber wir haben eine noch viel zuverlässigere Quelle in der Schrift, welche Vauban eigens zu dem Zwecke verfaſst hat, um auf die Bedeutung des Adels und den Wert dieser Institution für die Monarchie hinzuweisen, in dem Memoire „Idée d'une exellente noblesse et des moyens de la distinguer par les générations" [5]. Aus dieser

---

[1] Rochas a. a. O. S. 329 ff. u. 182 ff.

[2] Ein Standpunkt, der besonders hervortritt in dem „Traité de la culture des forêts" (Ois. IV, S. 62 ff.) und in der Denkschrift „Moyen excellent pour remettre les colonies du, Canada etc.", bei dem Angriff auf die Handelscompagnien (Ois. IV, S. 7 und 25–26).

[3] Die Maxime laissez faire etc. S. 51.

[4] Wenn Oncken sagt: „Die Mitglieder zumal des Zweiten Standes sind ihm jenes Otterngezücht" u. s. w. — so hat er eine Stelle der Dîme royale, S. 51, im Auge, in der aber, was sehr zu beachten ist, von den „traitants", der Geldaristokratie, die Rede ist!

[5] Ois. I, S. 139 ff.

Schrift ersieht man deutlich: der Marschall, selbst ein Offizier von altem Adel und Seigneur einer grofsen Grundherrschaft, war wohl ein Freund und Fürsprecher der Armen, keineswegs aber ein Vertreter der Interessen des Dritten Standes, sondern ein Aristokrat, der sehr energisch an seinen Vorzugsrechten festhielt und dieselben ganz sicher nicht demokratischen Gleichheitsideen zu Liebe hätte opfern mögen.

Die Denkschrift bedeutet einen Angriff auf den eben damals unter Pontchartrains Verwaltung aufblühenden Stand der „anoblis“, d. h. derer, welche den Adel durch Kreditoperationen, also für Geld erwarben, und vertritt dem gegenüber die Interessen des alten, aus der Ritterschaft hervorgegangenen Adels, wie er sich im Offiziersstande vornehmlich erhalten hatte. Der Grundgedanke der Schrift ist folgender: Die herrschende Methode der Adelsverleihung ist unsittlich, unpolitisch und der uralten französischen Tradition zuwider. Nur eine Rückkehr zu dieser Tradition kann den Adel wieder zu dem machen, was er gewesen ist: zur Stütze des Staates, zur „rechten Hand“ des Königs.

Was war der Adel früher? — Die Elite der Nation, die Gemeinschaft derer, welche im Dienste des Königs das Schwert führten und dafür mit Grundbesitz, Hoheitsrechten und Privilegien belohnt wurden. Das französische Offiziercorps ist der Rest dieses Adels und darum das beste der Welt, „Toute la terre est remplie du bruit de leur renommée . . .“

Was ist der Adel heute? — Die Gegenleistung für eine Geldsumme! Was früher der Lohn war für „vergossenes Blut“ — das giebt man jetzt für Geld „Il suffit d'en avoir pour tout mérite.“ Aus dem Stande, dessen Mitglieder „ . . . ni de condition servile ni de profession basse et abjecte“ [1]. sein durften, hat man einen Stand gemacht, in dem sich aus allen übrigen Ständen die zusammenfinden, die auf ehrliche oder auch unehrliche Weise ein Vermögen erworben haben: Steuereinnehmer, Unterbeamte, Geldverleiher, „gens d'affaires de toute espèce“, ja sogar deren Bedienstete „et autres gens de pareille étoffe.“

Durch zwei Mittel, meint Vauban, kann diesem Unwesen gesteuert und der herabgekommene Adel wieder in seine alte Stellung eingesetzt werden. Erstens mufs der Staat auf den alten Grundsatz zurückgreifen „ . . . ne jamais donner la noblesse ni aucun moyen d'anoblissement que pour les services considérables rendus à l'Etat . . . .“ [2]

Zweitens gilt es sowohl diesen auf neuer Grundlage erwachsenen, als auch den alten ererbten Adel zu festigen und gegen neue Vermischung mit unedlen Elementen widerstands-

---

[1] Ois. I, S. 148.
[2] Ois. I, S. 143.

fähig zu machen „pour la contenir et l'empêcher de se mésallier et faire qu'elle soit utile à l'Etat et jamais inutile.“ Zu dem Zwecke will der Marschall die Kluft zwischen Adel und Bürgertum erweitern durch Vermehrung und Ausdehnung der feudalen Privilegien. Als solche schlägt er vor[1]: Nach Durchführung der Finanzreform soll der Adel von seiner lästigen Standesabgabe, dem „arrière ban“ befreit werden, desgleichen von allen Lasten der Einquartierung. Die Schloſsbezirke der Seigneurs bleiben abgabenfrei. Die gutsherrliche Gerichtsbarkeit wird bedeutend erweitert. Das Recht, Waffen zu tragen, sowie das Recht auf gewisse Merkmale in der Tracht bleibt den Edelleuten vorbehalten. Ihnen soll auch das ausschlieſsliche Recht auf alle höheren Stellen im Hofdienst, in einem Teil der Armee und der Justizverwaltung zuerkannt werden.

Um den verschuldeten Adel wirtschaftlich zu kräftigen, empfiehlt Vauban folgendes: Den verschuldeten Edelleuten soll gestattet sein, den Adel für einige Zeit abzulegen, „. . . pour commercer jusqu'à ce qu'ils eussent acquis du bien pour la pouvoir soutenir, et après de la reprendre . . .“ [2] Ferner soll dem Adel der alleinige Genuſs aller Königlichen „bénéfices“ über 6000 l. zugedacht werden u. s. w. Endlich seien hier noch einige Maſsregeln erwähnt, die Vauban zur wirtschaftlichen und gesellschaftlichen Hebung des Adels empfahl. Um eine nationale Pferdezucht im groſsen Stile entstehen zu lassen, soll der Landadel veranlaſst werden, Gestüte zu halten „Il faudrait même exciter les gentilshommes d'en faire commerce, et cela conviendrait très-bien à leur condition“ [3].

In dem unten noch zu erwähnenden Plane einer Organisation der amtlichen Statistik sind die Stellen in der zugehörigen Beamtenschaft ebenfalls dem Adel zugedacht[4].

Endlich aber, und das ist das wichtigste, dachte sich Vauban die Grundherren auch als die natürlich gegebenen Steuerpächter für die projektierte naturale Grundsteuer[5]. In wie hohem Maſse die ganze Stellung des Landadels dadurch gesichert wäre, liegt auf der Hand.

Gegenüber der hergebrachten Vorstellung, welche man sich von Vauban als von einem „aufgeklärten“, über Standesvorurteile erhabenen Manne gebildet hat, möchte ich hier hinweisen auf eine Stelle in dem Briefe des Marschalls an

---

[1] Ich nenne hier auch diejenigen Privilegien, welche bei Wiederholung dieser Aufzählung in der Dîme r. S. 163 neu hinzukommen. Vergl. Ois. I, S. 141—43.

[2] Ois. I, S. 142; Dîme r. S. 103.

[3] Ois I, S. 92—93.

[4] Dîme r. S. 175—77.

[5] Dîme r. S. 46.

Pontchartrain[1] vom 16. Oktober 1694, in welchem er es scharf tadelt, dafs die Regierung bei der Organisation der Milizen in der Bretagne nicht mehr, wie bisher, den Adel, sondern Männer aus dem Bauernstande mit der Leitung betraut habe. Nach seiner Erfahrung hätten diese Leute „ni autorité . . . ni créance, ni savoir, ni dignité . . ., ce sont des paysans lourds et grossiers . . .“ Es seien Edelleute genug im Lande, warum wähle man nicht sie, „ . . . puisque naturellement ils ont de l'autorité sur les paysans, et sont faits pour s'en faire obéir . . .“ Man zerstöre durch solche Neuerungen nur ein „ . . . établissement naturel qui était raisonnable . . .“ .

Wer so von dem Adel dachte, und in ihm einen Stand sah, der gerade durch seine Vorzugsstellung dem Könige und dem Staate auf verschiedenen Gebieten die wichtigsten Dienste leisten könne: der mufste offenbar mit der Forderung der allgemeinen Besteuerung einen ganz anderen Sinn verbinden als die liberalen und demokratischen Doktrinäre des XVIII. Jahrhunderts.

In der That hat Vauban in seinen steuerpolitischen Plänen deutlich genug zu erkennen gegeben, dafs er nicht beabsichtige, den Stand, dem er selbst angehörte, auf das Niveau des Dritten Standes herunterzudrücken. Schon in dem Entwurf von 1694 sagt er: Der einzige Stand, der bei der Finanzreform „etwas leiden würde“, sei der Adel; „mais le roi a tant de moyens de la bien traiter, d'ailleurs, . . . en la privilégiant par de certaines prérogatives utiles et honorables . . .“

In der Dîme royale findet sich derselbe Gedanke wieder[2], und die Privilegien, welche Vauban hier empfiehlt, sind dieselben, die er schon in der Denkschrift über die Reorganisation des Adels vorgeschlagen hatte. Die Kluft zwischen dem Zweiten und Dritten Stande wäre durch sie trotz der allgemeinen Besteuerung nur noch mehr erweitert worden. Es ist auch bezeichnend, wie sehr sich Vauban bemüht, seinen Standesgenossen nachzuweisen, dafs ihre Schädigung im Grunde nur imaginär sei, ja dafs sie sogar, wenn infolge der Reform die Bodenkultur zunehme, durch Steigerung ihrer Renten einen bedeutenden Gewinn machen würden[3].

Den Adel bezeichnet Vauban als den einzigen Stand, der bei der Reform allenfalls zu kurz kommen könnte. Warum erwähnt er nicht auch den Ersten Stand, den Klerus, der noch gröfsere Freiheiten genofs und daher noch mehr bei der

---

[1] Michel, Histoire S. 262 ff.
[2] Dîme r. S. 162.
[3] Dîme r. S. 162, 163.

Reform verloren hätte? — Die Antwort ist: weil er ihm überhaupt die Existenzberechtigung absprach!

Was man aus einzelnen Andeutungen der Dîme royale[1] schon vermuten konnte, findet man jetzt durch die von Rochas veröffentlichten Memoiren vollauf bestätigt: Vauban fällte über die beiden oberen Stände des ancien régime, die wir gewöhnlich zusammen als dessen Verkörperung anzusehen pflegen, ein ganz verschiedenes Urteil.

In dem Adel sieht er eine Institution, ohne welche ein starkes Königtum, wie er es wünschte, nicht bestehen könne; und weil er im Interesse der Krone und der unteren Klassen dem Adel seine Steuerfreiheit nehmen zu müssen glaubt, so ist er auf Mittel bedacht, um ihm trotzdem seine sociale Stellung zu wahren und ihn zur Erfüllung seiner socialen Aufgabe tüchtiger zu machen.

Dagegen sieht er im Klerus, dem mächtigsten Verbündeten Ludwigs XIV, geradezu eine Gefahr für den Staat. Faſst man alles, was er darüber an verschiedenen Stellen gesagt hat, zusammen, so kann man sein Urteil etwa so formulieren: Die Gesamtheit der Einrichtungen und Sitten, auf denen die weltliche Macht der Kirche beruht, macht sie, die Kirche selbst, zur Erfüllung ihrer wahren Aufgabe untüchtig, untergräbt die königliche Gewalt und dient zur Ausbeutung der besitzlosen Klassen; deshalb muſs der Staat die Kirche ihrer weltlichen Macht entkleiden.

In den „Pensées" hat Vauban seine Meinung kurz und scharf so ausgesprochen: „La France ne trouvera jamais son ancienne splendeur qu'en ruinant la moinerie et faisant divorce avec Rome, non en altérant la réligion"[2].

In der Schrift „Intérêt présent" begründet der Autor dieses Urteil und giebt an, in welcher Weise sich der Staat mit der Kirche auseinandersetzen solle[3]. Alles, was die Kirche besitzt, so sagt Vauban, hat sie durch „frommen Betrug" im Laufe der Jahrhunderte dem Königtum und der unwissenden Masse des Volkes entwendet; es ist alles „gestohlenes Gut". Nach den bisherigen Erfahrungen muſs man fürchten, daſs es ihr binnen kurzem gelungen sein wird, allen Grund und Boden des Landes an sich zu bringen. Ihr Reichtum dient auch nur dazu, eine Masse von „Nichtsthuern" zu unterhalten, „qui s'en servent pour piaffer, se donner du bon temps et ne rien contribuer aux charges de l'Etat." Wenn die Kirche ihren Besitz unrechtmäſsig erworben hat und sich dazu noch allen Lasten des Staates entzieht, so ist der Staat im Recht, wenn

---

[1] S. 57, 148, 161—162.
[2] Rochas a. a. O. S. 193.
[3] Rochas a. a. O. S. 333.

er das gesamte Kirchengut, auch die Zehnten[1] u. s. w., konfisziert.

Man würde irren, wenn man diese Forderung Vaubans aus einer antikirchlichen Gesinnung ableiten wollte. In den Denkschriften zur Hugenottenfrage hat er sich als guten Katholiken bekannt, den Protestantismus scharf verurteilt und die zunehmende Freigeisterei als eine Gefahr bezeichnet[2]. Er will nur verhindern, dafs der reiche und politisch mächtige Klerus dem Königtum über den Kopf wachse. Nicht blofs den kirchlichen Besitz, sondern auch den kirchlichen Dienst will er verstaatlicht wissen; die Kirche soll aufhören, eine autonome Korporation zu bilden. Aus der Denkschrift über die „Kolonien Canada u. s. w." läfst sich entnehmen, was Vauban im geheimen auch wohl für das Mutterland wünschte. Er verlangt dort, die geistlichen Orden sollten aus der Kolonie verjagt, ihr Grundbesitz verkauft und aus dem Erlös Seminare errichtet werden, in denen vom Staate ernannte, besoldete und absetzbare Priester ausgebildet werden könnten[3].

Mit diesen radikalen Ansichten ist Vauban in der Dîme royale nicht hervorgetreten. Aber wenn man sie kennt, versteht man das Verhalten des Autors, wo er sich in seinem Finanzprojekt gegen den Klerus wendet.

Derselbe hatte sich gewisse ständische Rechte auch in die absolute Monarchie Ludwigs XIV. herübergerettet. Von allen Abgaben befreit, beteiligte er sich nur durch seine „dons gratuits" an der Deckung des Staatsbedarfs. Man suchte dieser Beisteuer stets den Charakter der Freiwilligkeit zu wahren, wenn auch in Wirklichkeit ein Recht des Königs, sie zu fordern und die Pflicht der Geistlichkeit, sie zu gewähren, kaum bezweifelt wurde.

Unmöglich konnte Vauban von seinem oben gekennzeichneten Standpunkte aus eine Einrichtung billigen, durch welche so ostentativ die Sonderstellung der Kirche im Staate anerkannt war. So wird denn das ständische Recht des Klerus ohne weiteres beseitigt, und von Entschädigungen ist hier keine Rede. An die Stelle der „dons gratuits" tritt die contribution générale aller Unterthanen; d. h. auch die Geistlichen sind hinsichtlich der Besteuerung „au même rang que les autres personnes du royaume qui ont de semblables

---

[1] Vauban verlangt also die Abschaffung des Zehnten aus politischen und sittlichen Gründen, nicht aber wegen seiner volkswirtschaftlichen Folgen, denn er empfiehlt ihn ja als Muster für die Grundsteuer. Im anderen Falle hätte er ja auch die Abschaffung der feudalen Abgaben verlangen müssen.

[2] Ois. I, S. 4.

[3] Ois. IV, S. 7.

biens . . ." [1] Die Finanzhoheit des Königs soll überhaupt durch keinerlei Senderrechte von Körperschaften beschränkt werden; Vauban sagt von der Dîme royale: „Elle ne mettrait aucune borne à l'autorité royale qui sera toujours la même; au contraire elle rendra le roi tout a fait indépendant, non seulement de son clergé, mais encore de tous les pays d'État, à qu'il ne sera plus obligé de faire aucune demande . . ." [2]

Für Vauban ist das Kriterium, nach welchem er sich für oder gegen die bestehenden Institutionen erklärt, der Vorteil und Nachteil des Königs und der Hauptmasse seiner Unterthanen, der unteren Klassen — nicht aber ihre Rationalität oder Irrationalität, ihre Übereinstimmung oder Nichtübereinstimmung mit den Axiomen des Naturrechts.

In dem Adel erblickt er die „rechte Hand" des Königs und nirgends in seinen Schriften finden wir eine Andeutung, dafs er in den feudalen Einrichtungen etwas für das „menu peuple" nachteiliges gesehen habe. Darum soll der Adel gekräftigt und bei der Finanzreform entschädigt werden. Der Klerus aber und die haute finance untergraben die königliche Autorität und beuten die Masse aus; ihrer Macht sucht er auf alle Weise Abbruch zu thun.

Die staatsphilosophischen Grundlagen, auf denen die Steuertheoretiker der staatsbürgerlichen Periode standen, lassen sich also bei Vauban nicht konstatieren und sein praktisch politisches Ziel genügt m. E. vollkommen, um seine Forderung der allgemeinen Besteuerung zureichend zu erklären.

Nun haben sich aber die oben erwähnten Kritiker für ihr entgegengesetztes Urteil weniger auf den Gesamtinhalt der verschiedenen Schriften Vaubans (welche die meisten noch nicht kannten) berufen, als auf die „Maximes fondamentales", welche der Autor seinem Hauptwerk vorangesetzt hat. In ihnen soll seine „Steuertheorie" enthalten sein.

Prüfen wir daher, ob diese „Theorie" wirklich eine solche ist und ob sie das enthält, was man aus ihr herausgelesen hat. Der Gedankengang der Maximen ist folgender:

1. Alle Unterthanen [3] bedürfen des staatlichen Schutzes und können ohne ihn nicht existieren.

2. Das Staatsoberhaupt kann aber diesen Schutz nur gewähren, wenn die Unterthanen ihm die Mittel dazu liefern.

3. Daraus folgt, dafs ein Staat sich nicht erhalten kann, wenn die Unterthanen ihn nicht erhalten. Folglich sind die Unterthanen verpflichtet, sämtlich zur Deckung des ganzen Staatsbedarfs beizutragen.

---

[1] Dîme r. S. 57.
[2] Dîme r. S. 10. Vergl. ebenda S. 84 und 161.
[3] Dime r. S. 19 und 20.

Aus diesen Maximen ergeben sich (für Vauban) als Folgessätze:

1. Die natürliche Pflicht aller Unterthanen ohne Unterschied, im Verhältnis zu ihrem aus Besitz oder Arbeit stammenden Einkommen Steuern zu zahlen, ohne dafs sich jemand vernünftigerweise davon ausschliefsen könnte.

2. Dafs die Unterthanenschaft als solche genügt, um die Steuerpflicht zu begründen.

3. Dafs jedes Privileg, welches Steuerfreiheit zur Folge hat, eine Ungerechtigkeit und ein Mifsbrauch ist und als gemeinschädlich nicht weiter bestehen darf.

Wenn man diese Sätze Vaubans und besonders die zwischen ihnen bestehende — oder auch nicht bestehende — logische Verknüpfung genau betrachtet, so gelangt man, entgegen den oben citierten Aussagen früherer Beurteiler, zu folgendem Resultat:

Ein neues Rechtsverhältnis zwischen Staat und Steuerzahlern wird nicht konstatiert. Eine Pflicht[1] des Staates, den Unterthanen Schutz und andere Leistungen zu gewähren und ein Recht der Unterthanen auf diese Leistungen wird gleichfalls nicht behauptet. Dementsprechend leitet Vauban auch weder den Rechtsgrund noch das Mafs der Steuer aus dem Princip der Leistung und Gegenleistung ab.

In den Maximen liegt ein Fehlschlufs verborgen. Aus den Sätzen 1 und 2 folgt logisch weiter nichts, als dafs alle Unterthanen, weil sie des Staates bedürfen und ohne ihn nicht existieren können, ein Interesse daran haben, zur Erhaltung des Staates beizutragen. Vauban aber folgert daraus etwas ganz anderes: nämlich, dafs der Staat als Selbstzweck nicht ohne die Steuern der Unterthanen bestehen kann, und diese daher verpflichtet sind, ohne Ausnahme Steuern zu zahlen.

Die Maximen enthalten in der That nichts anderes als das, was Vauban überall in der Dîme royale als „fondement de ce système" bezeichnet, wofür er auch überall auf die Maximen zurückverweist und was, wie ich oben zeigte, das wirklich Neue war: Der Bruch mit der persönlichen Steuerfreiheit der oberen Stände, die Forderung der allgemeinen Besteuerung und die Begründung der Steuerpflicht als allgemeine Unterthanenpflicht. Das Princip der Proportionalität ist überhaupt nicht begründet, und Vauban citiert die Maximen im weiteren Verlaufe seiner Schrift immer

[1] Die Behauptung, Vauban habe dem Staate eine solche Pflicht zugeschrieben, findet sich auch bei Daire (a. a. O. S. 25) — offenbar im Hinblick auf die Maximen. „la Dîme royale enseigne, . . . que le Souverain doit protection égale à tous ses sujets". — Ebenso Kautz, a. a. O. S. 327.

nur da, wo er die allgemeine Steuerpflicht gegenüber den Freiheiten der Privilegierten betont[1].

Vauban erscheint die allgemeine Steuerpflicht genau so als eine natürliche Unterthanenpflicht wie die allgemeine Wehrpflicht, welche er in Frankreich eingeführt wissen wollte und von der er sagt: „Puisque la guerre se fait pour la défense de l'Etat et pour empêcher l'ennemi de l'opprimer, tous les sujets en tant que membres d'icelui sont obligés de concourir à sa défense“[2].

Was bedeutet nun aber der in den Maximen und auch sonst häufig wiederkehrende Hinweis auf das Schutzbedürfnis der Unterthanen, aus dem man fälschlich das Princip der Leistung und Gegenleistung, sowie die Ableitung der Principien der Allgemeinheit und Proportionalität aus diesem Princip, herausgelesen hat?

Selbst, wenn es möglich wäre, aus dem Bedürfnis und dem Interesse der Unterthanen ihre Steuerpflicht oder gar das Steuerrecht des Staates abzuleiten, so hat doch Vauban jedenfalls nicht so gefolgert, sondern ist, wie gezeigt, durch einen Sprung im Schlufsverfahren zu dem Gedanken übergegangen, auf den es ihm eigentlich ankam.

Der Schutzgedanke hat eine ganz andere und nur nebensächliche Bedeutung. Die Maximen sind gar nicht eine Theorie, sondern einfach Kampfesthesen gegen die oberen Klassen, deren Steuerfreiheit angegriffen wird. Für Vauban steht es fest, dafs sie Unterthanen wie alle anderen und deshalb ohne weiteren „Rechtsgrund“ dem Könige Steuern schuldig sind. Aber um den Widerspenstigen, denen seine militärisch-patriotische Denkweise fremd ist, ihre Pflicht plausibel zu machen, erinnert er sie an ihre Abhängigkeit vom Staate, an die Vorteile und den Schutz, welcher ihnen zuteil wird, und ohne den sie „nicht existieren könnten“. Er erinnert sie daran[3], dafs gerade sie, die höheren Klassen, die sich durch Geburt, Rang und Vermögen auszeichnen, mehr noch als die unteren an der Existenz des Staates interessiert und deshalb um so mehr zur Beisteuer verpflichtet sind, — dafs daher ihre bisherige Steuerfreiheit umsomehr ein Unrecht ist.

Dieser Hinweis auf das Schutzbedürfnis, auf das materielle Interesse der oberen Stände am Staate, steht, als Bekräftigungsmittel der allgemeinen Steuerpflicht, auf derselben

---

[1] Dîme r. S. 31 und 32, 54 und 55, 64, 66, 67, 162, 164, 165 und 190.

[2] Mémoires inédits de M. de Vauban sur Landau etc. S. 219.

[3] Car, d'autant plus qu'une personne est élevée au-dessus des autres par sa naissance ou par sa dignité, et qu'elle prossède de plus grands biens, d'autant plus a-t-elle besoin de la protection de l'Etat, et a-t-elle intérêt qu'il subsiste en honneur et en autorité; ce qui ne se peut faire sans de grandes dépenses. Dîme r. S. 54, 55.

Stufe mit einem analogen Appell an das ideelle, ethische Interesse, an das „noblesse oblige“ — der sich an anderer Stelle (S. 66) findet. Vauban sagt dort: die Privilegierten sollten um so mehr zur Steuer bereit sein, als sie alle „doivent se faire honneur et plaisir de contribuer aux besoins de l'Etat, à la conservation, à son agrandissement, et à tout ce qui peut l'honorer et le maintenir.“

Aber beide, der Appell an die Ehre und der an das Interesse, sollen natürlich nicht die Steuerpflicht begründen, sondern nur plausibel machen und die Steuerfreiheit als ein um so gröſseres Unrecht erscheinen lassen. In den früheren Entwürfen von 1694 und 1696 ist die allgemeine proportionale Besteuerung schon ohne jede Begründung gefordert.

Vauban findet eigentlich überhaupt nichts zu begründen, weil etwas Selbstverständliches eben keiner Begründung bedarf. Und selbstverständlich ist für ihn die Steuerpflicht aller Unterthanen.

Die liberalen Theoretiker aber haben von jeher diese unwissenschaftliche Art der Begründung als unzureichend bekämpft und von ihrem der unbeschränkten Monarchie feindlichen Standpunkte aus ganz konsequent nach einem wirklich zureichenden Rechtsgrund der Steuer gefragt. Ebenso wenig genügte ihnen die Argumentation, mit welcher bis dahin der Grundsatz für die Bemessung der Steuer begleitet wurde. Gegen den alten, scheinbar selbstverständlichen Satz, daſs man die Steuersummen eines jeden nach seiner Steuerkraft oder Leistungsfähigkeit bemessen müsse, erhoben sie Einspruch: Damit sei der Willkür des absoluten Staates die Bahn frei gemacht.

Wie der Staat nur deshalb Steuern erheben dürfe, weil die von ihm beanspruchte Schutzleistung sonst nicht geleistet werden könne, so habe er die Steuer auch nach dem Maſse der Leistungen zu veranlagen, wie jeder Einzelne von ihm beanspruche, d. h. proportional zur Höhe des geschützten Einkommens.

Auch diese Forderung war die Konsequenz der staatsfeindlichen Grundanschauung. Aber Vauban vertrat das Interesse des Staates, und deshalb beantwortete er auch die Frage nach der Gleichmäſsigkeit (die für ihn eigentlich im wissenschaftlichen Sinne noch keine „Frage“ war) anders als die liberalen Theoretiker und ist ihnen auch in diesem Punkte nicht verwandt, obwohl er das Princip der Proportionalität der Steuer zum Einkommen äuſserlich in derselben Weise aufgestellt hat wie sie[1]. Nehmen wir zunächst

[1] R. Meyer (a. a. O. S. 11—12) sagt von Vauban: „Die Proportionalität der Steuer mit dem Einkommen wird später damit erklärt, daſs „„je mehr einer über die anderen durch seine Geburt oder seine Würde hervorragt, oder je mehr er Vermögen besitzt, er um so mehr des Schutzes

an, Vauban habe in seinem Steuerplane dieses Princip wirklich durchgeführt: so wäre doch daran zu erinnern, dafs in der praktischen Forderung der Proportion zwischen Steuer und Einkommen sich später zwei Richtungen begegneten, die doch von verschiedenen theoretischen Standpunkten ausgegangen waren, nämlich vom Princip der Leistungsfähigkeit einerseits und dem der Leistung und Gegenleistung andererseits — dafs also die Aufstellung jener Forderung noch nicht unbedingt den Rückschlufs auf ihren liberalen Ursprung gestattet.

Ich werde nun zu zeigen suchen, dafs Vauban zunächst schon durch seinen Sprachbrauch sich von den späteren Theoretikern unterscheidet und sich den Vertretern der älteren, empirischen Richtung anschliefst; dafs er zweitens ausdrücklich die Bemessung nach der Leistungsfähigkeit als Ziel, die Bemessung nach dem Einkommen nur als Weg zu diesem Ziele angiebt[1]; und dafs er endlich in seinem Steuerprogramm das Princip der strengen Proportionalität zum Einkommen gar nicht durchführt.

Merkantilistische Schriftsteller, wie Bodinus, Botero, Obrecht, Bornitz, Besold, Klock u. a. haben schon vor Vauban Grundsätze über die Gleichmäfsigkeit der Besteuerung ausgesprochen. Sie kleideten sie in Formeln wie diese: „pro singulorum facultatibus“ — „pro cuiusque opibus ac fortunis“ — „pro viribus“ — „secundum facultatum“ u. s. w.[2]

Blicken wir in die älteren Ordonnanzen der französischen Könige, so zeigt sich dort derselbe Gedanke in denselben Ausdrücken. So heifst es z. B. in dem Edikt Heinrichs IV. von 1600: Um der Armut des Volkes ein Ende zu machen, solle die Repartition der taille mit „égalité et justice“ vorgenommen werden „Tous les contribuables généralement seront cotisés à raison de leurs facultés . . . .“[3]

In der Déclaration, welche Ludwig XIV. bei seiner Thronbesteigung erliefs, wird den Beamten befohlen, zur Entlastung der Armen künftig die Reichen schärfer heranzuziehen und zwar „à proportion de leurs facultés . . .“ wie es von jeher der Sinn der Gesetze gewesen sei.

Die Rundschreiben Colberts reden dieselbe Sprache. So sagt z. B. der Erlafs vom 24. August 1682[4], die taille solle angesichts ihrer Erhöhung um so gewissenhafter repartiert

---

bedürfe.““ — Meyer bezieht sich dabei wohl auf die Stelle Dîme r. S. 54—55, die ich oben schon citierte. Aber seine Deutung scheint mir gezwungen: der Zusammenhang der Stelle weist darauf hin, dafs es sich hier nur um die Allgemeinheit handelt.

[1] Womit aber nicht etwa gesagt sein soll, dafs er sich hierin mit Bewufstsein in den Gegensatz zu einer anderen Anschauung gestellt habe, da eine solche ja noch gar nicht existierte.

[2] Meyer a. a. O. S. 4—7.

[3] Encyclopaidie méthodique, Finances, III, S. 637 ff.

[4] Clément, Lettres etc. II, 1.

werden en sorte qu'ils portent tous leur part d'impositions selon leurs moyens et facultés". Und in einem anderen Schriftstück schärft er den mit der Kontrolle der Veranlagung betrauten Intendanten ihre Pflicht mit den Worten ein: „Considérez ce travail comme le plus important de tous ceux, qui ont confié à vos soins . . . pour rendre l'imposition égale dans la justice et véritable proportion de leur bien . . ."

In Vaubans Schriften herrscht derselbe Sprachgebrauch und die Ausdrücke „nach der Steuerkraft" und „proportional zum Einkommen" werden gleich häufig und in gleicher Bedeutung angewandt.

Seine „Capitation" fordert er „légalement répandue sur tous les sujets en état de la payer"[1] und „ . . . proportionnée aux facultés . . ." Der Erfolg der von ihm vorgeschlagenen Veranlagungsmethode werde sein: „tout le monde payera à proportion de son bien"[2]. Die Dîme royale wird angesehen als „prise proportionellement sur tout ce qui porte revenu"[3], während an anderer Stelle von ihr gesagt wird, nach ihrer Durchführung „ . . . les impositions seront proportionnées aux forces de chacun . . . ."

So läſst schon die äuſsere Parallelität der Ausdrucksweise darauf schlieſsen, daſs Vauban in der Proportionalität zum Einkommen nur eine Verwirklichung der Besteuerung nach der Leistungsfähigkeit im hergebrachten Sinne sah, und daſs die letztere es ist, auf die es ihm allein ankommt. Das Kriterium ist nicht die bestimmte Gröſse eines rechnungsmäſsig ermittelten Geldeinkommens, sondern die vage unbestimmte Gröſse der allgemeinen wirtschaftlichen Leistungsfähigkeit, welche ohne besonderes Nachdenken mit dem ebenso undeutlichen Begriff revenu indentifiziert wird.

Jeder Zweifel an der Auffassung Vaubans wird aber gehoben durch folgende Stellen, in denen er die Bemessung der Steuer nach der Steuerkraft als Ziel, die proportionale Einkommensteuer aber als Mittel zur Erreichung dieses Zieles angiebt. Im Entwurfe von 1696 nämlich heiſst es[4]: Der König könne alle Leiden des Volkes beseitigen: „ . . . en rendant l'imposition de ses revenus légale et proportionnée aux forces de chacun, c'est-à-dire en imposant sur tous les fonds de terre, par rapport a leur revenu; sur les arts, et métiers, par rapport à leur gain . . ." Die Steuerlast werde alsdann leichter sein gegen früher, auch nicht „au dessus des forces de personne, puisque tout serait proportionnellement imposé."

---

[1] Ois. I, S. 160 und 161.
[2] Ebenda S. 177.
[3] Dîme r. S. 8—9 und S. 195.
[4] Ois. I, S. 215.

In der Dîme royale spricht er denselben Gedanken noch deutlicher aus (S. 31). Weil alle Schutz geniefsen, so müssen sie auch alle Steuern zahlen „selon leurs revenus“: Daher ist nichts so ungerecht, als die Leistungsfähigsten zu eximieren „ceux qui sont le plus en état de la payer, pour en rejeter le fardeau sur les moins accommodés, qui succombent sous le faix . . .“ Die Last würde aber sehr leicht werden, wenn sie von allen „à proportion des forces de chacun“ getragen würde. Das sichere und wirksame Mittel, diese Verteilung der Last herzustellen, ist nun „faire contribuer chacun selon son revenu“ und zwar in einem Verhältnis, über das sich niemand beschweren könnte; denn obwohl die Last auf allen ohne Ausnahme liegt, wird doch niemand überlastet (surchargé) sein „parceque personne n'enportera qu'à proportion de son revenu.“

Dafs es Vauban bei diesem Grundsatze weniger auf das Verhältnis zum Einkommen als zur Leistungsfähigkeit ankommt, scheint mir auch der Umstand zu beweisen, dafs er nirgends auch nur den Versuch macht, seinen Begriff „revenu“ irgendwie zu definieren. Er bezeichnet damit bald Produktionsertrag, und zwar sowohl Roh- wie Reinertrag, bald auch Einkommen als Summe aller Erträge einer Wirtschaft. Der Sprachgebrauch ist durchaus vage; sogar „Vermögen“ und „Einkommen“ fliefsen in einander über. Von der für die spätere Steuertheorie so wichtig gewordenen Bestimmung des Begriffes „Reineinkommen“ ist bei Vauban noch keine Rede. Jedoch will er vor der Veranlagung die Produktionskosten vom revenu abgezogen wissen, wie aus den Erörterungen zur Gebäude-, Mühlen- und Waldsteuer zu ersehen ist[1].

Im allgemeinen kann man sagen, revenu bezeichnet bei Vauban, wenn von der Besteuerung die Rede ist, die allgemeine wirtschaftliche Kraft im Gegensatz zu Stand, Beruf u. s. w. Diesen Gegensatz hat Vauban besonders klar formuliert in seinem Vorschlage der Capitation[2]. „Qu'on suppose cette capitation devoir être imposée sur toutes les natures de biens qui peuvent produire du revenu, et non sur les différents étages des qualités, ni sur le nombre des personnes, parce que la qualité n'est pas ce qui fait l'abondance . . .“

Ich komme nun zu dem dritten Moment, aus dem sich mit völliger Sicherheit ergiebt, dafs Vaubans Steuerprogramm keineswegs auf den individualistischen Grundsätzen aufgebaut ist. Der gewöhnliche Steuerfufs für die allgemeine proportionale Steuer ist der vingtième, aber für die Besteuerung der besitzlosen, arbeitenden Masse fordert der

[1] Dîme r. S. 61—63 und S. 112—113.
[2] Ois. I, S. 175.

Marschall die Abweichung von dieser Proportion: den Steuerfuſs des trentième[1].

Ältere Beurteiler haben diese Thatsache gar nicht beachtet. Aber schon R. Meyer wird durch sie zu der Bemerkung veranlaſst, man könne Vauban nicht so unbedingt den naturrechtlichen Theoretikern zuzählen[2]. Dagegen sehen Michel und Liesse, von ihrem individualistischen Standpunkte aus mit Recht, darin eine Inkonsequenz, eine nicht durch verständige Überlegung, sondern nur durch das Gefühl veranlaſste Abweichung von den eigentlichen Grundsätzen des Autors. Die Verfasser bemerken (S. 98): „Là, Vauban est presque en contradiction avec ses propres principes et tend vers l'impôt progressif. C'est une preuve de plus de l'influence importante qu'avait le sentiment sur son esprit et de l'amour profond que lui inspirait le petit peuple."

Richtig ist daran, daſs die degressive Besteuerung ein Beweis für das besondere Interesse ist, welches Vauban dem Schicksal der unteren Klassen zuwandte. Falsch aber ist es m. E., darin eine durch das „sentiment" veranlaſste Abweichung von dem eigentlich gewollten Plane zu sehen. Das heiſst eben diesen Plan, die Grundgedanken und Ziele Vaubans verkennen. Man erinnere sich doch, worauf er es eigentlich abgesehen hatte: auf die Entlastung der besitzlosen Klassen, um ihrer zunehmenden Verarmung und dadurch wieder der drohenden Entvölkerung Frankreichs Einhalt zu thun. Im Interesse der unteren Klassen, „en faveur du menu peuple" war das ganze Reformprojekt vorgeschlagen, im Interesse der überlasteten besitzlosen eine stärkere Belastung der besitzenden Klassen, d. h. die Allgemeinheit der Besteuerung gefordert. Somit muſste Vauban auch die Verwirklichung des Postulats der Gleichmäſsigkeit in der Richtung auf besondere Erleichterung des menu peuple erstreben.

Von hier aus gesehen ist die Abweichung von der strengen Proportionalität keine Inkonsequenz, sondern eine Konsequenz des leitenden Grundgedankens.

Der Abschnitt, in dem Vauban die Besteuerung des menu peuple behandelt — „Arts et métiers"[3] — ist ohne Zweifel der interessanteste Teil der ganzen Schrift. Auf die Darstellung der Einzelheiten kann ich nicht näher eingehen; ich begnüge mich mit einer kurzen Wiedergabe dessen, was der Autor zur Begründung des „trentième" anführt. Man wird

[1] Schon in dem Projekt der Kriegssteuer von 1694 fordert Vauban, die armen Soldaten und Matrosen sollten nicht, wie die übrigen, mit dem quinzième, sondern mit dem trentième besteuert werden. (Ois. I, S. 164.

[2] Meyer a. a. O. S. 12.

[3] Dîme r. S. 74—83.

daraus am besten seinen allgemeinen steuerpolitischen Standpunkt erkennen.

Der Grundgedanke ist: Das Einkommen, das die besitzlosen Klassen beziehen, ist nicht blofs quantitativ, sondern auch qualitativ von dem Einkommen der besitzenden so verschieden, dafs es ungerecht und unpolitisch wäre, beide mit gleichem Mafse zu messen, von beiden die gleiche Quote zu verlangen.

Ich wies schon darauf hin, wie energisch Vauban den Gegensatz zwischen Besitzenden und Arbeitenden in den Mittelpunkt der Betrachtung rückt. Wiederholt erinnert er daran, dafs die Lebenslage derer, welche „nichts als ihre Arme besitzen", die „von der Arbeit leben müssen," eine total verschiedene ist von der Lage derer, welche allen Besitz in ihren Händen vereinigen und ein arbeitsloses Einkommen beziehen[1].

Es liegt auf der Hand, dafs ein Autor, der so wie Vauban die Eigentümlichkeit des Arbeitseinkommens durchschaute, diese Erkenntnis auch für die Steuerpolitik nicht ungenützt lassen konnte.

Das erwähnte Kapitel über die Besteuerung der arbeitenden Klassen beginnt mit der Bemerkung, die schon andeutungsweise die Begründung der Degression enthält: „Il reste encore la moitié du peuple, et plus, qui exerce des arts et métiers, et qui gagne sa vie par le travail de ses mains."

Bei allen diesen arbeitenden Unterthanen, so fährt Vauban fort, handelt es sich um die Grundlage des Staates. Daher ist es von der gröfsten Wichtigkeit, sie bei der Besteuerung zu schonen, „pour ne pas la charger au-delà de ses forces"[2].

Er wählt dann zwei typische Fälle aus, an denen er zu zeigen sucht, welche Bedingungen erfüllt sein müssen, damit die Überlastung nicht eintrete. Der erste ist ein städtischer Leineweber (tisserand), der zweite ein ländlicher Tagelöhner (manoeuvrier); jener vertritt das Handwerk im allgemeinen, dieser die ganze Masse derer, welche als ungelernte Arbeiter jede Arbeit übernehmen, die sich ihnen darbietet[3]: Schnitter, Holzhauer, Handlanger, Chausseearbeiter u. s. w.

Das Gemeinsame in der socialen Lage dieser beiden Gruppen des menu peuple erkennt Vauban in drei Punkten: Erstens gewinnen sie ihr Einkommen nur durch das Opfer anstrengender und aufreibender Arbeit. Zweitens ist dieses

---

[1] Z. B. Ois. I, S. 177, Dîme r. S. 103, 173 und öfter.

[2] Dîme r. S. 75.

[3] „. . . il y a un très grand nombre de gens qui, ne faisant profession d'aucun métier en particulier, ne laissent pas d'en faire plusieurs nécessaires, . . . dont la plupart n'ayant que leurs bras, au fort peu de chose au delà, travaillent à la journée . . ."

Einkommen trotzdem sehr gering. Drittens ist es wegen der ungleichmäſsigen Beschäftigung dazu noch im höchsten Grade ungleich und unsicher.

Auf den letzten Punkt legt Vauban besonderes Gewicht. Er sucht seinem königlichen Leser, dem das Leben derer, welche von ihrer Hände Arbeit leben, eine terra incognita ist, klar zu machen, daſs es falsch sei, das Einkommen eines Handwerkers oder Tagelöhners durch Multiplikation des durchschnittlichen Tagelohnes mit der Zahl der Tage im Jahr ermitteln zu wollen. Die wirkliche Arbeitszeit bildet nur die Hälfte des Jahres, 180 Tage, die andere Hälfte ist „temps perdu, pendant lesquels il ne gagne rien", weil sie durch das Gebot der Kirche, durch Geschäftswege, durch Krankheit und andere unberechenbare Umstände der Arbeit entzogen wird [1].

Nachdem Vauban die verfügbare Arbeitszeit fixiert hat, sucht er das durchschnittliche Einkommen innerhalb derselben zu ermitteln. Was er hier vorbringt, ist offenbar das Ergebnis einer ziemlich ausgedehnten Lohnstatistik oder Lohnenquete in mehreren gröſseren Städten [2] und ländlichen Bezirken. Daraus stellt er das durchschnittliche Jahreseinkommen für beide Bevölkerungsgruppen fest und analysiert dann die Wirkungen, welche bei einer proportionalen Besteuerung die Erhöhung des Steuerfuſses vom vingtième zum dixième in der Lebenshaltung hervorrufen müsse. Unter der Voraussetzung, daſs die Familie aus vier Personen besteht, und ein Einkommen aus Vermögensbesitz oder Nebenbeschäftigung nicht vorhanden ist, wird nach Erlegung der Steuer nur ein Rest bleiben, der zur Bestreitung der Wohnungsmiete, sowie der Ausgaben für Nahrung, Kleidung und Hausgerät nicht mehr ausreicht. Die Existenz selbst ist dann in Gefahr. Eine so hohe Besteuerung bedeutet einfach den Ruin der unteren Klassen, „d'autant plus que la plupart n'ayant que leurs bras affaibles par la mauvaise nourriture, la moindre maladie ou le moindre accident qui leur arrive, les fait manquer de pain, si la charité des seigneurs des lieux et des curés ne les soutient" [3].

Aber der letztere Fall soll gar nicht eintreten; die untere Klasse soll, ohne Almosen, von ihrer Arbeit ausreichend leben können, sie soll soweit mit der Besteuerung verschont werden, daſs ihr ein leidliches Auskommen gesichert und infolgedessen eine schnellere Zunahme der Bevölkerung möglich ist [4]. „Car on doit prendre garde sur toutes choses à mènager le menu pouple, afin qu'il s'accroisse et qu'il puisse

---

1 Dîme r. S. 76—77.
2 Dîme r. S. 77 Anm.
3 Dîme r. S. 80—81.
4 Dîme r. S. 80.

trouver dans son travail de quoi soutenir sa vie et se vêtir avec quelque commodité."

Dieses Ziel kann unmöglich erreicht werden, wenn im Kriegsfalle, wie er jeden Augenblick eintreten kann, die Erhöhung des Steuerfuſses das Einkommen der arbeitenden Klassen bis zur Beraubung des notwendigen Lebensunterhaltes verkürzt. Es muſs also ein Mittel gefunden werden, damit ein solcher Fall niemals eintreten kann; das Mittel ist die Abweichung von der proportionalen Besteuerung. Alle, welche von ihrer Hände Arbeit leben müssen, werden von vornherein nur mit dem trentième besteuert, so daſs sie, wenn auſserordentliche Ausgaben eine Erhöhung des Steuerfuſses erfordern, dennoch niemals genötigt sind, die erdrückende Last des dixième zu tragen. Wenn man sieht, wie Vauban diese Forderung begründet, wenn man ferner sich erinnert, welches die Motive und Ziele seines Reformplanes sind, — dann wird man zugeben, daſs die Abweichung von dem Princip der Proportionalität nicht eine Inkonsequenz ist, sondern vielmehr deutlicher als alles andere zeigt, worauf es dem Marschall bei seinen Reformvorschlägen eigentlich ankam, und daſs dieser Gedanke einer schwächeren Belastung der arbeitenden Klassen auch nur die Konsequenz des Grundsatzes ist, die Steuer nach der Leistungsfähigkeit zu veranlagen. Mit diesem Grundsatze steht Vauban aber auf einem ganz anderen Boden, als die liberalen Steuertheoretiker, welche, gestützt auf das Äquivalentsprincip, in der strengen Proportionalität die gerechte Verteilung bereits verwirklicht sahen.

Für diese Theorie stand es auch fest, daſs die Besteuerung keine Veränderung in dem Verhältnis der einzelnen Einkommen zu einander zur Folge haben dürfe. So dachte Vauban nicht; er hoffte von seiner Reform eine Änderung jenes Verhältnisses. Gegenwärtig, so sagt er am Schluſs des 9. Kapitels der Dîme royale[1], herrscht das System der Ausbeutung der Armen durch die Reichen; da jene keinen Zutritt zum Könige haben, um ihm ihr Leid zu klagen, so sind sie „toujours exposé à l'avarice et à la cupidité des autres, toujours on bout de ses affaires, jusqu'à être le plus souvent privé des aliments nécessaires au soutien de la vie". Die Reform wird diesem Zustande ein Ende machen, sie wird die oberen Klassen stärker belasten und dafür das Niveau der unteren heben und so einen allgemeinen Wohlstand schaffen. „On n'y verrait pas tant de grandes fortunes à la vérité, mais on y verrait moins de pauvres; tout le monde vivrait avec commodité . . ."[2]

Ich fasse das Gesagte noch einmal zusammen: Das Reformprogramm Vaubans, welches sich äuſserlich in der Forderung

[1] S. 174.
[2] Dîme royale S. 174.

der allgemeinen proportionalen Besteuerung kund giebt, ist nicht, wie man daraus entnehmen könnte, eine Anwendung der naturrechtlichen liberalen Grundsätze auf die Steuerpolitik, sondern ist der Ausdruck einer praktischen Tendenz, welche auf die Entlastung der besitzlosen Klassen durch stärkere Belastung der besitzenden und die Verteilung der Steuerlast nach der Leistungsfähigkeit hinzielte.

Aber hier erhebt sich die Frage: Wenn Vauban erkannte, dafs eine Steuer, welche Besitzlose und Besitzende im gleichen Verhältnisse zum Einkommen belaste, nicht im Verhältnisse zur Leistungsfähigkeit veranlagt sei; wenn er deshalb die arbeitenden Klassen nur mit dem „trentième“ besteuert wissen wollte — weshalb machte er dann innerhalb dieser Klasse doch einen Unterschied, indem er den ganzen abhängigen Bauernstand nicht wie die Handwerker und Arbeiter mit dem „trentième“, sondern, wie die oberen Stände, mit dem „vingtième“ besteuert?

Diese Frage führt uns zu demjenigen Teile der Dîme royale, der von allen bisherigen Beurteilern als der Kern des Reformplanes angesehen wurde: dem „Premier fonds“ [1].

Dieser erste Fonds ist die Grundsteuer, d. h. eine dem alten Kirchenzehnten, der Dîme ecclésiastique nachgebildete [2] naturale Abgabe von allen Erträgen des Bodens; der Königliche Zehnte, die „Dîme royale“. Wenn die Garben gebunden auf dem Felde stehen, nimmt der Königliche Einnehmer eine bestimmte Quote, d. h. in Zeiten des gewöhnlichen Bedarfs den zwanzigsten Teil davon für den Staat in Beschlag.

Durch diese einfache Mafsregel werden alle die, welche in dem Bodenertrag ihr Einkommen beziehen, im gleichen Verhältnisse besteuert: also der Seigneur mit seinem champart, die Kirche mit ihrem Zehnten, der Eigentümer (maître oder propriétaire) und sein arbeitender, auf Halbpacht stehender Bauer (métayer, paysan oder laboureur) mit ihren jeweiligen Anteilen.

In allen älteren Angaben über Vaubans Finanzprojekt ist diese Idee der Naturalsteuer aufgefafst als das, was vor allem erwähnenswert und für die eigentlichen Absichten des Autors am meisten bezeichnend sei.

Diese Annahme beruht auf einem Irrtum. Das Grundsteuerprojekt bildet so wenig den Kern des Reformplans, dafs es vielmehr zu dessen leitenden Grundgedanken in einem offenbaren Widerspruche steht.

Indem der Marschall die Steuer vom landwirtschaftlichen

---

[1] Dîme r. S. 33—54.

[2] „La Dîme ecclésiastique que nous considérons comme le modèle de celle-ci . . .“ Dîme r. S. 9.

Ertrage in natura forderte, wurde er gezwungen, in vier entscheidenden Punkten von den Grundideen seines Programms abzuweichen.

Erstens bezüglich der degressiven Besteuerung der arbeitenden Klassen. Die grofse Masse der französischen Bauern jener Zeit bestand nicht aus Besitzenden, sondern aus Arbeitern; als solche stehen sie auch Vauban immer vor Augen. Von den Bauern seiner Heimat sagt er selbst, sie seien so arm, dafs sie keinen Fufs breit Erde besäfsen[1]. Klagen über die Armut, die Verschuldung, das Elend der Landleute findet man fast in allen seinen Schriften. Es ist daher auch nur natürlich, wenn sie Vauban zusammen mit den Handwerkern, Tagelöhnern, Soldaten u. s. w. in dieselbe Klasse, die „Hefe des Volkes“ (la lie du peuple) rechnet, „welche ihr Leben durch ihrer Hände Arbeit fristet“[2]. Weil für diese Leute bei einer aufserordentlichen Erhöhung des Steuerfufses auf 10 % die Existenz unmöglich und daher der Zweck der ganzen Reform nicht erreicht würde, so fordert Vauban eben für sie die degressive Besteuerung. Das gilt für die Handwerker, Tagelöhner u. s. w. — für die Bauern nicht! Und doch hat der Autor zweimal sehr ausführlich und mit unverkennbarem Nachdrucke auseinandergesetzt, welchen Gefahren der Bauernstand durch die äufserste Erhöhung des Steuerfufses ausgesetzt sein würde[3]. Er kommt dabei zu dem Resultat: wenn der propriétaire und der fermier, die Familien zu je vier Personen gerechnet, ihre Abgaben an den Staat, den Grundherrn und die Kirche entrichtet und die Produktionskosten von dem Ertrage abgezogen haben, so „il leur restera fort peu de chose pour vivre; et pour peu que cela se repétât plusieurs années de suite, ils en seraient tres incommodés[4] . . .“ Denn die meisten Bauern seien verschuldet, und die Gläubiger selbst auch in Bedrängnis. Nur die wohlhabenderen würden daher imstande sein, die Steuerlast des dixième über eine kurze Zeit hinaus zu tragen. „D'où je conclus, qu'afin que tout le monde puisse vivre un peu plus commodément, il faut soutenir les impositions le plus près du vingtiéme qu'il sera possible et les éloigner tant qu'on pourra du dixième, si on veut éviter l'oppression des peuples . . .“[5]

An anderer Stelle[6] nennt Vauban die durch die Erhöhung des Steuerfufses gesteigerte Steuerlast der Bauern „un joug bien pesant, qu'on doit éviter d'imposer tant qu'on pourra . . .“

Es ist nach alle dem nicht anzunehmen, dafs er den

---

1 Ois. I, S. 207.
2 Dîme r. S. 15, 18, 173 und öfter.
3 Dîme r. S. 103 und 193.
4 Dîme r. S. 194.
5 Dîme r. S. 195.
6 Ebenda S. 104.

Bauern eine gröfsere Leistungsfähigkeit zugetraut habe, als den übrigen Teilen des menu peuple. Die Voraussetzungen, aus denen Vauban den Schlufs zog, die arbeitenden Klassen dürften nicht im gleichen Verhältnis, wie die oberen besteuert werden, gelten auch für die Bauern: gleichwohl zieht Vauban hier diesen Schlufs nicht. Ein innerer Grund dafür liegt nicht vor. Das Hindernis ist nur die Methode der Naturalerhebung; sie macht die Degression unmöglich.

Zweitens mufste Vauban von seinem Standpunkte aus selbstverständlich verlangen, dafs die Produktionskosten bei der Veranlagung berücksichtigt würden. Gelegentlich der Gebäude- und Mühlensteuer geht er auch auf diesen Punkt näher ein und nimmt es mit dem Kostenabzug sehr genau[1].

Dagegen ist die Grundsteuer notwendig eine Steuer vom Rohertrag ohne jede Berücksichtigung der verschiedenen Wirtschaftskosten — allein aus dem Grunde, weil sie in natura erhoben wird. Sobald dieser Umstand fortfällt, tritt die Forderung des Kostenabzuges wieder in ihr Recht; den Beweis dafür liefert der Abschnitt, in dem der Autor die Waldsteuer behandelt. Sie soll einen Teil des Premier fonds bilden und ist daher ausdrücklich zuerst als Naturalsteuer geplant, wie die Definition dieses fonds besagt[2]. Später aber hat Vauban eingesehen, dafs eine Waldsteuer in natura eine Unmöglichkeit sei. Er sagt im zweiten Teile (S, 112): „... il n'est pas possible d'en percevoir la Dîme en espèce, d'une année à l'autre, sans troubler tout l'ordre des coupes.“ Diese Steuer sei daher in Geld zu erheben. Und im Anschlufs daran erörtert er ausführlich, was als Kosten von dem Ertrage abzuziehen und was als steuerbares Einkommen anzusehen sei[3].

Bei den eigentlich landwirtschaftlichen Erträgen aber, wo die Naturalerhebung technisch durchführbar ist, kann von einer solchen Rücksichtnahme auf die Produktionskosten keine Rede sein und Vauban macht dort auch keinerlei Andeutungen der Art.

Also auch dieses zweite Princip des Reformplanes wird für einen Teil desselben allein durch die Idee der Naturalerhebung aufser Kraft gesetzt.

Drittens steht die Grundsteuer als eine reine Objektsteuer mit den sonst mafsgebenden Grundsätzen Vaubans im Widerspruche. Sein ganzer steuerpolitischer Standpunkt, seine energische Betonung der persönlichen Steuerpflicht drängen zur Subjektsbesteuerung. Die Individualisierung bei der Veranlagung, das sorgfältige Eingehen auf die Verschiedenheiten in den persönlichen Verhältnissen, wie er es

---

[1] Dime r. S. 61 ff.
[2] Dime r. S. 33.
[3] Dime r. S. 113.

z. B. für die Handwerker verlangt[1] — ist durch die Natur der reinen Ertragssteuer ausgeschlossen, zumal wenn diese in so krasser Form ausgebildet ist, wie es die Erhebung in natura bedingt.

Viertens nötigt diese Methode den Marschall, für seine Grundsteuer das System der Steuerpacht zu verlangen: ein System, das er in der Kritik der Verbrauchssteuern (für welche es damals in Frankreich angewendet wurde) aufs schärfste verurteilt hat.

Die Generalpächter stellt er mit den verhafsten traitans, als Ausbeuter der Krone und des Volkes, auf eine Stufe, und prophezeiht sich selbst von ihrer Seite den zähesten Widerstand gegen jede Reform[2]. Und dieses System, das er zusammen mit den Verbrauchssteuern beseitigt wissen wollte, führte[3] er da wieder ein, wo es bisher durch Colberts Fürsorge noch nicht eingedrungen war, in die direkte Besteuerung[4]. Denn es ist klar, dafs bei der Erhebung in natura keine andere Möglichkeit blieb, weil der Staat sonst die Lasten des Getreidehandels hätte übernehmen müssen.

Wenn nun die Wahl der Naturalerhebung den Autor zu so wesentlichen Abweichungen von seinen sonst deutlich erkennbaren Grundsätzen zwang: was veranlafste ihn dann zu dieser Wahl?

Es ist undenkbar, dafs der Marschall so verfahren wäre, wenn er den Plan für die Besteuerung der Bauern im Zusammenhang mit den anderen Teilen seines Projektes, dem zweiten fonds ausgearbeitet hätte. Dann wären jene Abweichungen bewufst und absichtlich vollzogen, als solche aber einfach unerklärlich.

Die Vermutung liegt deshalb nahe, das Grundsteuerprojekt habe einen besonderen Ursprung und sei nicht mit dem Plan der allgemeinen proportionalen Besteuerung aus ein und derselben Quelle geflossen.

Eine genaue Vergleichung der einzelnen Teile der Dîme royale untereinander, mit den älteren Entwürfen von 1694 und 1696 und mit den von Rochas mitgeteilten finanzpolitischen Schriften, sowie eine besondere Beachtung dessen, was Vauban

---

[1] Von der äufseren Gleichheit des Gewerbes, der „qualité," so sagt Vauban, solle man bei der Veranlagung nicht schliefsen auf die Gleichheit der wirtschaftlichen Lage. Denn Arbeitskraft, Arbeitsgeschicklichkeit, Kundenkreis u. s. w. seien bei allen verschieden, und deshalb auch ihr Einkommen „. . . ce sont toutes considérations dans lesquelles on doit entrer le plus avant qu'on pourra, avec beaucoup d'égards et de circonspection, et toujours avec un esprit de charité." (Dîme r. S. 78).

[2] Dîme r. S. 161.

[3] Dîme r. S. 45.

[4] Das gilt selbstverständlich nur für die Grundsteuer; für die Steuern des zweiten Fonds fordert Vauban ausdrücklich die Erhebung durch Königliche Beamte (S. 56).

selbst über die Entstehungsgeschichte seines Reformprojektes aussagt[1], führten mich zu dem Resultat, dafs sich jene Vermutung bestätigte.

Die Dîme royale in der uns vorliegenden Gestalt setzt sich aus zwei Bestandteilen, zwei Projekten zusammen, die aus verschiedenen Motiven stammen, verschiedene Ziele verfolgen, und dann vom Autor zu Einer Schrift vereinigt sind, ohne dafs er ihre offenbare Inkongruenz und die daraus entstehenden Widersprüche und Unklarheiten bemerkt und verbessert hätte.

Die Darstnllung würde sich zu sehr zersplittern, wollte ich die Einzelheiten der Untersuchung, die zu obigem Ergebnis führte, mit den zugehörigen Quellennachweisen, in ihrem ganzen Umfange hier wiedergeben. Ich beschränke mich daher auf folgendes.

Der eine der beiden gedachten Bestandteile ist der Gedanke des Ersatzes des ganzen bisherigen Steuersystems durch eine allgemeine direkte Besteuerung nach der Leistungsfähigkeit, verbunden mit dem Salzmonopol und einigen direkten und indirekten Steuern auf Verbrauchs- und Luxuswaaren.

Dieses und nicht das Grundsteuerprojekt, wie man bisher annahm, ist der eigentliche Kern in Vaubans Reformplan. Er hat seine Quelle im Entwurf von 1694 und dieser wiederum knüpft an den Vorschlag der Kriegssteuer an, indem Vauban dort bemerkt[2], die Methode der allgemeinen direkten Quotitätssteuer, wie er sie für die Capitation vorgeschlagen hatte, scheine ihm geeignet, den Grundstock für ein Steuersystem der Zukunft zu bilden. Derselbe Gedanke liegt dann auch dem Entwurf von 1696 zu Grunde und tritt in der Dîme royale im „Zweiten Fonds“ zu Tage. Die oben angegebenen Nebensteuern des Systems sind ebenfalls in den beiden älteren Entwürfen schon angekündigt und bilden im Hauptwerke den „Dritten“ und „Vierten Fonds“.

Der zweite Bestandteil ist das Projekt der in natura zu erhebenden Grundsteuer. Er ist nichts anderes als die letzte Etappe in einer Reihe von Vorschlägen, welche der Marschall für eine specielle Reform der taille personnelle verfafst hatte. Diese verrufene Steuer glaubte Vauban zuerst, anknüpfend an frühere Versuche Mazarins und Colberts, durch Umwandlung in die taille réelle d. h. in eine Katastersteuer, wie sie in einzelnen Provinzen längst bestand, reformieren zu können. Er verfafste in diesem Sinne ein Projekt und vereinigte es mit dem schon vorliegenden Entwurf von 1696 zu einem

---

[1] Dîme r. S. 4—9 und S. 33—44.
[2] Ois. I, S. 179.

der Dîme royale verwandten System, dem Projekt der „Taille réelle“[1]. Aber mißglückte eigene Versuche, in seiner Heimat eine solche Reform anzubahnen[2], ferner die schlechten Erfahrungen, welche man, nach Vauban, vielerwärts mit den Katastersteuern gemacht hatte[3], und endlich eine aus offenbaren Irrtümern hervorgehende Vorstellung vom Wesen und Zweck dieser Art von Steuern[4] brachten Vauban zu der Überzeugung, nur die Erhebung in natura könne die Landbevölkerung von den Übeln befreien, unter denen sie im herrschenden System zu leiden hatte.

Er verarbeitete den neuen Gedanken zu der Denkschrift „Dîme royale ou conversion de la taille“[5]. Und wie schon früher mit dem Vorschlage der Katastersteuer, so verfuhr Vauban auch jetzt mit dem neuen Projekte des Königszehnten: er vereinigte es mit dem schon vorliegenden alten Plane der allgemeinen Finanzreform, und so entstand das Hauptwerk, das „Projet d'une Dîme royale“ eine Schrift, welche die Folgen jener Paarung fast auf jeder Seite erkennen läßt[6].

Wenn die bisherigen Erörterungen eine Erklärung bieten für die Inkonsequenzen, welche der Gedanke der Naturalerhebung in das System hineingetragen hat, so dienen sie ferner auch dazu, den Titel des Hauptwerkes zu erklären.

Wir sahen, der Grundgedanke des Finanzprojektes war die Entlastung der unteren Klassen durch die Beseitigung der Anleihen einerseits und durch eine allgemeine direkte Besteuerung nach der Leistungsfähigkeit andererseits. Da die bisherigen Darsteller diesen Grundgedanken nicht scharf genug erfaßten, und sich

[1] Der Titel lautet: „Projet pour l'établissement d'une taille réelle géométrique qui, en produisant un revenu très considérable au Roí, supprimerait la taille personnelle, le taillon, les aides, la capitation et autres impôts onéreux, réservant la gabelle réduite à la moitié de ce qu'elle est, la douane reléguée sur l'extrémité des frontières et de beaucoup modérée les vieux domaines du Roi et tout ce qui peut s'appeler revenu fixe“. Rochas a. a. O. S. 175.

[2] Dîme r. S. 7.

[3] Dîme r. S. 34 und 35.

[4] Dîme r. S. 34 bis 36.

[5] Rochas a, a. O. S. 174.

[6] Diese Folgen sind, von zahlreichen auffälligen Wiederholungen abgesehen, hauptsächlich zwei: erstens der Umstand, daß das Wort „Dîme royale“ für drei ganz verschiedene Begriffe gebraucht wird. Nämlich erstens, seiner ursprünglichen Bedeutung nach, für die Naturalsteuer, den ersten fonds, zweitens für die Gesamtheit aller direkten Steuern, also für den ersten und zweiten fonds zusammen und drittens für die Gesamtheit aller Reformvorschläge des Systems. Damit in natürlichem Zusammenhang steht die zweite Folgeerscheinung, daß diese unbestimmte „Dîme royale“ bald als Ersatz für die taille allein, bald für alle verworfenen Steuern aufgefaßt wird. Welche Widersprüche sich daraus ergeben mußten, ist leicht zu ersehen.

auch, wie ihre Angaben erkennen lassen, über die eigentliche Bedeutung des Wortes Dîme royale nicht klar waren, so konnten sie auch nicht bemerken, dafs der Titel des Hauptwerkes gar nicht das ausdrückte, was Vauban mit seinem grofsen Reformprojekt eigentlich hatte sagen wollen. Titel und Inhalt decken sich nicht entfernt.

Das Wort „Dîme royale“ soll weder, wie z. B. Ingram annimmt[1], den Steuerfufs bezeichnen: denn der dixième ist ja gerade von Vauban perhorresziert — noch soll damit auf das Princip der Quotitätsbesteuerung hingewiesen werden: denn dieses Princip hatte Vauban schon 1694 in der Capitation angewandt. Sondern die Dîme royale ist die Nachbildung der Dîme ecclésiastique, und das, was Vauban an diesem Kirchenzehnten (der gar kein wirklicher „Zehnte“ war, sondern im Steuerfufs schwankte[2]) eigentümliches sah, war die Abgabe von den Erträgen des Bodens in natura. Daher bezeichnet auch, wie schon bemerkt wurde, „Dîme royale“ nichts anderes, als die in natura zu erhebende Grundsteuer, welche die taille ersetzen sollte. In diesem Sinne ist ja auch das Wort in der erwähnten älteren Denkschrift über die Umwandlung der taille gebraucht.

Als Vauban diese Schrift mit dem älteren Projekt der allgemeinen Finanzreform vereinigte, übertrug er auch ihren Titel auf das Ganze, wie er es schon früher bei der Vereinigung der taille réelle mit dem allgemeinen Plane gethan hatte.

In den Entwürfen von 1694 und 1696 kommt weder der Gedanke der Naturalsteuer noch das Wort Dîme royale vor. Der allgemeine „vingtième“ gilt dort für den Grund und Boden ebenso wie für alle übrigen Einkommensquellen, und die Grundsteuer ist gar nicht, wie später in der Dîme royale, besonders hervorgehoben worden.

Ohne Zweifel hat diese Wahl des Titels vor allem anderen dazu beigetragen, dafs der wirkliche Inhalt der Schrift und damit die geschichtliche Bedeutung von Vaubans Reformideen bisher nur unvollkommen gewürdigt ist. Denn wo es sich in Wirklichkeit um eine nach grofsen politischen Gedanken aufgebaute Finanzreform handelt, vermutete man das etwas unklare und abenteuerliche Projekt eines Königlichen Zehnten, der alle Steuern ersetzen solle.

---

[1] a. a. O. S. 79.
[2] Dîme royale S. 42.

# Siebentes Kapitel.

Die Zölle und Verbrauchssteuern waren von Colbert, teils aus fiskalischen, teils aus wirtschaftspolitischen Gründen, zum Hauptbestandteile der Staatseinnahmen erhoben, und soweit der hartnäckige Widerstand der einzelnen Provinzen es zuliefs, einheitlich geregelt worden. Das so geschaffene System bestand in der Hauptsache aus folgenden Arten von Abgaben:

1. Den Ein- und Ausfuhrzöllen an der Grenze.

2. Den Zöllen zwischen den einzelnen Landesteilen des Reiches (douanes provinciales), welche Colbert, um eine nationale Volkswirtschaft zu schaffen, vergeblich ganz zu beseitigen versucht hatte.

3. Den Getränkesteuern auf Wein, Bier und Obstwein, welche in den meisten Provinzen erhoben wurden (aides).

4. Der Salzsteuer (gabelle), welche von altersher in den verschiedenen Provinzen ganz verschieden geregelt, und deren Höhe ebenfalls sehr ungleich war.

5. Einer Reihe von Steuern auf entbehrliche Genufsmittel, wie Thee, Kaffee, Schokolade, Tabak, Branntwein u. s. w.

Eine ordentliche zusammenhängende Kritik der Zölle und Verbrauchssteuern, wie sie z. B. Boisguillebert mit so grofsem Geschick geübt hat, sucht man bei Vauban vergebens. Nur die Salzsteuer ist etwas eingehender behandelt; sonst aber sind wir auf einige zerstreute Bemerkungen angewiesen, aus denen sich folgendes entnehmen läfst.

Als Merkantilist hatte Vauban gegen die Grenzzölle principiell nichts einzuwenden: er läfst sie bestehen „ . . . à cause des marchandises étrangères“ [1]. Für die Ausfuhrzölle fordert er die Regelung des Tarifes durch den Handelsrat im Interesse der einheimischen Produzenten [2].

---

[1] Ois. I, S. 179.
[2] Dîme r. S. 95.

Nur an einer Stelle in Vaubans Schriften finde ich eine Bemerkung allgemeiner Art über die Verbrauchssteuern: das ist dort, wo der Autor in der Vorrede zur Dîme royale den Vorschlag abweist, die gesamten Staatseinkünfte allein auf diese Steuerart zu stellen. Er sagt dort: „Il y a des pays où l'on met toutes les impositions sur les denrées qui s'y consomment, même sur le pain, le vin et les viandes, mais cela en rend les consommations plus chères et par conséquent plus rares. En un mot, cette méthode nuit à la subsistance et nourriture des hommes et au commerce . . .[1]

Diese Bemerkung entspricht, wie man sieht, ganz dem uns bekannten allgemeinen politischen Standpunkte Vaubans: wer in der Zunahme der Bevölkerung und der Hebung der unteren Klassen das Ziel der Politik sah, mufste die Steuern auf notwendige Lebensmittel als irrationell und ungerecht verwerfen. Aus dieser Anschauung, besonders aus dem Bestreben nach gerechter Verteilung der Steuerlast, erklärt sich dann auch wohl der Umstand, dafs Vauban die Steuern einteilt in „freiwillige“ und „unfreiwillige“ (volontaires und non volontaires)[2], und jene behält, diese aber verwirft. Zu den letzteren gehören die Getränkesteuern und die Provinzialzölle. Dafs sie die ärmeren Konsumenten mehr belasten als die wohlhabenden, hat Vauban allerdings nirgends ausdrücklich bemerkt. Als „freiwillige“ bezeichnet er dagegen die Steuern auf entbehrliche Genufsmittel; sie nimmt er in sein System herüber, woselbst sie einen Teil des „Vierten Fonds“ bilden. Er definiert sie als die „qui ne seront payés que par ceux qui le veulent bien, et qui sont, à proprement parler, la peine de leur luxe, de leur intempérance et de leur vanité[3]. Sie treffen nur die wirtschaftlich Leistungsfähigen, und die Sorge um die Existenz zwingt niemanden, sie zu zahlen. Auch dienen sie, wie Vauban mehrfach mit unverkennbarer Zufriedenheit hervorhebt[4], dazu, den ausschweifenden Luxus in den oberen und die Unmäfsigkeit in den unteren Volksklassen einzuschränken.

Um dieser ihrer Eigenschaft willen, und zugleich, weil dadurch die gleichmäfsige Verteilung der Steuerlast noch vollkommener gemacht wird, will Vauban die Zahl der „freiwilligen Steuern“ sogar noch um eine Reihe von direkten Luxussteuern auf Equipagen, Möbel, Prunkgewänder, Perücken u. s. w. vermehrt sehen, „qui judicieusement imposés en punition des excès et désordres causés par la mauvaise con-

[1] Dîme r. S. 8.

[2] Vergl. den Titel der ersten Ausgabe der „Dîme royale“ vom Jahre 1707, und Dîme r. S. 95.

[3] Dîme r. S. 95.

[4] Ois. I, S. 179 und Dîme r. S. 95 und 96.

duite d'un grand nombre de gens, peuvent faire beaucoup de bien, et peu de mal" [1].

Und während er die Getränkesteuern, welche beim Transport und Verkauf erhoben wurden, verurteilt, empfiehlt er sehr eindringlich noch eine andere freiwillige Steuer, die Schanksteuer, „puisque c'est de l'argent comptant, et que la grande oppression ne retomberait que sur ceux qui en mésusent [2].

Es ist übrigens zu bemerken, dafs Vauban die Getränkesteuern und die Provinzialzölle nicht allein wegen ihrer „Unfreiwilligkeit", d. h. im Interesse der armen Konsumenten und vom Standpunkte der gerechten Verteilung aus verwirft. Denn da, wo er noch am meisten auf sie eingeht [3], bekämpft er sie (in Anlehnung an Boisguillebert) deshalb, weil sie durch Verteuerung der Produkte Absatzmangel erzeugen und so die Produzenten schädigen — und weil ferner die Plackereien der Unterbeamten (commis des aides) den Transport und Verkauf der Produkte erschweren. Das Verhalten dieser Beamten scheint Vauban überhaupt am meisten gegen die Getränkesteuern eingenommen zu haben [4].

Es bleibt schliefslich noch übrig, mit einem Worte auf die Salzsteuer zurück zu kommen.

Im „Dritten Fonds", der die Reform der gabelle enthält, sagt Vauban: das Salz ist ein Manna, mit dem Gott die Menschen beschenkt hat, und das folglich gar nicht besteuert werden dürfte [5]. Ferner bemerkt er, der hohe Salzpreis hindere die armen Leute an einem genügenden Salzkonsum und verhindere auch die richtige Ernährung des Viehes. „D'où s'ensuit que les uns et les autres sont lâches et malsains" [6]. Und dasselbe Kapitel schliefst Vauban mit der Mahnung, man solle niemals vergessen „que le sel est nécessaire à la nourriture des hommes et des bestiaux, et qu'il faut toujours l'aider et le faciliter, sans jamais y nuire, par quelque raison que ce puisse être" [7].

Angesichts dieser Äufserungen fragt man sich, warum der Marschall die Besteuerung des Salzes nicht gerade so kurzer Hand verwirft wie die Getränkesteuern und Binnenzölle? War doch die Ausbeutung des Volkes durch die „avanies" und „malfaçons" der Salzsteuerbeamten nach Vaubans eigenen Berichten [8] noch viel schlimmer als die Qualen, welche es von

---

[1] Dîme r. S. 96.

[2] Ois. I, S. 179; vergl. auch Dîme r. S. 96.

[3] Dîme r. S. 26—27.

[4] In der Dîme r. S 44, nennt er sie „Tagediebe und Vagabunden"; vergl. auch Dîme r. S. 3, 24—25 und 50—51; und Ois. I, S. 179.

[5] Dîme r. S. 85.

[6] Dîme r. S. 88.

[7] Dîme r. S. 93.

[8] Dîme r. S. 86—88.

den commis des aides zu erdulden hatte. Gleichwohl ist von einer Reform dieser letzteren Steuern keine Rede; die Salzsteuer dagegen wird einer Verbesserung für wert gehalten. Als Hauptmittel ihrer Reform empfiehlt Vauban die Aufhebung der provinziellen Verschiedenheiten und die Verstaatlichung der Salinen und des Salzverkaufes.

Dafs Vauban somit eine Inkonsequenz beging, indem er eine Steuer auf ein notwendiges Nahrungsmittel, also eine „unfreiwillige“ Steuer beibehielt, erklärt sich wohl aus zwei Gründen.

Erstens hat er ihr, m. E. im Gegensatze zu den oben citierten Äufserungen, an anderer Stelle den Charakter der Freiwilligkeit beigelegt, und sie für eine besonders gerechte Steuer erklärt. Die Salzsteuer, so sagt er[1], sei deshalb in fast allen Staaten eingebürgert, weil unter den möglichen Methoden, den steigenden Staatsbedarf zu decken, keine andere so geeignet sei „pour les faire avec proportion ... parceque chaque ménage en consomme ordinairement selon qu'il est plus ou moins accommodé; les riches qui ont beaucoup de domestiques et font bonne chère, en usent beaucoup plus que les pauvres, qui la font mauvaise[2].“

Von hier aus war es dann freilich nur konsequent, wenn der Marschall, da er die Steuerlast nach der Leistungsfähigkeit verteilen wollte, die Salzsteuer mit in sein System hinübernahm[3].

Der zweite Grund, der für die Beibehaltung der Salzsteuer sprach, war ein fiskalischer. Vauban hielt sie, wie er im Entwurf von 1696 sagt, die erwähnten Reformen vorausgesetzt, für „une des meilleures parties du revenu du roi“[4] — und er sah eben die Unmöglichkeit ein, mit den direkten Steuern allein den Staatsbedarf decken zu können.

---

[1] Dîme r. S. 85.

[2] Dîme r. S. 85; derselbe Gedanke findet sich auch schon im Entwurf von 1694 (Ois. I, S. 178).

[3] So urteilt auch R. Meyer a. a. O. S. 12.

[4] Ois. I, S. 215.

# Achtes Kapitel.

Ich habe damit die Darstellung des Finanzprojektes beendet und zugleich zu zeigen versucht, welche Bedeutung ihm als Glied des allgemeinen politischen Reformplanes zukommt.

Der Leser erinnert sich an das Ziel dieses Planes: weil die Macht des Staates auf der Zahl der Unterthanen beruht, Frankreich aber infolge von Krieg, Steuerdruck und Hungersnot an einer permanenten Entvölkerung leidet, so ist es die nächste und höchste Aufgabe der Regierung, alle Ursachen der Entvölkerung zu entfernen und die Zunahme der Bevölkerung mit allen Mitteln zu fördern.

Durch den Frieden von Ryswick war die erste jener Ursachen, der Krieg, beseitigt. Die zweite sollte vor Ausbruch des nächsten Krieges (der aber früher eintrat als Vauban erwartet hatte, 1701) durch die Finanzreform beseitigt werden. In letzter Linie zielte diese Reform hin auf die Entlastung der unteren Klassen, um so ihre völlige Verarmung und damit die Abnahme der Bevölkerung aufzuhalten, und um ihnen ein Einkommen zu sichern, das ihnen eine bessere Lebenshaltung und raschere Fortpflanzung verbürgen könnte. Dem gleichen Zwecke sollte auch die Verbilligung der Lebensmittel durch Abschaffung bezw. Reform der Verbrauchssteuern dienen.

Wer wie Vauban in der Bevölkerungsmenge die Grundlage der staatlichen Macht erblickte, der mufste auch einsehen, dafs die Verhütung der Hungersnöte und die Beschaffung einer ausreichenden Menge von Lebensmitteln eine Hauptaufgabe des Staates sei. Wenn daher der Autor in einer dritten Gruppe von Denkschriften die Fragen der Bodenproduktion und der Versorgung mit Nahrungsmitteln behandelt, so sehen wir darin nur eine weitere Kundgebung seiner allgemeinen Tendenz.

Was Vauban in dieser Richtung plante, hielt er erst für

durchführbar, nachdem die Finanzreform vollendet sei. Bevor ich zur Darstellung der hierhergehörigen Vorschläge übergehe, mufs ich noch auf die Wirkungen zu sprechen kommen, welche sich der Marschall schon von der Finanzreform als solcher für die Volksernährung versprach.

Seine Beobachtungen, die er in der Heimat, im Gebirge Morvan, begonnen und während der Inspektionsreisen auf das ganze Reich ausgedehnt hatte, zeigten ihm, dafs überall die Bodenkultur in erschreckender Weise zurückging: dafs der Umfang des Brachlandes immer gröfser, die Ernteerträge des bebauten Landes aber immer geringer wurden. Die Ernährung des Volkes wurde dadurch ernstlich bedroht.

Von zahlreichen verstreuten Stellen abgesehen, in denen jene Beobachtungen zum Ausdruck kommen, ist besonders die Einleitung[1] der Dîme royale hier von Interesse.

Potentiell, so führt Vauban aus, ist Frankreich das reichste Land. Denn in Anbetracht des Wertes einer grofsen Bevölkerungszahl besteht der Reichtum eines Landes in nichts anderem, als in einem Überflufs an notwendigen Lebensmitteln. Frankreich besitzt vermöge seiner natürlichen Fruchtbarkeit diesen Überflufs — es könnte ihn wenigstens besitzen. Es könnte mit dem Ertrage seiner eigenen Produktion bequem 25 Mill. Menschen ernähren, ohne dazu der Einfuhr aus den Nachbarstaaten zu bedürfen[2] (S. 16). Thatsächlich aber zählt der Staat nur etwas über 19 Mill. Einwohner „ce qui est cependant fort au dessous de cequ'elle en pourrait nourrir si elle était bien cultivée". (S. 17 A.) Diese mangelhafte Bodenkultur ist eine Ursache der schwachen Bevölkerung und ist selbst die Folge der langjährigen Kriege und der verkehrten Finanzpolitik[3].

Die notwendige Folge der willkürlichen Veranlagung der taille ist die, dafs der Landwirt nie seines Ertrages sicher ist. Die Steuer greift zu, wo sich eine Spur von Vermögen findet, und so mufs der Bauer wohl oder übel, um der Übersteuerung zu entgehen, allen Schein des Wohlstandes meiden[4]. Das hat eine doppelte Folge: erstens schränkt der Bauer seine Lebenshaltung ein, konsumiert wenig, bekleidet sich absichtlich nur notdürftig und nährt sich schlecht „jusqu'au point de se priver du nécessaire, pour ne pas paraître accommodé[5]. Die furchtbaren Wirkungen eines solchen Verhaltens durch Generationen

---

[1] Dîme r. S. 21 ff.

[2] Das Kapitel VII des zweiten Teiles der Dîme r. enthält eine grofse Berechnung zu dem Zweck „ . . . de faire voir ce que la lieue carrée peut nourrir de monde de son cru, et par rapport à elle tout le royaume, sans être obligé d'avoir secours au étrangers".

[3] Dîme r. S. 23.

[4] Dîme r. S. 25, 52 und öfter.

[5] Dîme r. S. 51.

hindurch hat Vauban in seiner „Beschreibung von Vézelay" drastisch geschildert. Die Bauern daselbst befinden sich auf einer so niedrigen geistigen und wirtschaftlichen Stufe, daſs ein tieferes Sinken nicht mehr möglich ist.

Aber daneben hat die taille noch eine zweite Wirkung[1]: die planmäſsige Einschränkung der Bodenkultur und der Viehzucht, überhaupt der ganzen landwirtschaftlichen Produktion. Wenn der Besitz von einigen Stück Vieh, der vermöge des daraus erwachsenden Düngerertrages dazu dienen könnte, die Produktion zu steigern, nur die Wirkung hat, daſs die Steuerbehörde den Besitzer schärfer aufs Korn nimmt, so werden die Bauern sich hüten, ihren Viehstand zu vermehren.

Wenn eine Steigerung des Ernteertrages ebenfalls nur einen vermehrten Steuerdruck zur Folge hat, so wird der Landwirt keinen Finger rühren und keinen Pfennig ausgeben, um den Anbau auszudehnen oder intensiver zu gestalten. Ja, er wird sogar seinen Wirtschaftsbetrieb einschränken und nur soviel produzieren, als er zur Deckung seines notwendigen Bedarfs nötig hat, „... il laisse dépérir le peu de terre qu'il a, en ne la travaillant qu'à demi, de peur que si elle rendait ce qu'elle pourrait rendre étant bien fumée et cultivée, on n'en prit occasion de l'imposer doublement à la Taille"[2].

So ist also die Veranlagung und Erhebung der taille die eine Ursache der abnehmenden Bodenkultur. Die andere Ursache ist der Rückgang der Konsumtion landwirtschaftlicher Produkte. Denn, wenn der Landwirt in Erwartung eines gewissen Absatzes und Erlöses ein gewisses Maſs von Kosten aufgewendet hat, nnd es fehlt nachher der erhoffte Absatz, so hat er statt des Gewinnes einen Verlust[3]. Daſs aber die Konsumtion abnimmt, ist die Folge der Verbrauchssteuern, der aides und der douanes provinciales. (S. 26.)

Die Finanzreform beseitigt taille, aides und douanes, beseitigt also die direkten und indirekten Ursachen, welche nicht bloſs den Fortschritt der Bodenkultur, sondern selbst ein Verharren auf dem augenblicklichen Niveau unmöglich machen und das Brachlegen der Äcker befördern.

Vauban erwartet daher auch von seiner Reform einen bedeutenden Aufschwung der Bodenproduktion. Das ersieht man schon aus dem Titel der ältesten Ausgabe der Dîme royale von 1707, welcher schlieſst: das neue System werde

---

[1] Dîme r. S. 25.

[2] Dîme r. S. 25—26.

[3] Cette culture devient même non seulement inutile, mais ruineux au propriétaire et au laboureur, à cause des frais qu'il est obligé d'y employer, si faute de consommation, les denrées qu'il retire de ses terres lui demeurent et ne se vendent point (Dîme r. S. 23).

dem Könige ein enormes Einkommen sichern, „qui s'augmenterait considérablement par la meilleure culture des terres.“ Ausdehnung der Bodenkultur, Vermehrung der verfügbaren Menge von Nahrungsmitteln und daher Vermehrung der Bevölkerung: das wird dann in der Schrift selbst wieder und wieder als voraussichtliche Wirkung der Reform angepriesen[1].

Alle die verderblichen Wirkungen, welche Vauban der taille personnelle hinsichtlich der Bodenproduktion zuschreibt, sind und können in letzter Linie nichts anderes sein als die Folgen einer Veranlagung, welche den rohen Ertrag ohne Rücksicht auf die Produktionskosten zur Bemessungsgrundlage nahm. Die Taille wurde bemessen nach den „biens apparents“, ob dabei das Kapital als Grundlage uud Voraussetzung der dauernden Produktion unverletzt erhalten blieb, ob die Kosten gedeckt, und der Betrieb nach Erlegung der Steuer im alten Umfange fortgesetzt werden könnte: das alles blieb unbeachtet. Erst Quesnay bekämpfte diese Praxis, indem er theoretisch nachwies, dafs jede Besteuerung, welche das Kapital angreife, schliefslich sich selbst die Quelle verstopfe, und dafs daher der Reinertrag allein besteuert werden dürfe.

Wenn man die oben wiedergegebene Kritik der taille bei Vauban liest, so erwartet man mit Bestimmtheit schon hier die Quesnaysche Forderung. Und wenn man nicht wüfste, was Vauban thatsächlich als Reform vorgeschlagen hat, und dies aus dem entnehmen wollte, was er als Wirkung der Reform preist, so würde man gleichfalls nur zu dem Schlufs gelangen: er wünscht die ausschliefsliche Besteuerung des Reinertrages. Denn der Autor sagt[2]: da die neue Steuermethode „met à couvert le laboureur de la crainte où il est d'être surchargé de taille l'année suivante, dans le pays où elle est personnelle, on doit s'attendre que le revenu des terres augmenterait de près de moitié par les soins et la bonne culture que chacun s'efforcerait d'y apporter.“ Ähnlich sagt er S. 48: Befreit von der Sorge, im nächsten Jahre der Früchte seiner Arbeit beraubt zu werden und so alles umsonst gethan zu haben, wird sich der Landwirt veranlafst sehen, „. . non seulement à bien cultiver ses possessions et à les mettre en état de rendre tout ce qu'on peut en attendre quand elles ont eu toutes les façons nécessaires, mais encore à se servir de toute son industrie pour se mettre à son aise, et bien élever sa famille.“

Es wird, so verkündet Vauban, nun alles eintreten, was unter dem Drucke der taille gegenwärtig unterbleibt: Die

---

[1] Dime r. S. 37, 48, 105, 106, 119 und öfter.
[2] Dime r. S. 36.

Viehhaltung wird verstärkt, die unbebauten Flächen werden bestellt, der Betrieb wird intensiver gestaltet[1].

Das alles sollen die Folgen eines Wechsels in der Steuermethode sein, der gerade den Hauptmangel der bestehenden, die Rohertragsbesteuerung, nicht beseitigt. Die Besteuerung des Rohertrages ist die Voraussetzung, ohne welche die geforderte neue Methode nicht denkbar ist.

Zweierlei erstrebte Vauban mit seiner „conversion de la taille en Dîme royale“: Die gleichmäfsige Belastung und die Garantie für die Rentabilität der Produktion, soweit sie von der Besteuerung abhängig war. Aber beides ist durch die Naturalsteuer nicht verbürgt und in den meisten Fällen geradezu unmöglich. Vauban erwartete Meliorationen unter einer Steuermethode, welche von allen Volkswirten einstimmig als der gröfste Feind jeder Verbesserung der Bodenkultur verurteilt worden ist.

Von der Einführung der Naturalsteuer erhoffte Vauban noch einen Nebenerfolg, der ebenfalls in der Richtung auf Verbilligung der Nahrungsmittel und also auf leichtere Ernährung einer wachsenden Bevölkerung gewirkt hätte. Nach seiner Absicht sollten die, in jedem Kirchspiele zur Ansammlung der Steuererträge notwendigen Speicher als Getreidemagazine verwandt werden, die dann in teuren Zeiten das Brotkorn zu einem bestimmten mäfsigen Preise abzugeben hätten[2].

Vauban wies jedoch der Finanzreform noch eine weitere, gröfsere Aufgabe zu. In seinem allgemeinen Reformplane spielte die Wirkung, welche die Bevölkerungsbewegung auf dem Wege der erleichterten Lebensmittelproduktion von der Grundsteuerreform erfahren sollte, doch nur eine nebensächliche Rolle, verglichen mit einem andern Erfolge, den er sich davon versprach, dafs die Finanzreform, indem sie den Volkswohlstand hob, auch im Laufe der Jahre die Kassen des Staates und der Unterthanen mit überschüssigen Einkünften füllen werde, welche dann in der Richtung auf Schaffung der Lebensbedingungen für eine wachsende Volkszahl verwandt werden konnten.

In der Finanzreform sah der Marschall, mit einem Worte, die Voraussetzung für die Durchführung seines umfassenden Landeskulturplans. Ich verstehe hierunter die Summe aller der Mafsregeln, welche in der letzten der drei oben[3] erwähnten Gruppen seiner Denkschriften vorgeschlagen sind. Ihre systematische Dar-

[1] Dîme r. S. 106 und 119.

[2] „De plus, la Dîme royale aura encore cette utilité qu'elle produira par les suites quantité de petits magasins de blé dans les paroisses, lesquels en soulageant les peuples dans les chères années, enrichiront ceux qui les auronts faits.“ Dîme r. S. 168.

[3] Vgl. S. 75.

stellung erfolgte erst nach der letzten Redaktion des Finanzreformplanes, im Jahre 1699. Aber ihre programmatische Ankündigung findet sich schon im zweiten Teile der Dîme royale, da, wo der Autor den König auf die voraussichtlichen Folgen der Finanzreform aufmerksam macht[1].

Es wird, so führt Vauban hier aus, bei den Erleichterungen, welche sich aus der Beseitigung des Schuldenwesens, aus der besseren Verteilung der Steuerlast und speciell aus der Reform der Grundsteuer ergeben müssen, nicht sein Bewenden haben: sondern „comme les peuples cesseront d'être dans l'état misérable où il se trouvent, et qu'ils deviendront plus aisés," — alsdann wird der Staat es wagen dürfen, mit den Mitteln seiner wohlhabenden Unterthanen von der Heilung alter Wunden fortzuschreiten zur Schöpfung neuer segenbringender Einrichtungen, welche ihm für die Zukunft die feste Grundlage einer zahlreichen Bevölkerung sichern sollen.

Als solche Aufgaben der Regierung nennt der Marschall: die Bewässerung der dürren Landstrecken, die Austrocknung der grofsen Moore, die Kanalisierung der Flüsse des ganzen Staates und endlich den Ausbau des Landstrafsensystems — alles unter dem Gesichtspunkte, „qu'ils peuvent tous contribuer considérablement à la fertilité des terres de ce royaume et au commerce de ses habitants.

Diese letzten Worte enthalten auch die Scheidung des Landeskulturplanes in die beiden Gruppen von Mafsregeln, die wir in der Darstellung gesondert zu behandeln haben: erstens solche zur Melioration des Bodens, also zur Förderung der landwirtschaftlichen Produktion — und zweitens solche, die den „commerce" zu erleichtern haben würden. Was sich Vauban hier unter „commerce" dachte und in welcher Weise er dessen Förderung plante, wird unten noch näher darzulegen sein; hier beschäftigen wir uns zunächst mit der ersten Gruppe.

In zwei besonderen Denkschriften, welche beide unmittelbar nach der ersten Ausgabe der Dîme royale im Jahre 1699 verfafst worden sind, hat der Autor seine Vorschläge zur Beförderung der Bodenkultur niedergelegt. Ihre Titel lauten: „Des arrosements des rivières" und „Des marais"[2].

Die Beobachtungen und Erfahrungen, die der Seigneur von Bazoches in seiner Heimat gemacht hatte, haben in

---

[1] Dîme royale S. 105 ff. Dafs Vauban die Durchführung seines Landeskulturplanes erst nach Vollendung der Finanzreform für möglich hielt, hat er noch deutlicher am Schlusse des Memoires „Navigation des rivières" ausgesprochen, wo es heifst: Es werde wohl mancher die Ausführbarkeit seiner Vorschläge mit Hinweis auf die notorische Armut von Staat und Volk in Zweifel ziehen. „Mais si la dîme royale, telle quelle a été proposée par les mémoires précédents, pouvait avoir lieu . . . . pour lors les pays se raccommoderaient et ce qui parait impossible deviendrait aisé."

[2] Ois. IV S. 140 ff. und S. 147.

doppelter Hinsicht für die Ausgestaltung des Planes einer allgemeinen Bodenmelioration anregend gewirkt. Auf der einen Seite waren die physikalischen Voraussetzungen für den Ackerbau hier die denkbar schlechtesten, wie Vauban selbst wiederholt versichert[1]. Andererseits liefs sich von einem so gänzlich verkommenen Menschenschlage nicht erwarten, dafs er aus eigener Initiative und auf „privatwirtschaftlichem" Wege Meliorationen gröfseren Stiles zustande bringen werde[2]. So erklärt sich leicht der eigentümliche Charakter der vorgeschlagenen Mafsregeln: die „amélioration des terres" wie sie durch die geforderte grofse Bewässerungsanlage mittelbar und unmittelbar ermöglicht werden sollte, war gedacht als Ausflufs staatlicher Initiative, und als Resultat gemeinwirtschaftlicher Thätigkeit. Was Vauban damit forderte, war eine Ergänzung der erhöhten landwirtschaftlichen Arbeit, die er sich schon von der Grundsteuerreform versprach. Auch wenn diese wirklich den Erfolg gehabt hätte, dafs der einzelne Landwirt zu lebhafterer Wirtschaftsführung angespornt wäre, so blieben doch noch Aufgaben unerfüllt, die eben nur durch Anregung von oben und mit den Mitteln der Gesamtheit durchgeführt werden konnten.

Ideen, Mahnungen und Vorschläge zur Verbesserung der Bodenkultur finden sich in fast allen Schriften des Marschalls verstreut; auch sind noch zwei ungedruckte Memoiren von ihm über dieses Thema vorhanden, das „Mémoire sur la culture des terres abandonnées" und das „Mémoire concernant les dessèchements, les arrosements des près et l'extraction des tourbes[3].

Vauban geht von dem Gedanken aus, den er schon 1691 in der Denkschrift über den Kanal von Languedoc an die Spitze des Exkurses über die Bodenmelioration gestellt hat. Auch der schlechteste Boden mufs sich auf irgend eine Weise volkswirtschaftlich nutzbar machen lassen[4]. Der Gedanke ist ihm unerträglich, dafs irgendwo im Staate eine produktive Kraft latent bleiben soll, welche dazu beitragen könnte, einer gröfseren Menschenzahl den Lebensunterhalt zu gewähren. Er versichert, es gäbe noch eine „unendliche Menge" von unversuchten Mafsregeln, mit denen der Staat die Produktivität des Ackerbaues und der Viehzucht erhöhen und dadurch die Erhaltung und Vermehrung der Bevölkerung befördern könnte[5]. Aber angesichts der grofsen Armut und Erschlaffung unter dem Bauernstande darf

---

[1] Ois. I, S. 202 ff.; Dîme r. S. 121 u. 128.
[2] Ois. I, S. 206.
[3] Rochas a. a. O. S. 176.
[4] Ois. I, S. 89.
[5] Ois. I, S. 94.

der Staat nicht darauf warten, daſs jener selbst zuerst Hand anlege. Und so fordert denn Vauban, nachdem er in der „Beschreibung von Vézelay“ das Elend der Bauern und den tiefen Stand der Landwirtschaft geschildert hat, ein direktes Eingreifen der Verwaltung, — eine Landeskulturpolitik, um Ackerbau und Viehzucht zu beleben. „Si le roi, bien persuadé que la grandeur de ses pareils se mesure par le nombre des sujets, commettait d'habiles intendants, gens de bien, pour avoir soin d'économiser les pays, et les mettre en valeur, tant par l'amélioration de la culture de terres et augmentation de bestiaux“ [1].

Es ist oft bemerkt, welches besonders hohe Interesse Colbert während seiner ganzen Verwaltung der Viehzucht gewidmet hat; an seine Verordnungen wird man erinnert, wenn man Vaubans Denkschriften liest. Schon 1691 hat er den Gedanken geäuſsert [2], durch ausgedehnte Bewässerungen könne der Staat die groſsen Strecken öden Landes, welche sich noch im ganzen Reiche fänden, schnell in üppige Viehweiden verwandeln. Er erinnert daran, was die intelligenten Holländer darin bereits geleistet hätten.

Die Verhältnisse in seiner Heimat waren geeignet, diese Idee in ihm wach zu erhalten und ihn zu weiterem Nachdenken zu veranlassen. Ein trockener, unfruchtbarer Boden bedurfte der künstlichen Bewässerung, und die Gelegenheit dazu war durch eine groſse Zahl von Gebirgsbächen gegeben; es war daher nur eine künstliche Hinleitung und Verteilung des Wassers erforderlich [3]. So tritt denn Vauban bereits in der „Beschreibung von Vézelay“ mit dem Plane hervor, das Tiefland durch Zuleitungen aus den Bergen zu bewässern, um dadurch die Viehzucht, welche auſser der Flöſserei den einzigen Erwerbszweig jener Bevölkerung bildete, zu heben [4]. In dem angehängten Reformplan für das ganze Reich findet sich der Gedanke schon kurz zu einem Programm entfaltet [5]. Die Bewässerung, so führt Vauban dort aus, wird die Erträge der Äcker und Wiesen verdoppeln und im gleichen Maſse die Viehhaltung befördern, was dann weiter drei bedeutende Vorteile zur Folge haben würde: „1. par de plus grandes ventes de bestiaux, 2. par le laitage qui contribue beaucoup à la nourriture des peuples et spécialement des enfants, 3. par les fumiers qui augmenteraient de beaucoup la fertilité des terres“ [6].

---

[1] Ois. I, S. 212.
[2] In der Denkschrift über den Kanal von Languedoc, Ois. I, S. 89.
[3] Ois. I, S. 202.
[4] Ois. I, S. 204.
[5] Ois. I, S. 213.
[6] Ois. I, S. 213.

Systematisch verarbeitet endlich ist die Idee dann in dem erwähnten Memoire „Des arrosements des rivières“. Es enthält den Plan einer grofsen Organisation, nach der im ganzen Staate die Kirchspiele sich zu Verbänden („paroisses associées“) vereinigen sollen, um unter Leitung der Regierung, nötigenfalls durch die „Autorität des Königs“ dazu gezwungen, auf gemeinsame Kosten Bewässerungssysteme im grofsen Stile anzulegen. Der Marschall hatte die betreffenden Einrichtungen sowohl in den südfranzösischen Provinzen Dauphiné, Provence, Roussillon und Avignon, als auch an der Flandrischen Grenze kennen gelernt[1]. Ausdrücklich bemerkt er, wenn diese Methode einer rationellen Bewässerung sich ebenso in den höchsten Alpenländern wie in dem nordischen Tieflande bewährt habe, so sehe man daraus, dafs sie überall im ganzen Reiche anwendbar sei[2].

Eine ungeahnte Ausdehnung und Verbesserung der Viehwirtschaft und als deren Folge eine reichlichere Ernährung der ganzen Bevölkerung prophezeit Vauban von dieser Mafsregel: aufserdem aber noch erhebliche Vorteile für die Getreideproduktion. Die infolge der verstärkten Viehzucht möglich gewordene intensivere Düngung wird nach den bisherigen Erfahrungen den Wert des Bodens verdoppeln. Alsdann aber, und darin sieht Vauban den Hauptvorteil der Bewässerung, wird man auch in ganz Frankreich zu einem neuen Ackerbausystem übergehen können, welches an Produktivität das herrschende weit übertrifft, nämlich zu einer umschichtigen Verwendung des Bodens zu Acker und Wiese; einer Methode, die in der Dauphiné wegen ihrer überraschenden Wirkungen der „Stein der Weisen“ genannt würde[3]. Die Produktivität der so kultivierten Ländereien wird unermefslich sein: „Il n'y a rien d'inutile dans les pays arrosés, et on exige de la terre tout ce que l'art et la nature lui peuvent faire produire“[4].

Die Ergänzung zu der Bodenmelioration durch künstliche Bewässerung sah Vauban in der Umwandlung der Moore in gutes Weide- und Ackerland durch künstliche Entwässerung. Diese Mafsregel ist in der kurzen Abhandlung „Des marais“[5] empfohlen, auf die wir jedoch nicht weiter einzugehen brauchen.

---

[1] Ois. IV, S. 140.
[2] Ois. IV, S. 141 und 42.
[3] Ois. IV, S. 142.
[4] Ebenda.
[5] Ois. IV, S. 147.

# Neuntes Kapitel.

Indem wir uns nunmehr der Betrachtung des zweiten Teiles des Landeskulturplanes zuwenden, berühren wir einen Gedankenzusammenhang, der nächst dem Finanzreformplane die wertvollste Grundlage für die Beurteilung der staatswirtschaftlichen Bestrebungen Vaubans bildet. Es handelt sich um die Idee, der Vermehrung der Bevölkerung durch eine Erleichterung des Güteraustausches zwischen den einzelnen Teilen des Landes zu dienen.

Da die wirtschaftliche Emancipation vom Auslande ein Princip war, dem Vauban, wie wir sahen, ohne jeden Vorbehalt huldigte, so mufste er auch fordern, dafs der Staat aus eigener Produktion („de son cru") die Mittel schaffe, um einer wachsenden Bevölkerung die Existenz zu ermöglichen. Ich suchte soeben zu zeigen, von welchen Mafsregeln Vauban eine absolute Vermehrung der Lebensmittel erwartete: aber damit war nur die Hälfte dessen gethan, was die damaligen Zustände in Frankreich erforderten. Denn die absolute Ausdehnung der Bodenkultur garantierte noch keine ausreichende Deckung des Bedarfes für den Fall, dafs Mifsernten einzelne Teile des Staates heimsuchten und alle jene Mafsregeln illusorisch machten, indem sie durch Teuerung und Hungersnot die Bevölkerung decimierten.

Hier war also noch eine Lücke in dem System: aber sie entging dem Marschall nicht, vielmehr hat er ihrer Ausfüllung mit die bedeutendsten Leistungen seiner politischen Schriftstellerei gewidmet.

Oft genug hat er auf die damals periodisch wiederkehrenden Hungersnöte als auf eine der Hauptursachen der Entvölkerung hingewiesen, und in dem „Mémoire sur le canal du Languedoc" schildert er in seiner kurzen prägnanten Weise sehr eindrucksvoll die Entstehung, den Verlauf und die schrecklichen Folgen einer solchen Hungersnot, der er als Augenzeuge beigewohnt hatte[1]. Sie brach 1661 in den drei Provinzen Anjou, Maine und Touraine gleichzeitig aus, weil trotz der mäfsigen Ernten die Getreideausfuhr in üblicher Weise fortgesetzt wurde, „. . sans que personne se mit en devoir d'examiner s'il en resterait suffisamment pour l'usage des peuples jusqu'au renouveau“. . . Teuerung, Elend, Hungersnot, entsetzliche Krankheiten und eine Sterblichkeit von über 50 000 Menschen waren die Folge. Die auf königlichen Befehl erfolgende schleunige Einfuhr aus Danzig und Rufsland vermochte nicht mehr zu helfen, und die Not währte bis zum Schlufs des Jahres. Seitdem, so fügt Vauban hinzu, habe er noch zwei solche „manquements de blé“ mit ansehen müssen, die beide viel Geld ins Ausland hätten gehen lassen.

Was nützte derartigen Eventualitäten gegenüber die Beförderung der Bodenkultur? Fälle wie jene mufsten sich so lange immer wiederholen, als der lokale Konsum abhängig war von der lokalen Produktion. Diese vermag nicht die gleichmäfsige Ernährung einer bestimmten Menschenzahl zu verbürgen, weil schlechte Ernten aufserhalb aller Berechnung liegen: gegen sie helfen alle Mittel zur Beförderung der Produktion nichts. Das Problem ist also, die Ernährung und Existenz der Bevölkerung einer Provinz weder von der eigenen, lokalen noch von der internationalen Produktion, sondern von der nationalen Produktion des ganzen Staates abhängig zu machen. Dieses Problem, sagt Vauban, ist nun in der That im kleineren Mafsstabe längst gelöst. Man blicke auf Paris[2]: seine Bürger produzieren ihren Nahrungsbedarf nicht selbst; aber die Stadt „abonde en or, argent, et en toutes sortes de marchandises et de manufactures exquises. .“ Alles das fehlt den benachbarten Landschaften, die aber dafür einen Überschufs an Korn, Wein, Obst, Holz und Vieh aufzuweisen haben. Und nun entsteht zwischen beiden Teilen ein Austausch und Paris bezieht Lebensmittel „en si grande abondance qu'elle en peut très facilement nourrir les six à sept cent mille habitants, dont elle est remplie.“ So, fügt Vauban hinzu, machen es alle Städte des Reiches, „. . ce qui leur produit un commerce intérieur très considérable . .“[3]

Wie aber diese Städte, so giebt es auch ganze Provinzen und Landstriche, welche aus Gründen ihrer natürlichen Bodenbeschaffenheit nicht genug Brotkorn u. s. w. produzieren können; auch sie behelfen sich durch Austausch. Und jene Hungersnot hätte ebenfalls vermieden werden können, wäre ein solcher Austausch in Form einer schleunigen Zufuhr aus den Nachbarprovinzen möglich gewesen.

---

[1] Ois. IV, S. 97—98.
[2] Ois. IV, S. 90.
[3] Ois. IV, S. 90.

Das Problem der gleichmäſsigen Versorgung der ganzen Nation mit Lebensmitteln ohne Zufuhr aus dem Auslande, ist also gelöst, sobald es gelingt, durch das Mittel des ungehinderten Austausches zwischen allen Teilen des Reiches die Produktion des ganzen Landes auch für die ganze Bevölkerung nutzbar zu machen: d. h. wenn es gelingt, einen lebhaften, in alle Poren des Landes eindringenden Binnenhandel hervorzurufen.

Man kann sagen, daſs der Marschall, auch hier den Spuren Colberts folgend, in seinen politischen Schriften nächst der Finanzreform und den Fragen der auswärtigen Politik sich mit keinem Gegenstande so intensiv beschäftigt hat, als mit diesem Problem des Binnenhandels, des „commerce intérieur[1]. Es ist dies auch das einzige Gebiet der Volkswirtschaft, auf dem er mit seinem Nachdenken zu einer Gesamtanschauung gelangt ist, welche man allenfalls eine Theorie nennen könnte. Aber bezeichnend ist doch auch hier, daſs Vauban, wie wir gleich sehen werden, das Problem nicht als ein allgemeines, sondern durchaus als ein nationalwirtschaftliches auffaſst und den Boden der empirischen Beobachtung thatsächlicher Zeitumstände mit keinem Schritte verläſst.

Es war ihm auf seinen Reisen durch alle Provinzen der Monarchie eine sehr einfache aber schwerwiegende Thatsache vor allen anderen aufgefallen, nämlich der Umstand, daſs das politisch als Einheit bestehende Gebiet der französischen Monarchie seiner natürlichen Beschaffenheit nach durchaus keine Einheit sei, sondern sehr verschiedenartige Teile umfasse. Diese Beobachtung muſste bei einem Manne, der so wie Vauban auf die Ausbeutung aller produktiven Kräfte des Staates bedacht war, auf fruchtbaren Boden fallen.

Die erste Conception dieser Art findet sich in der Denkschrift über den Kanal von Languedoc, und zwar eingeleitet durch die bezeichnenden Worte „Je ne dois pas omettre ici une chose qui me semble digne de remarque . . .“[2]. Ich fasse die breiten Ausführungen Vaubans kurz so zusammen: Die Provinzen der Monarchie zerfallen in drei Gruppen, „. . . . si on considère bien la situation de la France au respect du ciel . .“. Sie gruppieren sich nämlich um die drei Stromgebiete, welche sich verschiedenen Meeren und damit verschiedenen Zonen zuwenden: nach Norden dem Kanal, nach Westen dem Atlantischen Ocean, nach Süden dem Mittelländischen Meere.

Es ergiebt sich daraus a priori für die drei Gebiete, was auch die empirische Beobachtung bestätigt: eine Verschiedenheit

---

[1] Überall, wo Vauban von „commerce“ schlechthin spricht, hat er dabei vornehmlich diese gegenseitige Ergänzung der Provinzen im Auge.

[2] Ois. I, S. 95.

der Temperatur und der klimatischen Verhältnisse überhaupt und infolgedessen eine grofse Verschiedenheit der natürlichen Produktionsbedingungen nach zwei Richtungen hin. Erstens qualitativ: jedes Gebiet bringt nur ihm eigentümliche Produkte hervor. Zweitens aber auch quantitativ: die gleichen Witterungsverhältnisse in einem gleichen Zeitpunkte üben auf jedes Gebiet eine verschiedene Wirkung aus und erzeugen so Differenzen in den Ernteerträgen. Die Südfrüchte der Provence wachsen nicht in der Normandie und die Erzeugnisse der nördlichen Küstenstriche nicht am Mittelländischen Meere. Und ein nasses Jahr ist günstig für den Süden; es ruft dort üppige Ernten hervor, aber es erzeugt ein Übermafs von Feuchtigkeit und verdirbt die Ernten in den nördlichen Provinzen. Umgekehrt fallen die Ernten bei nur mäfsigen Niederschlägen im Norden sehr reichlich aus, während im Süden alles verdorrt; „d'où s'ensuit que quand l'abondance est chez les uns, la disette est chez les autres."

Auf diese aus wiederholter unmittelbarer Anschauung gewonnene Erkenntnis kommt Vauban stets zurück, wenn er das Thema vom Binnenhandel erörtert[1]. Der leitende Gedanke ist dabei immer: die geschilderte Eigentümlichkeit Frankreichs ist nur auf den ersten Blick ein Mangel; bei einigem Nachdenken erweist sie sich als ein unschätzbarer politischer Vorteil. Denn Überflufs und Mangel vermögen sich so zu allen Zeiten zu ergänzen, und der Staat steht hinsichtlich der Versorgung seiner Bewohner mit Lebensmitteln auf eigenen Füfsen, ohne auf die Zufuhr vom Auslande rechnen zu müssen. Aber dies alles nur unter einer Voraussetzung: dafs ein „commerce intérieur" jene Ergänzung auch wirklich im weitesten Mafse vollzieht.

Schon oben erwähnte ich den Exkurs „Du commerce en général" im Memoire über den Kanal von Languedoc[2]. Der auswärtige Handel, so sagt Vauban dort, hat seine Bedeutung darin, dafs er, bei richtiger Handelspolitik, „neues Geld" ins Land bringt; thut er dies oder versorgt er die Unterthanen wenigstens mit „marchandises necessaires à la vie, à l'habit, à la médecine . . ." so ist er zulässig und erwünscht, in jedem anderen Falle aber streng zu verbieten. Dagegen ist der Handel innerhalb des Staates unter allen Umständen von Nutzen und mit allen Mitteln zu fördern. Denn er erfüllt zwei wichtige Funktionen; er belebt den Geldumlauf, „non moins nécessaire au corps politique que celle du sang au corps humain, à l'entretien et subsistance des

---

[1] Z. B. Dîme r. S. 22—23; Ois. I, S. 82 und 88; Ois. IV, S. 90.
[2] Ois. I, S. 82; vergl. Dîme r. S. 70.

peuples, et empêche que l'argent ne demeure oisif ou ne sorte du royaume pour passer chez les étrangers" [1]. Noch wichtiger aber ist die andere Funktion, welche Vauban folgendermaßen bezeichnet[2]: Wenn die Kommunikationen frei und leicht sind, so gewährt der innere Handel den Provinzen die Möglichkeit, sich in der Befriedigung ihres Bedarfes gegenseitig zu ergänzen und so auf die Zufuhr vom Auslande verzichten zu können, worin Frankreich offenbar günstiger gestellt sei als irgend ein anderer Staat.

Die Bedingungen also unter denen der innere Handel, diese seine wichtigste Funktion vollziehen kann, sind Freiheit und Leichtigkeit des Verkehrs innerhalb der Landesgrenzen. In diesen beiden Worten haben wir das Programm Vaubans vor uns. Beide Bedingungen waren zu seiner Zeit noch nicht erfüllt, trotz der Bemühungen Colberts. Die Freiheit des Austausches von Provinz zu Provinz, von Stadt zu Stadt war durch die Provinzialzölle, aides und octrois gehemmt; und von einer Leichtigkeit des Transports konnte bei dem Mangel an guten Land- und Wasserstraßen ebenfalls keine Rede sein.

Das erste Hindernis wollte Vauban durch seine Finanzreform beseitigen. Den herrschenden Zustand schildert er in der Dîme royale S. 26—27: Infolge einer falschen Politik „qui rend les Français étrangers aux Français mêmes, contre les principes de la vraie politique, qui conspire toujours à conserver une certaine uniformité entre les sujets qui les attache plus fortement au prince," — infolge einer solchen falschen Politik, welche zwischen Stadt und Stadt, Provinz und Provinz eine Unzahl von Zollschranken gezogen hat, stockt aller Verkehr. Die Landwirte ziehen es vor, ihre Produkte verderben zu lassen, als sie mit einem unberechenbaren Risiko auf den Markt zu bringen und produzieren bald überhaupt keine Überschüsse mehr. Mit der Beseitigung der aides und douanes werden solche Mißstände verschwinden und ein blühender Binnenhandel entstehen, „on verrait bientôt fleurir le commerce intérieur du royaume par la grande consommation qui se ferait, ce qui fournirait au laboureur et au paysan les moyens de payer leurs maîtres avec facilité . . ." [3].

Die Finanzreform wird also die eine Bedingung erfüllen, unter der sich der „commerce intérieur" zwischen den Pro-

---

[1] Ois. I, S. 82.

[2] Celui (der Handel) du pays, quand les communications sont libres et faciles, sert à faire que les provinces se puissent entre-communiquer leur besoins sans être obligés chercher ailleurs, en quoi la France paraît mieux disposée qu'aucun autre pays" Ois. I, S. 82.

[3] Dîme r. S. 37—38; vergl. auch S. 106.

vinzen des Reiches entfalten kann und damit die Emancipation vom Auslande bezüglich der Volksernährung möglich wird.

Die Finanzreform ist aber gleichzeitig die Voraussetzung zur Erfüllung der zweiten Bedingung, denn, wie oben bemerkt wurde, wird sie den Staat in den Stand setzen, Mittel zur Erleichterung des Transportes zu schaffen. Hierfür, sagt Vauban, giebt es zwei Mittel, „Pour le faciliter, il y a deux moyens qui concourent à même fin tous deux: le premier est celui d'accommoder et bien entretenir tous les grands chemins qui sont extraordinairement négligés, et le second de procurer la navigation aux rivières qui en sont capables . ." [1].

Der zweite Teil dieses Programmes ist der bedeutendere und hat Vauban am meisten beschäftigt; seine Idee ist bereits 1691 concipiert und im „Memoire sur le canal du Languedoc" im Umrisse vollständig dargelegt.

Der Marschall war 1686 von der Regierung beauftragt worden, den kurz zuvor vollendeten „Canal du Midi" zu inspizieren und in einer Denkschrift Vorschläge zu machen, wie diese Wasserstraſse, gemäſs der ursprünglichen Absicht des Erbauers und Colberts, auch für Seeschiffe befahrbar gemacht werden könne [2]. Eine Überarbeitung dieser Denkschrift liegt in dem genannten Memoire von 1691 vor. Auf das Kanalprojekt selbst brauchen wir nicht näher einzugehen; es hat aber wie gesagt für uns insofern ein Interesse, als im Anschluſs daran die Idee entwickelt wird, welche von nun an den Autor bis in die letzten Tage seines Lebens unausgesetzt beschäftigte; die Idee nämlich, die ganze Monarchie mit einem Riesennetz von Wasserstraſsen zu überziehen, um so dem stockenden Binnenhandel die Wege zu bahnen, und den politisch geeinten Staat auch zu einer wirtschaftlichen Einheit zu machen.

Wo der Marschall in jener Denkschrift die erwähnten Ausführungen über die natürliche Verschiedenheit der Provinzen mit der Bemerkung schlieſst, es sei unter solchen Umständen gleichzeitig Überfluſs hier und Mangel dort — ebenda knüpft er auch gleich die Idee an, um welche es sich hier handelt. „Or il sera facile d'y remédier par la navigation du canal, sans qu'on soit obligé d'avoir recours au étrangers qui n'ont de charité pour nous qu'autant que notre argent les accommode" [3]. Und mit der Darstellung der Hungersnot, von der oben die Rede war, verbindet er eine förmliche Ankündigung des Entwurfes eines Wasserstraſsensystems.

Die Riesensummen, so heiſst es hier [4], welche für preuſsisches

[1] Ois. IV, S. 90.
[2] Vergl. die Einleitung von Augoyat, Ois. I, S. 61 ff.
[3] Ois. I, S. 96.
[4] Ois. I, S. 98.

und russisches Getreide vergeudet wurden, hätten „den Staat nicht verlassen,“ wenn sich die darbenden Landschaften durch leichtere Transportverbindung zu Wasser mit dem Überflufs der Nachbarprovinzen hätten versehen können.“ „On pourrait proposer la même chose pour beaucoup d'autres endroits du royaume où la navigation de plusieurs rivières et gros ruisseaux conviendrait parfaitement, mais ce sera pour une autre fois . .“. Aber in Wirklichkeit ist der ganze Plan des Systems bereits in dieser Schrift entworfen[1], und das acht Jahre später 1699 entstandene Memoire „Navigation des rivières“, welches der Marschall hier in Aussicht stellt, ist nur eine weitere Ausarbeitung ohne neue Gedanken. Hervorzuheben ist nur, dafs die Vorstellung von der Bedeutung des Projektes für den inneren Handel hier noch viel schärfer hervortritt.

Vauban beginnt die Denkschrift von 1699 mit einem Hinweise auf ältere Memoiren über den Handel[2], und die gleichsam theoretische Unterlage, auf der sich die praktischen Vorschläge aufbauen, ist eine Betrachtung über die Bedeutung eines ungehinderten Produktenaustausches für die Provinzen Frankreichs, die aber zu dem früher Gesagten nichts neues hinzufügt, und deshalb hier übergangen werden kann[3].

Das Projekt selbst ist folgendes: Teils durch Verlängerung der befahrbaren Strecke bei gröfseren Strömen, teils durch Kanalisierung und Regulierung der bisher noch nicht schiffbaren Flüsse, teils durch Anlage von Kanälen zur Verbindung der Flüsse untereinander[4] — werden sich in 27 Provinzen über achtzig gröfsere Städte und eine Anzahl kleinerer Ortschaften durch 190 Wasserstrafsen in Verbindung setzen lassen[5].

Das gewaltige Anlagekapital sollen die Interessenten aufbringen, im Verhältnisse zu den Vorteilen, die ihnen voraussichtlich aus dem Unternehmen erwachsen werden[6]. Als Interessenten gelten die Stadt- und Landgemeinden, welche zu beiden Seiten der Wasserstrafse bis zu fünf Meilen Entfernung

---

1 Ois. I, S. 73—74 und S. 101—102.

2 Quoiqu'il ait été parlé du commerce dans les mémoires précédents, il ne sera pas mal à propos d'en dire encore ici quelque chose. .“ Vauban bezieht sich vermutlich auf seine noch nicht veröffentlichten „Reflexions sur le commerce de France et les moyens de l'augmenter“ (Rochas a. a. O. S. 176).

3 Der Abschnitt beginnt: „Il est certain que toutes les provinces de ce royaume ont besoin les unes des autres . .“ Ois. IV, S. 89.

4 Ois. IV, S. 138; die Erörterungen über die Anlage der einzelnen Wasserstrafsen und über die daraus erwachsenden Vorteile für die betreffenden Gegenden nehmen den gröfsten Raum in der Denkschrift ein (S. 98—138). Eine kurze Zusammenfassung dessen schon in „Canal du Languedoc“, Ois. I, S. 73—74 und 101—102.

5 Ois. I, S. 74, 101, 138.

6 Ois. I, S. 100.

wohnen, so dafs also zehn Quadratmeilen Landes immer die Kosten für die Aushebung von einer Meile des Kanals zu tragen haben[1].

Weil der König, wie Vauban sagt, an dem ganzen Unternehmen insofern interessiert ist, als dadurch der Wohlstand der Gemeinden und infolgedessen ihre Steuerkraft wachsen wird, so soll die Regierung, als Hauptinteressent selbst auch den fünften Teil der gesamten Anlagekosten tragen[2]. Aufser den Kosten der Anlage müssen jedoch die Interessenten selbst auch die Kosten der Unterhaltung, der wiederholten Ausbaggerung u. s. w. aufbringen, denn eindringlich warnt der Marschall davor, diese etwa durch Abgaben von den Schiffern zu decken. Nur wenn die Schiffahrt „totalement libre“ ist, kann der erwartete Aufschwung des Binnenhandels eintreten[3].

Der Marschall hat den hier dargestellten Plan später noch ein drittes Mal überarbeitet. Die letzte Schrift, die er kurz vor seinem Tode noch begann aber nicht mehr vollendete, war ein „Memoire sur la navigation générale de France“[4].

Die zweite Mafsregel, welche Vauban zur „Erleichterung des Binnenhandels“ plante, war eine gründliche Verbesserung und Erweiterung des Landstrafsensystems. Jedoch scheint er gehofft zu haben den Landtransport wenigstens für den gröfseren Verkehr ganz und gar durch den Wassertransport ersetzen zu können[5]. Daher erklärt es sich auch, dafs er dieser Angelegenheit nur eine, und zwar sehr viel kürzere Denkschrift widmet, auf die wir, weil sie nur technische Einzelheiten enthält, nicht näher einzugehen brauchen.

Im Vorausgehendem war also dies der Gedankengang Vaubans: Die natürliche Verschiedenheit der Provinzen und die Launen der Witterung bewirken, dafs die Ernteerträge nicht überall gleichmäfsig ausfallen und daher die Bevölkerung einer Provinz durch Mifsernten z. B. in grofse Not geraten kann, während nicht weit davon Nahrungsmittel im Überflufs erzeugt sind. So kann der Binnenhandel Mangel und Überflufs ausgleichen, vorausgesetzt, dafs die natürlichen und künstlichen Verkehrshindernisse aus dem Wege geräumt sind. Das geschieht durch Authebung der inneren Zollschranken einerseits, und durch die Herstellung von Land- und Wasserwegen andererseits. Indem der Binnenhandel dann das Gesamtprodukt des Landes auf alle Provinzen gleichmäfsig verteilt,

[1] Ois. IV, S. 94—95.
[2] Ois. IV, S. 94 und 96.
[3] Ois. IV, S. 96, I, S. 76.
[4] Rochas a. a. O. S. 180; daselbst auch noch die Titel anderer Denkschriften über die Binnenschiffahrt.
[5] Ois. IV, S. 93.

kann er den Teuerungen und Hungersnöten, und damit den Hauptursachen der Entvölkerung, ein Ende machen.

Aber Vauban erkannte sehr wohl, dafs diese Freiheit des inneren Handels mehr leisten werde als die blofse Verteilung der vorhandenen Produktenmenge, dafs sie zurückwirken müsse auf die Produktion selbst.

Schon bei der Kritik der Provinzialzölle in der Dîme royale hatte er bemerkt, allerwärts stagniere die Produktion, besonders in der Landwirtschaft, weil sie wegen mangelnden Absatzes unrentabel geworden sei; die besten Kräfte des Landes blieben so unverwertet[1].

Derselbe Gedanke tritt dann in den beiden Denkschriften über die Flufsschiffahrt noch mehr hervor. Der Marschall stellt eine doppelte Wirkung seines Projektes in Aussicht[2]: Nicht nur die Möglichkeit, dafs die Provinzen sich gegenseitig ergänzen können, sondern auch die Ausdehnung der Produktion selbst infolge der Erweiterung des Absatzes.

Unverkennbar haben die traurigen Zustände der Elektion Vézelay auch auf die Concipierung und Ausgestaltung dieser Idee anregend eingewirkt. Es ist einer der leitenden Gedanken in der Beschreibung des genannten Bezirkes, dafs seine wirtschaftliche Stagnation zu einem guten Teile herrühre von dem gänzlichen Mangel des „commerce“ d. h. der Verbindung mit gröfseren Märkten, welche befruchtend und anreizend auf Ackerbau, Viehzucht und die Gewerbsthätigkeit der Bewohner überhaupt wirken und sie aus ihrer wirtschaftlichen Lethargie aufrütteln könnte. Um sie mehr in den Verkehr hineinzuziehen, fordert Vauban die Kanalisierung der beiden gröfsten Flüsse des Bezirkes, Yonne und Cure. Er wünschte vor allem, dafs seine Bauern veranlafst würden, Getreide über den eigenen Bedarf hinaus für den Markt zu produzieren, und es ist bezeichnend, dafs er in der kurzen Charakteristik der 55 Gemeinden[3] bei jeder einzelnen angiebt, ob sie Handel mit Bodenprodukten treibe oder nicht. Das Mafs, in welchem eine solche Produktion für den Markt vorhanden ist, bildet für Vauban das Kriterium für das allgemeine wirtschaftliche und sociale Niveau der betreffenden Ortschaft. So lautet z. B. das Urteil über Vaubans eigene Gutsgemeinde Bazoches: „Très médiocre, qui n'a de

---

[1] Dîme r. S. 23, 26—27.

[2] Der Schlufs des Memoires „Navigation etc.“ lautet: d'où s'ensuivrait le plus grand bien qui pût jamais arriver à ce royaume, par le débit aisé de ses denrées qui en procurerait un accroissement considérable, et par conséquent augmentation de bien et de commodités; et une très grande facilité aux provinces de s'entresecourir les unes les autres dans les chères années et dans les temps de guerre. Ois. IV, S. 139.

[3] Ois. I, S. 220—224.

blé et de vin que pour nourrir ses habitants sans aucun commerce“ [1].

Ein Widerspruch, an dem sich Vauban beständig rieb und der ihn stets von neuem zum Nachdenken reizte und zu Vorschlägen veranlafste, war der zwischen dem allgemeinen Gebrauchswert des Getreides und der übrigen landwirtschaftlichen Produkte auf der einen und ihrer trotzdem stockenden Produktion auf der anderen Seite [2]. Obwohl alle Nahrungsmittel so absatzfähige Waren sind; „dont la consommation est universelle“ — obwohl auch viele Gegenden thatsächlich Mangel leiden, so zeigt doch die tägliche Beobachtung, dafs die Landwirte für ihre Produkte keinen Absatz finden, die Produktion einschränken und aus der Not nicht heraus kommen.

Die Ursache dieser Erscheinung sieht Vauban in der mangelhaften Verbindung zwischen Produzenten und Konsumenten. In einem interessanten Abschnitt des Memoire „Navigation des rivières“ sucht er seine Annahme durch den Hinweis auf folgende Beobachtung zu beweisen [3]. Reist man durch eine Gegend, welche von einem verkehrsreichen Strome durchflossen ist, so bemerkt man einen auffallenden Unterschied zwischen den Ortschaften unmittelbar am Flusse und denen im Hinterlande. Güter von gleicher Fruchtbarkeit werfen dort viel höhere Renten ab als hier. Dieselbe Erscheinung bei Häusern, Wiesen, Weinbergen u. s. w.: stets wächst der Wert im umgekehrten Verhältnisse zur Entfernung von dem Strome. Hier jedes Stück Land sorgfältig ausgenutzt und intensiv bewirtschaftet, dort geringe Bodenkultur und weite, unbebaute Strecken. Hier Wohlstand, dichte Bevölkerung, dort Elend und schwache Bevölkerung. Warum vermag das Hinterland nicht den Uferstädten gleichzukommen? — Weil ihm die Wasserstrafse fehlt, auf der es sich mit dem Markte in Verbindung setzen könnte, „. . parce que le débit des denrées manquant, on n'en cultive que pour les besoins de la vie, et tout au plus des pays plus voisins, et que pour l'ordinaire elles paient petitement les frais de la culture à leur maître“ [4].

Was nun hier unwillkürlich durch natürliche Umstände entstanden ist, das kann unzweifelhaft durch die organisierende Thätigkeit des Staates auch künstlich geschaffen werden. Es ist für Vauban nur ein technisches Problem, als solches für ihn aber nicht unlösbar. Wo die Natur einer Landschaft die Wohlthat natürlicher Absatzwege versagt hat, da lege der Mensch der Natur zum Trotz eine Strafse an: und alsbald

---

[1] Ois. I, S. 221.

[2] „. . je vois pas de meilleure marchandise que les blés, à cause de la consommation qui s'en fait journellement dans le monde.“ Ois. I, S. 96.

[3] Ois IV, S. 96—7.

[4] Ois. IV, S. 97.

wird das ganze Reich bis in seine verlassensten Winkel hinein den Wohlstand geniefsen, der jetzt noch ein ausschliefslicher Vorzug weniger von der Natur bevorzugter Gegenden und Städte ist. Denn der nun mögliche „commerce intérieur“ kommt den Produzenten an allen Orten zu gute; „. . qui y trouveraient un profit considérable par la vente ou échange des denrées qui abondent dans un pays et manquent dans un autre“ [1].

Die bisher dargestellten Ideen und Pläne des Marschalls behandelten sämtlich die Frage, wie indirekt, durch Schutz der Existenz gegenüber den Ansprüchen des Staates, durch Beseitigung oder Verminderung der Abgaben auf Lebensmittel, durch verstärkte Produktion von Getreide und Fleisch und deren gleichmäfsigere Verteilung im Vergleiche zum Bedarf, — die Zunahme der Bevölkerung befördert werden könne. Im wesentlichen machte Vauban hier dieselben Vorschläge, die wir auch bei anderen Staatsmännern und Publizisten des XVII. und XVIII. Jahrh. finden [2].

Diese Autoren gingen jedoch teilweise noch einen Schritt weiter, indem sie auch direkte staatliche Einwirkung auf die Bevölkerungsbewegung durch planmäfsige Beförderung der Eheschliefsungen forderten. Dafs Vauban solchen Tendenzen mindestens sehr zuneigte, beweist sein Memoire: „Moyen excellent de rétablir nos colonies du Canada etc.“ [3]. Der bevölkerungspolitische Standpunkt Vaubans kommt darin am reinsten zum Ausdruck. Er verfafste sie, wie er in einem Briefe [4] an den Gouverneur von Canada mitteilt, auf Ersuchen des Ministers Pontchartrain, ungefähr gleichzeitig mit der Denkschrift über die Binnenschiffahrt, im April 1699; also kurz vor dem Ausbruch des spanischen Erbfolgekrieges, der die koloniale Machtstellung Frankreichs so schwer erschüttern sollte.

Die, nach Vaubans Urteil zu langsame Entwickelung der nordamerikanischen Kolonien [5], noch mehr aber die mit jedem Tage drohender werdende Rivalität Englands in jenem Erdteil [6] waren anscheinend die Veranlassung, dafs die Regierung den bewährten Ratgeber um seine Meinung befragte; die Antwort fiel originell genug aus und wird den Erwartungen derer, welche sie veranlafst hatten, schwerlich entsprochen haben.

Seinem kolonialpolitischen Vorschlage schickt der Mar-

---

[1] Ois. I, S. 88; vergl. Ois. IV, S. 90, 93, 96 und öfter.
[2] Vergl. Elster, Artikel Bevölkerungspolitik im Handwörterbuch etc. Bd. II, S. 476—484.
[3] Ois. IV, S. 1 ff.
[4] Ois. IV, S. 56 ff.
[5] Ois. IV, S. 6.
[6] Ois. IV, S. 29 und 30.

schall einen kurzen Abschnitt über die Geschichte der Kolonisation voraus. Im Gegensatze zu den Ansiedlungen von Verbannten, Flüchtlingen und Schiffbrüchigen seien die eigentlichen Kolonien die „colonies de raison“ d. h. die „qui ont été faites par delibération de conseil, soit par les princes souverains, par les républiques ou par des particuliers associés“ [1], wie sie von den Römern mit besonderem Erfolge gegründet seien. Nach einer tausendjährigen Pause haben erst die modernen europäischen Staaten wieder angefangen, Kolonien zu gründen: „. . . mais d'une manière bien différente des anciens“. Denn in zwei wesentlichen Punkten weicht nach Vaubans Meinung die moderne von der antiken Kolonialpolitik ab. Die Römer verfolgten den Zweck, durch ihre Ansiedlungen ihre politische Macht auszudehnen und die Bevölkerung zu vermehren, wogegen die modernen Gründungen erfolgten „. . plutôt en vue de profiter des richesses des pays que par dessein de les peupler [2] . . . .“

Der zweite Unterschied liegt in der Art und Weise der Gründung: die meisten modernen Kolonien sind nicht wie die römischen, Schöpfungen des Staates sondern der „particuliers“. Darin erblickt Vauban die Ursache des Verfalls so vieler Kolonien, „qui auraient incomparablement mieux réussi si elles avaient été fondées par les rois après mûre délibération de conseil“ . . . Denn die Privatleute haben weder die nötige wirtschaftliche Kraft noch die erforderliche Autorität, um so prekäre und kostspielige Unternehmungen auf die Dauer zu halten, zumal wenn ihre Rentabilität nicht sofort ersichtlich ist. Allerdings sieht sich der Autor zu dem Geständnis gezwungen, daſs gerade die beiden Nationen, deren Nebenbuhlerschaft jenseits des Oceans er am meisten fürchtet, und um derentwillen die Denkschrift ja verfaſst ist, — daſs England und Holland eben durch jene getadelte Methode der Kolonisation die glänzendsten Erfolge errungen hätten.

Auf Grund dieses geschichtlichen Rückblickes lautet nun Vaubans Antwort auf die schwebende Frage: die Rehabilitation der französischen Kolonien in Nord-Amerika ist nur möglich durch einen völligen Bruch mit der Tradition und durch eine Rückkehr zum altrömischen Kolonisationsprincip.

Bei dem nun folgenden Projekte bleibt der Leser im Unklaren darüber, was eigentlich mit den bereits bestehenden Kolonien geschehen soll; die Vorschläge sind in der Hauptsache so, daſs dabei nur an die Gründung einer neuen An-

---

[1] Ois. IV, S. 4.
[2] Ois. IV, S. 5.

siedelung gedacht werden kann. Die beiden leitenden Gedanken der Denkschrift sind folgende. Erstens: der König nimmt allein, mit Ausschlufs jeder Mitwirkung privater Interessenten die Gründung und Leitung der Kolonien in die Hand. Zweitens: alle erforderlichen Mafsregeln sind so zu treffen, dafs dabei als letzter und eigentlicher Zweck des Unternehmens nicht der Erwerb von „Reichtum", nicht die wirtschaftliche Ausbeutung der Kolonie für das Mutterland, sondern ganz allein eine schnelle Vermehrung der Bevölkerung im Auge behalten wird[1].

Als ersten Akt der Reform fordert der Marschall, dafs alle Elemente aus der Kolonie ausgemerzt werden, welche ihrer gesunden Entwickelung entgegen wirken. Das sind erstens die geistlichen Orden, als „incommodes, intéressés et suspects, qui réussissent incomparablement mieux à s'enrichir qu'à faire des conversions"[2] . . Ihr Besitz wird konfisziert. Es sind zweitens die privilegierten Handelsgesellschaften[3], welche Import und Export an sich gerissen haben und den Kolonisten die Waren verteuern, „ne songeant qu'à leur profit particulier . .". Die völlige Befreiung von der „Tyrannei" dieser Gesellschaften ist die Voraussetzung dafür, dafs die Kolonien sich jemals wieder erholen können. Es ist für Vaubans politische Denkweise höchst charakteristisch, wenn er beide Forderungen begründet mit den Worten: „Les raisons que j'ai pour cela, sont que l'intérêt des colonies sera toujours le même que celui du public représenté par le roi, à quoi celui des particuliers, représenté par les compagnies, est toujours contraire . ."[4].

Der eigentliche positive Vorschlag des Marschalls ist nun aber die Gründung einer Militärkolonie nach altrömischem Muster. Aus der französischen Armee werden Freiwillige aufgeboten, zum Heiraten veranlafst und in Bataillonen formiert samt ihren Frauen hinübergeschickt. Eine Verminderung der einheimischen Bevölkerung erfolgt dadurch nicht, denn dieselben Leute, welche so als Kolonisten den Staat verlassen, würden es sonst als Deserteure thun[5]. Und die Auswanderung der Frauen bedeutet deshalb keinen Verlust, weil ihrer über eine Million mehr im Staate leben als Männer, „qui ne font rien".

---

[1] Dafs dies der mafsgebende Grundsatz sei, hat Vauban auch in dem Briefe an den Gouverneur von Canada bemerkt, wo er sagt, sein Memoire handele „sur les Colonies du Canada, et sur ce qui me paraît de meilleur à faire pour les peupler." Ois. IV, S. 57.

[2] Ois. IV, S. 7.

[3] Ebenda.

[4] Ois. IV, S. 26.

[5] Ois. IV, S. 29—30.

Die Ansiedler sollen nun zunächst ihre einzige Aufgabe darin sehen, sich selbst so rasch wie möglich zu vermehren. Zu dem Zwecke mufs darauf gehalten werden, dafs sich die Einzelnen nicht von der Gesamtheit absondern, und es wird ihnen daher für die ersten dreifsig Jahre aufs strengste verboten, Handel (Pelzhandel) zu treiben [1], weil dies ein Mittel ist, um ihre Gemeinschaft zu lockern. Was sie aufser Lebensmitteln noch brauchen, wird ihnen alles direkt durch die Regierung zum Kostenpreise aus der Heimat zugeschickt, bis die Zustände stabil geworden sind: alsdann aber möge die Regierung „. . . les laisser en liberté de commercer comme elles l'entendront, sans contraindre leur industrie ni la gêner“ [2].

Die Produktion von Lebensmitteln aber, d. h. die Urbarmachung des Landes, Ackerbau und Viehzucht sollen zunächst ihre einzige Beschäftigung bilden, damit das Land binnen kurzem in den Stand gesetzt wird, eine rasch wachsende Bevölkerung „de son cru“ zu ernähren [3].

Eine streng militärische Disciplin [4] regelt bis ins kleinste die ganze Lebensführung der Ansiedler, und findet ihren Ausdruck in dem Entwurf einer „Polizeiordnung [5], welche u. a. neben dem Verbote des „commerce“, im letzten Paragraphen die wichtige Bestimmung enthält: „Faire marier les jeunes gens sitôt qn'ils auront atteint l'âge de dix-huit à vingt ans, et ne souffrir personne dans les colonies qui ne se marie.“

Vauban schliefst seine Denkschrift mit einem enthusiastischen Hinweise auf die rapide Bevölkerungszunahme, welche bei dieser Methode der Kolonisation erfolgen müsse. Nach dreifsig Jahren wird die Bevölkerung von 14 000 auf 100 000 Seelen d. h. auf 50 000 Paare angewachsen sein. Wenn dann die Zunahme in der Weise progressiv bleibt, dafs aus jeder Ehe in dreifsig Jahren zwei neue Ehen hervorgehen, so wird Canada im Jahre 2000 51 Millionen Einwohner zählen. Das sei, so fügt Vauban hinzu, nicht übertrieben, „étant bien certain que tout cela peut très naturellement arriver; car la production de quatre enfants par mariage est simple et naturelle si les peuples étant bien gouvernés et non tourmentés de guerre, de peste et de famine, on prenait soin de faire marier les jeunes gens de bonne heure.“

Der Merkwürdigkeit halber erwähne ich hier noch, dafs

[1] Ois. IV, S. 17 und 21.
[2] Ois. IV, S. 26.
[3] Ois. IV, S. 14, 16—17, 19, 22, 40.
[4] Ois. IV, S. 21.
[5] Ois. IV, S. 17.

der Marschall das Projekt des Wasserstraſsensystems, welches er für Frankreich verfaſst hatte, auch in einem natürlich viel gröſseren Maſsstabe in Nordamerika verwirklicht sehen will. Nach seiner Idee werden St. Lorenzstrom und Mississippi, durch einen Kanal verbunden, den Grundstock bilden, von dem sich, wie in Frankreich vom Canal du midi die übrigen Wasserstraſsen abzweigen sollen[1].

---

[1] Ois. IV, S. 34–35.

# Zehntes Kapitel.

Das letzte Glied in der Reihe von politischen Vorschlägen, welche ich in ihrer Gesamtheit als politischen Reformplan Vaubans bezeichnete, bildet das Projekt einer grofsen Organisation der amtlichen Statistik.

Dieses Projekt, welches, ohne zu der Finanzreform irgend welche nähere Beziehung zu haben, der „Dîme royale" eingefügt ist[1], hat eine Vorgeschichte, ohne deren Kenntnis seine Bedeutung nicht voll gewürdigt werden kann und die auch im übrigen interessant genug ist, um hier, soweit es ohne willkürliche Vermutungen möglich ist, kurz skizziert zu werden. Die in Frage kommenden Thatsachen sind von den bisherigen Darstellern in ihrem Zusammenhange noch nicht erkannt.

Wie der Marschall selbst in der Vorrede zur Dîme royale erzählt, konnte er im Augenblicke, wo er die Niederschrift begann, auf eine Dienstzeit von über 40 Jahren zurückblicken, die er zum allergröfsten Teile auf Inspektionsreisen durch alle Provinzen des Landes verlebt hatte. Land und Leute, sagt er, habe er so wiederholt gründlich zu studieren Gelegenheit gehabt[2]; man wird annehmen dürfen, dafs er einer der besten Kenner Frankreichs gewesen ist. Was er sah, war zweierlei: Zustände der schlimmsten Art und eine völlige Unkenntnis der Regierung von diesen Zuständen.

Auf der anderen Seite nötigte ihn sein Amt zuerst als einfacher Ingenieur und dann als Leiter des Festungswesens, zu einem eingehenden Studium der Verhältnisse in den Grenzdistrikten. Tausend Dinge galt es zu prüfen, ehe mit der Befestigung eines neuen Platzes begonnen werden konnte; aufser der Lage des Ortes kamen die Wasserverhältnisse, die Bedingungen für Transport, Verproviantierung, Rekrutierung

---

[1] Es bildet das 10. Kapitel des zweiten Teiles S. 175—189.

[2] Dîme r. S. 2.

u. s. w. in Betracht. Die Resultate solcher Untersuchungen faſste Vauban in sehr eingehenden umfangreichen Denkschriften zusammen, deren Inhalt seine Vorgesetzten erkennen lieſs, daſs dieser Mann sich seiner Aufgabe in einer bis dahin ganz unbekannten Weise entledigte. Er fügte nämlich den rein fortifikatorischen Darlegungen noch ausführliche Beschreibungen und statistische Angaben über die Verhältnitse des Landes und der Bevölkerung hinzu[1]. Colbert und Louvois konnte der groſse Wert solcher Berichte nicht verborgen bleiben, und Vauban hat selbst geäuſsert, er habe sich eben dadurch die besondere Gunst der Minister erworben[2].

Sehr früh bereits muſs ihm der Gedanke gekommen sein, die Methode seiner amtlichen Denkschriften anzuwenden auf eine allgemeine Erforschung und Darstellung der Zustände des ganzen Reiches. Er begnügte sich nicht damit, selbst die Beobachtungen, die er auf seinen Reisen machte, aufzuzeichnen, sondern er verfaſste auch Fragebogen und Zählungsformulare, welche er an befreundete Gouverneure, Intendanten und die ihm unterstellten Ingenieure verteilte[3]. Er wurde so der Leiter einer groſsen Enquete, und ein Riesenmaterial stand ihm zu Gebote, als er nach dem Friedensschluſs von 1697 die Ausarbeitung seines Finanzreformplanes begann. Die Dîme royale zeigt dem aufmerksamen Leser fast auf jeder Seite die Spuren dieser gewaltigen Vorarbeiten; besonders die Angaben über die Bewegung der Bevölkerung und über den Stand der Bodenkultur und Viehzucht beruhen anscheinend auf sehr genauen Ermittelungen[4].

Es scheint aber, als habe der Autor selbst bemerkt, daſs die von ihm angewandte Methode noch zu viele Fehlerquellen enthalte. Er entschloſs sich bereits 1693, für einen kleinen Bezirk eine Musterenquete zu veranstalten, nach der sich seine Mitarbeiter oder eventuell die Regierung selbst würden richten können, damit ein gleichmäſsiges Vorgehen und vergleichbare Resultate gesichert seien. Er wählte dazu den Bezirk, der ihm am nächsten lag, seine Heimat, und in der „Description géographique de l'élection de Vézelay“ haben wir diese Musterenquete vor uns[5]. Sie zerfällt in drei Teile: die eigentliche Beschreibung von Land und Leuten, ferner

[1] Rochas a. a. O. S. 170.

[2] Rousset, La jeunesse de Vauban, S. 684.

[3] Michel, Histoire, S. 448; ferner Dîme royale S. 38 ff., 41 und 43. Ois. IV, S. 57.

[4] Rochas nennt a. a. O. S. 173 noch die Titel einer Reihe von unveröffentlichten statistischen Arbeiten Vaubans.

[5] Die Schrift ist beendet im Jahre 1696 (Ois. I, S. 201) und Vauban bemerkt Dîme r. S. 129, er habe 2—3 Jahre daran gearbeitet.

eine grofse statistische Tabelle mit 42 Kolumnen für die 55 Gemeinden des Bezirks[1], und endlich eine Reihe von Reformvorschlägen zur Beseitigung der geschilderten Zustände, ausmündend in den „Entwurf von 1696."

Wohl im Hinblick auf die früheren ähnlichen Versuche anderer, versichert der Marschall zweimal ausdrücklich, seine Angaben beruhten nicht auf oberflächlichen und willkürlichen, daher wertlosen Schätzungen, sondern seien das Resultat wiederholter Umfragen und Zählungen[2]. In der Dîme royale sind dann viele Ergebnisse der Musterenquete in ausgiebigster Weise verwertet[3].

Ein Jahr nach der Vollendung der „Beschreibung von Vézelay" begann man in Frankreich mit der bekannten grofsen Reichsenquete, die in der Geschichte der Statistik eine Epoche bedeutet und die erst völlig gewürdigt werden kann, wenn die Herausgabe ihrer Ergebnisse, der „Mémoires des intendants sur l'Etat des généralités dressés pour l'instruction du Duc de Bourgogne" vollendet sein wird[4].

Es ist Michel und Liesse auffallender Weise die für die Beurteilung Vaubans so wichtige Thatsache unbekannt geblieben, dafs der Marschall zu jener Enquete in sehr nahen Beziehungen gestanden, ihre Ergebnisse verwertet hat und durch sie zu weiteren Forschungen und Vorschlägen angeregt worden ist. Volle Aufklärung über die fraglichen Beziehungen wird man erst nach Veröffentlichung der Korrespondenz des Marschalls erhalten. Aber mit Boislisle, dem Herausgeber der genannten Memoiren, halte ich es schon jetzt für unzweifelhaft, dafs Vauban mindestens ein sehr einflufsreicher nicht amtlicher Mitarbeiter gewesen ist.

Die Enquete erfolgte nicht direkt auf den Wunsch der Regierung und für ihre Zwecke; vielmehr verband man damit die Absicht, dem Sohne des Dauphin, dem Herzog von Burgund einen Einblick in die Zustände des Reiches, dessen König er bald werden konnte, zu verschaffen[5]. Der Leiter dieses pädagogischen Unternehmens war der Gouverneur des Prinzen, der Herzog von Beauvilliers. Vauban, der schon mit Beauvilliers zusammen 1688 unter dem Dauphin

---

[1] Dieses „Dénombrement des peuples. fonds de terre, bois et bestiaux." (Ois. I, S. 219) ist vollständig nicht in der Ausgabe von Augoyat, sondern nur in Bd. I der „Mémoires des intendants etc." von Boislisle (S. 746) wiedergegeben.

[2] „Voilà une véritable et sincère description de ce petit et mauvais pays, faite après une très exacte recherche, fondée non sur des simples estimations, presque toujours fautives, mais sur un bon dénombrement en forme et bien rectifié (Ois. I, S. 211); dieselbe Versicherung findet sich Dîme r. S. 128—29.

[3] Dîme r. II, Kap. 4 und 5.

[4] Bis jetzt erschien nur Bd. I, Paris 1881.

[5] Ranke, Werke XI, S. 80 und 285; Boislisle, Introduction.

thätig gewesen und von diesem in ganz besonderer Weise ausgezeichnet worden war[1], wurde auch dazu bestimmt, bei der militärischen Ausbildung des jungen Herzogs mitzuwirken. Er mufs ihm und seinem reformfreundlichen Kreise, zu dem auch Beauvilliers und Fénelon gehörten, sehr nahe gestanden haben, denn der wifsbegierige und für Ideen zugängliche Prinz beschäftigte sich mit Vaubans Reformvorschlägen[2] und ein Vergleich zwischen den Aufzeichnungen des Prinzen und den Memoiren Vaubans läfst manche Übereinstimmung in wesentlichen Punkten erkennen[3].

Unter solchen Umständen liegt die Annahme sehr nahe, dafs der Marschall entweder selbst die Anregung zu der grofsen Enquete gegeben hat, oder wenigstens von Beauvilliers bei der Ausführung zu Rate gezogen ist[4]. Aber schon jetzt sind überzeugende Beweise dafür vorhanden, dafs Vauban an der Ausarbeitung von zweien jener Memoiren sehr erheblich beteiligt gewesen ist.

Als Gouverneur von Lille hatte er die Verhältnisse Flanderns besonders gut kennen gelernt, wofür sich auch in seinen Schriften viele Beweise finden. Einer seiner vertrauten Freunde, der Ingenieur Caligny hatte es, vielleicht auf Vaubans Veranlassung, übernommen, an Stelle des zuständigen Intendanten die von Beauvilliers befohlene Beschreibung von Flämisch-Flandern anzufertigen[5]. Vollendet sandte er es an den Marschall zur Begutachtung, und wir besitzen die Antwort Vaubans vom 9. März 1698, mit welcher er dem Verfasser das Memoire zurückschickte[6]. In diesem Briefe spricht der Marschall von jenem Memoire als von einer gemeinsamen Arbeit, und aus den vielen Anweisungen, die er zum Zweck einer Überarbeitung dem Ingenieur erteilt, sieht man, dafs er die Beschreibung Flanderns genau nach dem Muster seiner eigenen Beschreibung von Vézelay vollendet wissen wollte; Anordnung des Stoffes und Fragestellung sind hier dieselben wie dort.

In anderer Weise enthält das einzige bisher im Wortlaut veröffentlichte Memoire der Sammlung, die Beschreibung der Generalität Paris, Beweise für die Mitarbeiterschaft Vaubans.

[1] Michel, Histoire, S. 212, 221, 228 und 232.

[2] Ranke, Werke XI, S. 285.

[3] Ebenda S. 283 ff.

[4] Das Schema der Fragebogen, welche B. an die Intendanten 1697 verteilt hatte (Boislisle, Introd. S. IX), stimmt genau überein mit der Einteilung, welche wir in Vaubans Beschreibung von Vézelay finden.

[5] Vergl. die Angaben von Augoyat, Mém. inédites sur Landau etc., S. 17.

[6] Der Brief ist abgedruckt in Mém. inédites etc., S. 20—27; auch bei Michel, Histoire, S. 447—451.

Die Election Vézelay gehörte zu dieser Generalität, und daher sind in deren Beschreibung auch Abschnitte über Vaubans Heimat enthalten. Vergleicht man nun diese mit Vaubans eigener Beschreibung jenes Bezirkes, so findet man in der Anordnung des Stoffes, im Gedankengang, im Satzbau, ja sogar im Ausdruck eine so grofse Übereinstimmung, dafs diese nur auf die angedeutete Weise zu erklären ist[1]. Einzelne Stellen des Memoires sind Vaubans Beschreibung wörtlich entnommen. Seine Mitarbeit scheint sich auch keineswegs auf die Schilderung Vézelays beschränkt zu haben, und wenn auch Boislisle mit seinen Vermutungen hierin wohl zu weit geht, so bleibt doch richtig, dafs die allgemeinen Bemerkungen über die Abnahme der Bevölkerung, über den Rückgang der Waldkultur und über den Volkscharakter in der Generalität sehr lebhaft an manche Ausführungen in der Dîme royale und dem „Traité de la culture des forêts“ des Marschalls erinnern.

Vauban hat die bevölkerungsstatistischen Ergebnisse der ganzen Enquete bei der zweiten Überarbeitung der Dîme royale (1704) verwertet[2]. Da die Memoiren der Intendanten nicht für die Öffentlichkeit, sondern, wie gesagt, nur für den Herzog von Burgund bestimmt waren, so hätte auch unser Autor sie schwerlich einsehen dürfen, wenn er nicht selbst an ihrer Anfertigung hervorragend beteiligt gewesen wäre[3].

Das wichtigste und schwerwiegendste Resultat der im Jahre 1700 vollendeten Enquete war die Konstatierung einer grofsen immer stärker werdenden Entvölkerung des Staates[4]. Wenn die Intendanten als Hauptursachen dieser Erscheinung die Hungersnöte, die Auswanderung der Hugenotten, den Krieg und endlich das Übermafs der Besteuerung nannten[5], so bestätigten sie also damit nur das, was Vauban schon vor ihnen beobachtet und ausgesprochen hatte.

Wie die Sorge um die Bevölkerungszahl überhaupt die Quelle ist, aus der sich fast alle Reformbestrebungen Vaubans herleiten lassen, so ist sie es auch, die ihn auf dem Gebiete

---

[1] Man vergl. die Angaben über die Flufsläufe Boisl., S. 15 und Vauban, Ois. I, S. 201—204; ferner die Beschreibung der Bodenverhältnisse Boisl., S. 299 und Vauban, S. 202—203; über die Viehzucht Boisl. S. 299 und Vauban, S. 204; über die Forstkultur Boisl., S. 300 und Vauban, S. 205.

[2] Vergl. die Bevölkerungstabelle in der Dîme r. S. 142—144, woselbst Vauban selbst auch auf den Ursprung jener Zahlen hinweist.

[3] Vauban hatte offenbar bestimmte Gründe, seine Mitarbeiterschaft nicht bekannt werden zu lassen; er schliefst seinen Brief an Caligny mit den Worten „. . . et que ceci demeure entre vous et moi.“ Michel, Hist. S. 451.

[4] Ranke, Werke XI, S. 80. Clamageran, Hist. de l'impôt etc., Bd. III, S. 55.

[5] Clamageran a. a. O. S. 58.

der Statistik angetrieben hat, über das bisher Erreichte hinauszugehen. Er thut dieses in den „Projets de dénombrements“, welche, anknüpfend[1] an die Kritik der Enquete Beauvilliers, den Plan einer Organisation der amtlichen Statistik enthalten. Der Vorschlag ist begründet mit dem Hinweis auf die Bedeutung der Bevölkerungszahl für die Macht des Königs. Die gleiche Motivierung[2] enthält auch schon der oben erwähnte Brief an Caligny, wo der Marschall seinen Untergebenen ermahnt, er solle sich bei den statistischen Arbeiten und bei der Abfassung der zugehörigen Reformvorschläge stets leiten lassen von dem Gedanken „. . de repeupler le pays qui est le plus grand bien qui puisse revenir au roi, attendu que princes sans sujets ne sont que des particuliers incommodes.“

Nicht minder deutlich ist diese Gedankenverbindung in dem Organisationsplan selbst erkennbar. Vauban sucht dem Könige den Wert einer amtlichen Statistik in folgender Weise klar zu machen[3]. Das wichtigste Interesse des Königs ist „. . celui de la conservation de ses peuples et de leur accroissement, parce que le plus grand malheur, qui puisse arriver à son Etat est leur dépérissement.“ Sobald aber der König eine genaue Kenntnis des jeweiligen Standes der Bevölkerung in allen Teilen des Landes besitzt, kann er in dem Augenblicke, wo an einer Stelle die Abnahme der Bevölkerung eintritt, noch rechtzeitig mit helfender Hand eingreifen[4]. Aber nur häufige und regelmäfsig wiederholte Zählungen können dem Könige eine solche Kenntnis verschaffen. Jedes Bataillon[5] der französischen Armee wird alljährlich zwölfmal mit peinlicher Sorgfalt inspiziert. Aber was ist ein Bataillon, verglichen mit der Nation selbst? — Die ganze Armee ist doch nur ein kleiner Teil des Volkes und nur für einen bestimmten einzelnen Zweck vorhanden; das Volk in seiner Gesamtheit aber ist die Quelle aller Macht, alles Ansehens, alles Reichtums der Krone. Das Volk liefert nicht nur die Soldaten; es liefert auch die Geldmittel, um jene zu unterhalten. Um wieviel höher daher der Wert des Volkes über dem der Armee steht, um soviel wichtiger ist die „revue des peuples“ als die Inspektion der Truppen — und doch wird das Volk niemals einer solchen revue gewürdigt[6].

Wie in der Begründung, so macht sich nun auch in dem

---

[1] Dîme r. S. 145.

[2] Dieselbe wiederholt sich in dem Brief an den Gouverneur von Canada Ois. IV, S. 56; sowie in den „Pensées d'un homme etc.“ Rochas a. a. O. S. 191.

[3] Dîme r. S. 184.

[4] Dîme r. S. 184—185.

[5] Dîme r. S. 178 Anm. und S. 188.

[6] Dîme r. S. 189.

Plane selbst der bevölkerungspolitische Standpunkt geltend. Der Marschall fordert nicht allein eine regelmäfsige Wiederholung dessen, was unter Beauvilliers Leitung einmal vollbracht war: er wünscht auch eine Teilung der Aufgabe in zwei gesonderte Arbeiten, die Bevölkerungsstatistik und die allgemeine Erhebung über den Gesamtzustand der Provinzen.

Die Enquete von 1697 hatte den Zustand der Provinzen aufdecken sollen; ein solches Unternehmen aber war zu grofs, um in jedem Jahre wiederholt werden zu können, und doch versprach sich Vauban nur von einer alljährlichen Statistik einen wirklichen Nutzen für die Bevölkerungspolitik.

So fordert er denn in seinem Projekt zweierlei[1]: erstens in jedem Jahr mindestens einmal eine einfache Volkszählung, eine „revue pure et simple des peuples," höchstens noch verbunden mit einer Viehzählung — und zweitens von 10 zu 10 Jahren eine allgemeine sociale Enquete, „l'examen ou la recherche de l'état et propriété des provinces", in der Art wie sie soeben für den Herzog von Burgund angefertigt war[2]. Für beide Aufgaben giebt Vauban selbst Musterformulare an die Hand und schon die Tabelle für die allgemeine Volks- und Berufszählung ist so eingerichtet, dafs daraus, wie der Marschall es wünscht, kleinere „Auszüge" (d. h. eine Statistik einzelner Berufe) hergestellt werden könnten. Der Kreis der Beobachtungs- und Zählungsobjekte für die grofse allgemeine Enquete ist unbeschränkt: „tout ce qu'il y a remarquable dans le royaume, ou qui mérite attention"[3]; in erster Reihe stehen jedoch bezeichnender Weise Ackerbau, Viehzucht und Transportwesen[4].

Auch hinsichtlich der Mittel, mit denen das Unternehmen durchgeführt werden sollte, trat Vauban mit einer neuen Idee auf den Plan. Den ordentlichen Verwaltungsbeamten, den Intendanten und ihren Gehülfen, glaubt er die Statistik nicht anvertrauen zu dürfen; die schlechten Erfahrungen, die er bei seinen eigenen Forschungen mit der Mitwirkung dieser Leute gemacht hat, erklärt er zum Teil daraus, dafs sie „keinen Geschmack für eine Thätigkeit gewinnen können, bei der für sie nichts abfällt"[5].

Für den neuen Zweig der Staatsverwaltung verlangt er daher auch einen neuen Beamtenkörper. Wie die Armee

---

[1] Dîme r. S. 147.

[2] Vauban empfiehlt, dafür zwei der von den Intendanten gelieferten Denkschriften zum Vorbild zu nehmen, die über die Dauphiné von Rouchu und über Lauguedoc von Basville, „qui ont très bien fait les leurs." Dîme r. S. 147—148.

[3] Dîme r. S. 147.

[4] Dime r. S. 183—184; vgl. auch das Formular mit 32 Kolumnen, S. 183—187.

[5] Dîme r. S. 177 Anm.

durch Kriegskommissare, so soll das Volk durch königliche „Commissaires au dénombrement des peuples“ inspiziert werden. Er fordert, mit Hinweis auf die angeblich in China übliche Methode, folgende Organisation: Das ganze Reich wird in Dekurien von je 50 Familien eingeteilt[1]. Für jede Dekurie wird ein „lieutenant“, für die Dekurien einer Gemeinde, ein „capitaine de paroisse“ bestellt, und zwar will Vauban diese Stellen als unbesoldete Ehrenämter den adligen Grundherren übertragen wissen. Die Beamten haben jede Familie viermal jährlich aufzusuchen, sich über Geburten, Todesfälle und alle irgend wie wichtigen Ereignisse und Zustände im Leben und Treiben der Leute genau zu informieren. Was sie so erfahren, haben sie in Register einzutragen und diese alljährlich zu erneuern. Sie können dann in jedem Augenblicke auf den Wunsch der Regierung ohne Mühe binnen 48 Stunden Bericht erstatten und statistische Angaben machen[2].

Als Ergänzung der Statistik fordert Vauban schliefslich noch eine amtliche allgemeine Landesaufnahme mit einer Karte für jede Provinz[3].

Eine eingehende Untersuchung der Frage, welche Stellung Vauban in der Geschichte der Statistik anzuweisen sei, ist nicht meine Aufgabe. Die deutschen Darsteller dieser Geschichte haben ihn bis jetzt überhaupt keiner Erwähnung gewürdigt, und im Gegensatz dazu erklären ihn seine Landsleute Michel Liesse[4] und Léon Say[5] für den „wahren Begründer der statistischen Wissenschaft“. Dieses überschwängliche Lob ist meines Erachtens ebenso ungerecht wie jenes Schweigen. Als Statistiker hat Vauban ohne Zweifel mehr geleistet als die deutsche „Universitätsstatistik“ des XVIII. Jahrhunderts. Denn während diese als einfache „Staatsbeschreibung“ von dem eigentlichen Wesen der modernen Statistik als der zahlenmäfsigen Feststellung von Thatsachen noch keine Vorstellung hat, erklärt Vauban bereits 50 Jahre vor ihr alle Angaben für wertlos, die blofs auf Schätzung und Hörensagen beruhen und fordert direkte exakte Zählung auf Grund gleichmäfsig und methodisch bearbeiteter Formulare, zu dem ausgesprochenen Zwecke, die Resultate nach Zeit und Ort vergleichen zu können[6]. Gerade auf die tabellarische

[1] Dîme r. S. 175 ff.
[2] Dîme r. S. 178.
[3] Dîme r. S. 189.
[4] a. a. O. S. 48.
[5] Salutions etc., S. 80.
[6] In dem Brief an den Gouverneur von Canada (Ois. IV, S. 57) sagt Vauban: „Ces revues ou dénombrements méritent d'être très soigneusement enregistrés dans toutes les maisons de ville des principaux lieux de votre gouvernement, afin que de temps en temps on puisse les comparer les uns aux autres et y avoir recours.“

Darstellung legt er grofses Gewicht; für die Bevölkerungsstatistik war ja auch diese Methode nichts neues, aber Vauban ging eben weiter und wünschte auch die „recherche des provinces", also die allgemeinen Verwaltungsberichte, auf Zahlentabellen reduziert zu sehen und gab selbst Musterformulare dafür an die Hand.

Aber an diesem entscheidenden Punkte zeigt sich nun freilich, dafs es sehr gewagt ist, Vauban den „Schöpfer der Statistik" zu nennen. Denn der Kreis der Objekte, welche für diese grofse Statistik in Betracht kommen, ist so unbestimmt gelassen, dafs man zweifeln mufs, ob bei ihnen allen eine zahlenmäfsige Darstellung überhaupt möglich und vom Autor beabsichtigt ist. Die Frage: Was läfst sich in Zahlen sagen, was ist also der Statistik zugänglich und was nicht? — diese Frage scheint sich Vauban garnicht vorgelegt zu haben; und weil er sich des Unterschiedes nicht bewufst ist, so geht bei ihm die Statistik in die Enquete über.

Das französische Urteil über Vauban ist aber auch deshalb irreführend, weil ihm die Vorstellung einer besonderen Methode und deren Bedeutung für die Wissenschaft noch gänzlich fremd ist. Eine Wissenschaft von Staat und Gesellschaft kennt er nicht, und er sucht nicht nach „Gesetzen" des gesellschaftlichen Lebens. Er arbeitet überhaupt nicht für die Wissenschaft, sondern für den „Dienst des Königs" [1]. Man soll im Centrum der Verwaltung genau wissen, wie es an der äufsersten Peripherie und in den untersten Schichten des Volkes aussieht. Eben diese gründliche Kenntnis der Zustände vermifste Vauban bei der Regierung und sah darin die Quelle vieler Leiden des Volkes. „N'ouvrira-t-on donc jamais les yeux sur l'importance et la nécessité qu'il y a d'en mieux connaître le Détail et d'en apprendre le fort et le faible, du moins tous les ans une fois [2]?"

Von einer besseren Kenntnis der Verhältnisse erwartet Vauban auch eine einsichtigere Politik. Was bisher nur ihm bekannt war: dafs über die Hälfte des Volkes nichts besitze, sondern von seiner Hände Arbeit leben müsse, dafs ihre Löhne knapp, ihre Lebenshaltung dürftig sei; dafs ein Zehntel aller Unterthanen bettele und nur ein Zehntel wohlhabend genannt werden könne — das alles und noch mehr wird sich dann auch dem Auge des Königs offenbaren und ihn zu der Erkenntnis dessen bringen, was in seinem eigenen Interesse das Ziel seiner Politik sein mufs.

---

[1] „De tous ceux à qui le dénombrement des peuples peut être utile, il n'y en a point a qui il le soit d'avantage qu'au roi même, puisque ce n'est que par rapport à son service que les autres en ont besoin." Dîme r. S. 184.

[2] Dîme r. S. 189.

# Schlufs.

Bisher pflegte man den Marschall Vauban denjenigen Forschern zuzurechnen, welche durch kritische, wissenschaftliche Analyse ein praktisches System der Wirtschaftspolitik unterminierten und stürzten.

Aber es hat sich gezeigt, dafs Vauban jenem System nicht feindlich gegenüberstand: dafs er es überall vertrat, wo sich die Gelegenheit dazu bot; dafs er, als eine durch und durch positive praktische Natur, überhaupt der kritischen Betrachtung, der theoretischen Analyse der gesellschaftlichen Erscheinungen nicht zuneigte, sondern seine Mufsezeit darauf verwandte, um „Vorschläge“ zur Verbesserung der thatsächlichen Zustände auszuarbeiten. Er war, sozusagen, ein Verwaltungsmann mit der Feder, der das politische Leben seines Staates aufmerksam beobachtete, Tagesfragen aufgriff und sie unter grofsen staatsmännischen Gesichtspunkten behandelte. Wir beobachteten in diesen Gesichtspunkten eine Einheit, ein Gemeinsames, nämlich die Idee, die Monarchie zu stärken, sie gegen rivalisierende Mächte: gegen den Klerus und die haute finance, ja gegen die wachsende Macht der Besitzenden überhaupt zu schützen und ihr zu dem Zwecke in der sicheren Basis einer breiten zahlreichen Schicht des unteren Volkes eine dauerhafte Stütze zu verschaffen.

Sein Reformplan gilt dem König und dem „menu peuple“ und wendet sich gegen die ganze Masse der Besitzenden. Im achten Kapitel seiner „Dîme royale“ hat der Marschall alle die Stände aufgezählt, von denen er den unausbleiblichen Widerstand gegen die Reform mit Bestimmtheit erwartete[1]. Da finden wir die Schar der Finanzbeamten, die Generalpächter, die traitants, den Klerus, den Adel, ferner

[1] Dîme r. S. 160 ff.

die grofse Menge der Inhaber von gekauften und ererbten „charges“, also auch die „gens de robe“.

Wer, so fragt man sich, wird das System noch billigen von denen, die überhaupt als mafsgebende Kreise in Betracht kommen? — Vauban antwortet: „. . on ne doit attendre d'approbation que des véritables gens de bien et d'honneur, désintéressés et un peu éclairés; parce que la cupidité des autres se trouvera lésée dans cet établissement.“

Es sind die „gens de bien“, an welche Vauban stets appelliert, wo es gilt, gegen die Privatinteressen für das Gemeinwohl etwas durchzuführen! Wen dachte er sich darunter? — Eine Beamtenschaft, welche von dem Geiste beseelt war, der ihn selbst erfüllte; die ohne eigene Interessen, ohne nach links und rechts zu sehen, mit militärischer Disciplin das Interesse der Gesamtheit — d. h. des Königs allem Widerstande znm Trotz durchsetzte.

Wer aber Vaubans Schriften kennt, der weifs, dafs der Marschall über nichts so klagte, als über die Unehrlichkeit, die Pflichtvergessenheit, die Beschränktheit und Routine des Beamtentums seiner Zeit. Ist doch seine ganze Kritik des herrschenden Finanzsystems eigentlich nur eine Kritik der zugehörigen Beamtenschaft. Woher also wollte er die „gens de bien“ und „gens éclairés“ hernehmen, ohne die alle seine Pläne Luftschlösser waren? — Er hat es selbst eingestanden, dafs hier der schwache Punkt seines Systems sei. In dem letzten Kapitel des Hauptwerkes erörtert er die „raisons secrètes contre le Système de la Dîme royale“ — und die Quintessenz derselben ist, dafs er, der Autor selbst, den Widerstand für zu grofs, die Mittel gegen diesen Widerstand für unzureichend hält. „Pour conclusion, l'intérêt, la timidité, l'ignorance et la paresse des gens préposés à son examen seront tout le défaut de ce Système, qui sans doute, est le meilleur, le plus utile et le plus innocent de tous[1]“.

Einen verzweifelten Ausweg, wenn auch die Beamtenschaft versagt, scheint er aber doch noch für möglich gehalten zu haben: die Durchführung der Reform mit bewaffneter Macht! „Quand un grand rois a la justice de son côté, jointe au bien évident de ses peuples et 200000 hommes armés pour la soutenir, les oppositions ne sont guère à craindre[2]!“

[1] Dîme r. S. 199—200.
[2] Dîme r. S. 160—161.

Pierer'sche Hofbuchdruckerei. Stephan Geibel & Co. in Altenburg.

FSC
www.fsc.org
MIX
Papier | Fördert gute Waldnutzung
FSC® C083411

Kolibri 360 GmbH
Ferdinand-Jühlke-Straße 7
99095 Erfurt, Deutschland
produktsicherheit@kolibri360.de

Druck:
CPI Druckdienstleistungen GmbH
im Auftrag der
Kolibri 360 GmbH
Ferdinand-Jühlke-Str. 7
99095 Erfurt